30 Jahre Frauenbeauftragte an der Friedrich-Alexander-Universität Erlangen-Nürnberg

Herausgegeben von
Sabina Enzelberger, Manfred Enzelberger,
Annette Keilhauer, Thomas A. H. Schöck,
Renate Wittern-Sterzel

Erlangen
FAU University Press
2019

Bibliographische Informationen der Deutschen Nationalbibliothek: Die deutsche Nationalbibliothek verzeichnet
diese Publikation in der Deutschen Nationalbibliografie;
detallierte bibliografische Daten sind im Internet über
http://dnb.d-nb.de abrufbar.

Das Werk, einschließlich seiner Teile, ist urheberrechtlich
geschützt. Die Rechte an allen Inhalten liegen bei ihren
jeweiligen Autoren. Sie sind nutzbar unter der Creative
Commons Lizenz BY. Sollte trotz gründlicher Recherche
ein Bildrecht übersehen worden sein, wird darum
gebeten, dass Betroffene sich beim Verlag melden.

Der vollständige Inhalt des Buchs ist als PDF über
den OPUS Server der Friedrich-Alexander-Universität
Erlangen-Nürnberg abrufbar:
https://opus4.kobv.de/opus4-fau/home

ISBN: 978-3-96147-211-6 (Druckausgabe)
eISBN: 978-3-96147-212-3 (Online-Ausgabe)
DOI: 10.25593/978-3-96147-212-3

Gestaltung: Stefan Dinter: www.idwerk.de

Druck: Schembs GmbH: www.schembsdruck.de

Inhaltsverzeichnis

Grußworte & Vorwort 4

1. Der lange Weg der Frauen in die Universität 9

2. Fakten – Personen – Statistik 30

    2.1 Chronologie der Ereignisse 31

    2.2 Die Universitätsfrauenbeauftragten 1989 – 2019 . . 66

    2.3 Statistik 67

3. Facetten der Gleichstellungsarbeit 69

    3.1 Arbeitsgemeinschaft /
        Kommission Chancengleichheit 70

    3.2 Universitätsinterne Zielvereinbarungen
        als strategisches Steuerungsinstrument 73

    3.3 ARIADNE Mentoring-Programme der FAU 78

    3.4 Emmy-Noether-Vorlesungen 83

    3.5 Familienfreundliche Universität 89

    3.6 Auszeichnungen für Gleichstellungserfolge
        an der FAU 99

    3.7 Der Renate-Wittern-Sterzel-Preis:
        Eine besondere Auszeichnung an der FAU 102

**4. Frauenforschung / Geschlechterforschung /
Gender Studies** 105

**5. Ausblick: Professionalisierung
und / oder Abschaffung?** 112

Bibliographie 117

Grußwort

Als Wissenschaftsminister ist es mir ein zentrales Anliegen, dass wir kein Talent verloren gehen lassen. Frauen müssen auf wissenschaftlichen Karrierewegen genauso vorankommen wie Männer. Diesem Ziel müssen die entsprechenden Strukturen Rechnung tragen. Das ist nicht nur eine Frage der Gerechtigkeit, sondern auch eine Frage der Qualität – und somit eine Frage der Zukunftssicherung.

Die Gleichstellung von Wissenschaftlerinnen wird in Bayern als wichtige Aufgabe der Hochschulen definiert. 1988 wurde im Bayerischen Hochschulgesetz das Amt der Frauenbeauftragten geschaffen. Zehn Jahre später erhielten die Frauenbeauftragten Stimmrecht in den Hochschulgremien und seit 2006 auch in den Berufungskommissionen. Bei den rechtlichen Rahmenbedingungen sind wir also weit vorangekommen.

Bei einem besonders wichtigen Parameter, dem Anteil von Professorinnen an der gesamten Professorenschaft, sind wir aber noch nicht weit genug. Zwar haben wir in Bayern seit 1995 den Professorinnen-Anteil etwas mehr als verdreifacht, aber noch immer lassen wir hier Potenziale ungenutzt. Daran wollen wir etwas ändern. Die Erhöhung des Frauenanteils an den Professuren ist daher ein zentrales Element in der nächsten Generation der Zielvereinbarungen, die die Bayerische Staatsregierung mit den Universitäten im Juli 2019 abschließen wird.

Ich zähle dabei ganz besonders auch auf die Unterstützung und das nicht nachlassende Engagement der Frauenbeauftragten an unseren Hochschulen – in den Hochschulleitungen genauso wie an den Fakultäten und Departments. An der Friedrich-Alexander-Universität Erlangen-Nürnberg setzen sich Frauenbeauftragte seit 30 Jahren für Gleichstellung ein. Dass dies nicht immer ohne Widerstände vonstattenging, ist mir bewusst, und es verdient umso größere Anerkennung. Seit Frau Professorin Renate Wittern-Sterzel 1989 als Erste das Amt als Universitätsfrauenbeauftragte antrat, hat sich auch an der FAU viel getan. Das Ziel ist dabei nicht nur die Förderung von Frauen. Es geht um eine grundlegendere, tiefgreifendere Idee von Gleichstellung und um die Gewährleistung der Vereinbarkeit von Studium, Beruf und Karriere mit der eigenen Familien- und Lebensplanung.

Ich danke allen Beteiligten, die sich dieses wichtigen Themas annehmen. Für ihre Arbeit wünsche ich ihnen weiterhin die notwendige Ausdauer und Beharrlichkeit sowie großen Erfolg.

München, im April 2019

Bernd Sibler
*Bayerischer Staatsminister
für Wissenschaft und Kunst*

Grußwort

30 Jahre Frauenbeauftragte an den bayerischen Universitäten und damit auch an der FAU, die im letzten Jahr ihren 275. Geburtstag gefeiert hat: Das ist, gemessen an der Aufgabe, eine eher kurze Zeitspanne. Doch die umfangreiche Chronik, mit der dieses Jubiläum gewürdigt wird, zeigt, dass trotz mancher Widerstände in den letzten drei Dekaden doch einiges erreicht wurde. Großer Dank gebührt dabei vor allem den Frauenbeauftragten der letzten 30 Jahre für ihr innovatives, vielfältiges und leidenschaftliches Engagement. Sie werden hier dankenswerterweise durch das Team des Büros für Gender und Diversity bei der Durchsetzung der Chancengleichheit an unserer FAU tatkräftig unterstützt.

Für die Initiative, den Tag, an dem die erste Universitätsfrauenbeauftragte, Frau Prof. Wittern-Sterzel, in ihr Amt gewählt wurde, durch eine eigene Publikation zu würdigen, danke ich den Herausgeberinnen und Herausgebern herzlich. In dieser Chronik geben sie vor allem einen umfassenden und eindrucksvollen Überblick über die verschiedenen Felder der Arbeit der Frauenbeauftragten an der FAU. Sie führen hier u.a. ihre zahlreichen Initiativen zur Förderung des wissenschaftlichen Nachwuchses, der Vereinbarkeit von Beruf und Familie sowie der Frauenforschung zusammen.

Wir bekommen mit dieser Chronik einen umfassenden und anschaulichen Überblick über das Erreichte, aber auch vor Augen geführt, dass noch viel getan werden muss, um das Ziel zu erfüllen, Gleichberechtigung für Frauen und Männer in der Wissenschaft zu schaffen. Eigentlich ist Gleichberechtigung heute eine Selbstverständlichkeit. Aber eine über Jahrhunderte männerdominierte Wissenschaft, die es Frauen nicht gestattete, zu studieren, zu promovieren oder gar ein Professorenamt zu übernehmen, lässt sich nicht in wenigen Jahrzehnten so grundlegend ändern, dass das Amt der Frauenbeauftragten jetzt schon überflüssig wäre, wie so manche bei dessen Einführung wohl noch gehofft hatten. Doch wir fördern nachdrücklich an der FAU die Gleichstellung im Sinne der bayerischen Frauen- und Gleichstellungspolitik. Frauen und Männern soll, wie in allen Lebensbereichen, auch im Wissenschaftsbetrieb ein möglichst hohes Maß an Wahlfreiheit für ihre individuelle Karrieregestaltung ermöglicht werden. Daher wollen wir auf allen Ebenen und Qualifikationsstufen die Voraussetzungen für diese Wahlfreiheit schaffen, welcher Karriereweg in der Wissenschaft und im Wissenschaftsmanagement diskriminierungsfrei beschritten werden kann. Wir versuchen, Hindernisse in den Köpfen und bei tatsächlichen Gegebenheiten zu beseitigen. Damit diese Aufgabe gelingt, helfen neben Fördermaßnahmen Überzeugungsarbeit und der fortschreitende gesellschaftliche Wandel des tradierten Rollenverständnisses.

Die Universitätsleitung freut sich, die Gleichstellung zusammen mit der gesamten FAU-Familie weiter voranzubringen. Wir wissen: es gibt noch viel zu tun – die FAU ist aber auf gutem Weg.

PROF. DR.-ING. JOACHIM HORNEGGER
Präsident der FAU

Grußwort

Erst bei der Mitarbeit an dieser Festschrift ist mir bewusst geworden, dass die mit dem Inkrafttreten der Novelle zum Bayerischen Hochschulgesetz am 01.10.1988 rechtlich abgesicherte Geschichte der Frauenbeauftragten an der Friedrich-Alexander-Universität Erlangen-Nürnberg wie an allen bayerischen Hochschulen genau mit dem Beginn meiner Amtszeit als Kanzler dieser Universität zusammenfällt. Dieses Faktum habe ich damals in der Zeit der Einarbeitung in viele neue Sachverhalte sicher nicht hinreichend wahrgenommen. Deshalb ist es rückblickend auch wenig verwunderlich, dass mich das Thema Gleichstellung über ein Vierteljahrhundert und jetzt sogar noch etwas länger begleitet hat.

Es sind mir in der aktengestützten Rückschau aber auch die großen Schwierigkeiten bewusst geworden, mit denen die Frauen der Universität, zumal die erste gewählte Universitätsfrauenbeauftragte, Prof. Dr. Renate Wittern-Sterzel, bei der Etablierung ihrer Aufgabe im über Jahrhunderte eingespielten „Männersystem" Universität zu kämpfen hatten. Nicht zuletzt deshalb ist es umso erfreulicher zu sehen, dass die Sache der Gleichberechtigung in der Wissenschaft in den letzten 30 Jahren eine positive Entwicklung genommen hat, auch wenn sie lange nicht so zügig verlaufen ist, wie die daran Arbeitenden sich das gewünscht hätten und auch wenn es – leider gerade an unserer Universität – noch weiteren akuten Handlungsbedarf gibt.

Ganz persönlich verbuche ich auch die wahrscheinlich erstmalige Aufführung der Oper Argenore der Markgräfin Wilhelmine von Bayreuth aus Anlass des 250. Universitätsjubiläums im Jahr 1993 als einen Gleichstellungserfolg: Komponistinnen und Wissenschaftlerinnen hatten und haben ja zum Teil immer noch einen vergleichbar schwierigen Stand in ihrem Beruf.

Die schon erreichten erfreulichen Fortschritte aufzuzeigen, aber auch deutlich zu machen, wo jenseits aller verdienten Auszeichnungen auf einzelnen Aufgabenfeldern in den kommenden Jahren noch große Anstrengungen erforderlich sind, bis die Gleichberechtigung auf allen Ebenen zur Selbstverständlichkeit geworden sein wird, ist das Anliegen dieser Festschrift, der ich viele interessierte Leserinnen und Leser (!) wünsche, nicht nur innerhalb der FAU, sondern auch darüber hinaus.

Thomas A. H. Schöck
Kanzler der Universität Erlangen-Nürnberg a. D.

Vorwort

Als auf der Landeskonferenz der Frauen- und Gleichstellungsbeauftragten an bayerischen Hochschulen im Herbst 2017 die Frage aufkam, ob und wie die sich im September 2018 zum 30. Mal jährende gesetzliche Einsetzung einer Frauenbeauftragten an allen bayerischen Universitäten gefeiert werden sollte, war die Stimmung gespalten. In den vergangenen drei Dekaden ist ohne Zweifel Wichtiges erreicht worden, und viele Amtsinhaberinnen haben sich mit großem Elan und erfolgreich für das gemeinsame Ziel eingesetzt. Die Erwartung jedoch, dass das Amt innerhalb eines überschaubaren Zeitraums überflüssig werden könnte, wurde nicht erfüllt.

Für die Friedrich-Alexander-Universität Erlangen-Nürnberg (FAU) bietet die vorliegende Bestandsaufnahme nach 30 Jahren frauenpolitischen Engagements die Möglichkeit, die facettenreiche Geschichte der Gleichstellungsarbeit in ihren einzelnen Etappen darzustellen und die Arbeit der zahlreichen Akteurinnen und Akteure auf den unterschiedlichen Feldern zu würdigen, aber auch einen kritischen Blick auf das Beharrungsvermögen der Institution und ihre strukturellen Hindernisse zu werfen, die bis heute die Arbeit erschweren. Die Einsetzung der ersten Universitätsfrauenbeauftragten Prof. Dr. Renate Wittern-Sterzel am 26. Juli 1989 leitete in der Tat einen Paradigmenwechsel ein und führte zu einem schrittweisen Auf- und Ausbau der Frauenförderung und damit auch zu einer Erhöhung des Frauenanteils in allen Qualifikationsstufen an unserer Universität, die gleichwohl noch weit hinter unseren Erwartungen liegt.

In der hier vorgelegten Chronik wird im ersten Kapitel zunächst die Geschichte der Frauen an den deutschen Universitäten im Allgemeinen und in Erlangen-Nürnberg im Besonderen bis zum Einsetzen der offiziellen Frauenförderung beleuchtet; danach werden die wichtigsten durch die Arbeit der Frauenbeauftragten in Gang gesetzten Entwicklungen mit ihren Hintergründen seit 1989 geschildert. Kurze biographische Würdigungen der Pionierinnen an der FAU schließen dieses Kapitel ab. In der darauffolgenden detaillierten chronologischen Übersicht sind dann die einzelnen Schritte und alle für die Gleichstellung wesentlichen Ereignisse zwischen 1989 und 2019 tabellarisch aufgeführt; an sie schließen sich eine tabellarische Aufstellung aller Amtsinhaberinnen auf universitärer Ebene und eine statistische Übersicht über die Entwicklung der Frauenanteile in den verschiedenen Qualifikationsstufen seit 1989 an. Im Anschluss daran folgen in mehreren Kapiteln Berichte über verschiedene Facetten der Gleichstellungsarbeit, Aufstellungen über mit Preisen ausgezeichnete Projekte sowie ein Überblick über die Frauen- und Genderforschung. Die Chronik endet mit einer Bestandsaufnahme der aktuellen Situation, die das Amt der Frauenbeauftragten nicht überflüssig macht, aber doch die Stoßrichtung des Engagements verändert, und mit einem Ausblick auf die zukünftigen Aufgaben der Frauenbeauftragten und Erwartungen an die Universität.

Die Arbeit der Frauenbeauftragten war in den vergangenen Jahren mit vielen öffentlichen Auftritten, mit Veranstaltungen unterschiedlichster Art, Preisverleihungen, Projektvorstellungen, Wahlen etc. verbunden; außerdem zog ihre

Arbeit auch immer wieder das Interesse der Presse für Interviews auf sich. Von diesen ganz unterschiedlichen Anlässen gibt es eine große Zahl von Fotos, die aus Privatbesitz und von öffentlichen Institutionen stammen und die dem Band, so hoffen wir, Farbe und Unterhaltungswert verleihen. Die professionelle Aufarbeitung dieser Fotos und ihre Zuordnung zu den Texten haben aus dem Herausgeber-Quintett Dr. Sabina und Manfred Enzelberger mit ebenso großem Einsatz wie Geschick übernommen. Der vorliegende Band der Chronik wird zudem noch durch einen elektronischen Anhang ergänzt werden, in dem einschlägige Dokumente, Zeitungsausschnitte und andere Materialien sowie weiteres Bildmaterial aus der Entwicklung der letzten Jahre zusammengestellt sind. Dieser Anhang wird voraussichtlich in der zweiten Jahreshälfte 2019 im Internet verfügbar sein. Wir hoffen, die historische Entwicklung auf diese Weise für unsere Nachfolgerinnen und Nachfolger in anschaulicher Weise zu bewahren, sodass die Phase der langsamen „Eroberung der Universitäten" durch die Frauen der FAU jederzeit nachvollziehbar sein wird.

Die Erstellung einer solchen Chronik ist nicht möglich ohne die Unterstützung von vielen Seiten: Dr. Micaela Zirngibl hat unsere Chronik mit einem Beitrag über die Mentoring-Programme bereichert, Dr. Magda Luthay hat das Kapitel über die Entwicklung der frauenspezifischen Zielvereinbarungen mit den Fakultäten verfasst und überdies die Statistiken zu den Frauenanteilen in allen Qualifikationsstufen erstellt; Prof. Dr. Andrea E. Abele-Brehm hat uns bei der Abfassung des Kapitels zur Frauen- und Genderforschung unterstützt; allen dreien danken wir herzlich für ihr hilfreiches Engagement. Unser Dank gilt außerdem dem Universitätsarchivar Dr. Clemens Wachter für zahlreiche wertvolle Hinweise und konkrete Unterstützung bei der Suche in den Untiefen des Universitätsarchivs, ebenso der Leiterin des Büros für Gender und Diversity Dr. Imke Leicht, die uns das Archiv des Büros zur Verfügung gestellt und logistische Hilfe bei der Recherche gegeben hat. Für die finanzielle Unterstützung möchten wir uns bei der ehemaligen Vizepräsidentin für Gleichstellung Prof. Dr. Antje Kley sowie für die Unterstützung durch den Fonds „Förderung von Frauen in Forschung und Lehre" beim Bayerischen Staatsministerium für Wissenschaft, Forschung & Kunst und durch den Universitätsbund bedanken.

Abschließend möchte das Herausgeberteam mit dieser Chronik insbesondere auch allen ehemaligen und derzeitigen Frauenbeauftragten und allen Mitarbeiterinnen und Mitarbeitern des Büros für Gender und Diversity für ihren engagierten Einsatz, ihre Ideen und ihre unermüdliche Arbeit für unser gemeinsames Ziel danken. Sie haben sich trotz mancher Rückschläge nie entmutigen lassen, sodass wir heute nach 30 Jahren doch auf Erfolge und Fortschritte, die hier dokumentiert sind, zurückblicken können.

Wir hoffen aber auch, dass diese Schrift nicht nur die vergangene Entwicklung in Erinnerung hält, sondern zugleich Anregungen für eine weitere positive Entwicklung in der Zukunft gibt.

Erlangen, im Mai 2019

Sabina Enzelberger, Manfred Enzelberger,
Annette Keilhauer, Thomas A. H. Schöck,
Renate Wittern-Sterzel

1. Der lange Weg der Frauen in die Universität

„Erst die Herrschaft beider Geschlechter, die Gleichberechtigung, wird uns mit der Ungerechtigkeit zugleich von der Unfreiheit erlösen."

(MATHILDE VAERTING „Wahrheit und Irrtum der Geschlechterpsychologie", 1923)

Anfänge

„Der in Ihrer Eingabe vom 12. Dezember 1919 vertretenen Auffassung, daß in der Zugehörigkeit zum weiblichen Geschlecht kein Hindernis gegen die Habilitation erblickt werden darf, trete ich bei. Ich habe aus Anlaß des von Ihnen vorgetragenen Einzelfalls sämtliche beteiligten Stellen hiervon in Kenntnis gesetzt."[1] Mit diesem Schreiben reagierte der Referent und spätere Preußische Minister für Wissenschaft, Kunst und Volksbildung Carl-Heinrich Becker am 21. Februar 1920 auf eine Anfrage von Edith Stein (1891–1942), die nach erfolgreichem Abschluss des Gymnasiums in Breslau ab 1911 an den Universitäten Göttingen, Freiburg und Breslau Psychologie, Philosophie, Geschichte und Germanistik studiert hatte und 1916 mit Auszeichnung in Philosophie promoviert worden war. Im Herbst 1919 reichte sie an der Universität Göttingen eine Habilitationsschrift ein, die bereits von der Vorkommission mit der Bemerkung abgelehnt wurde, dass „die Zulassung einer Dame zur Habilitation immer noch Schwierigkeiten" begegne.[2]

Edith Stein hatte zu diesem Zeitpunkt vermutlich mit einem positiven Bescheid gerechnet, da nur wenige Monate vorher schon die Mathematikerin Emmy Noether – allerdings nach zwei vergeblichen Versuchen – an der Göttinger Universität habilitiert worden war.[3] Die Ablehnung aber, die den ausdrücklichen Hinweis enthielt, dass man bei Emmy Noether nur deshalb eine Ausnahme gemacht habe, „weil die Dame nach dem Urteil der Fachleute ‚über dem Durchschnitt der Ordinarien' stände" und dass „daraus kein Präzedenzfall gemacht werden"[4] dürfe, veranlasste sie, sich am 12. Dezember 1919 an den Referenten des Preußischen Kultusministers mit der Klage zu wenden, dass ihr Ausschluss vom Habilitationsverfahren nicht von der Habilitationsordnung gedeckt sei und dass er überdies gegen die Reichsverfassung verstoße. Sie hoffe deshalb, dass eine grundsätzliche Klärung der Frage vorgenommen würde.

Boedeker/Plath hatten in ihrer verdienstvollen Studie von 1974 über die Habilitationen von Frauen in den 50 Jahren zwischen 1920 und 1970 die oben zitierte Antwort des Referenten Carl Heinrich Becker an Edith Stein als „Erlaß" interpretiert und diesen deshalb zum Ausgangspunkt ihrer Dokumentation gemacht. Diese Einschätzung hatte zur Folge, dass bis Mitte der 1990er Jahre in vielen Publikationen das Jahr 1920 wie selbstverständlich als Datum der „Zulassung von Frauen zur Habilitation" angegeben wurde.[5] Diese Auffassung über die angebliche Rechtslage hat Hiltrud Häntzschel 1997 in einer Übersicht über einige Habilitationsgesuche von Frauen seit 1900 überzeugend korrigiert;[6] denn sie konnte nachweisen, dass bereits einige Frauen in den ersten zwei Jahrzehnten des 20. Jahrhunderts Anträge auf Habilitation an verschiedenen Universitäten gestellt hatten, die nach ausführlicher Diskussion in den jeweiligen Fakultäten und nach einer darauf folgenden Abstimmung abgelehnt worden waren.[7] Hätte es damals ein verbindliches Verbot der Habilitation gegeben, hätten die Fakultäten die Anträge sofort ohne Diskussion und Abstimmung zurückweisen können und müssen. Die Tatsache, dass sich in den Jahren 1918 und 1919 bereits mehrere Frauen in Deutschland habilitiert haben, muss also nicht mehr, wie noch von Theresa Wobbe[8] geschehen, auf eine Ausnahmegenehmigung zurückgeführt werden. Gleichwohl kann kein Zweifel darüber bestehen, dass in den bisher bekannten Fällen von abgelehnter Habilitation in den beiden Jahrzehnten nach der Jahrhundertwende das Geschlecht der

---

1 Zit. in Boedeker/Meyer-Plath, S. 5.

2 Schreiben der Historisch-Philosophischen Fakultät Göttingen vom 29.10.1919, zit. nach Wobbe in Kleinau/Opitz, S. 345 m. Anm. 17 (S. 602).

3 Zu Emmy Noethers wissenschaftlichem Leben s. Tollmien und unten S. 83–85.

4 Zit. nach Wobbe in Kleinau/Opitz, S. 346.

5 So z. B. von Schmude in seiner Studie über weibliche Habilitierte und Professorinnen, S. 71 und 92.

6 S. Häntzschel in Häntzschel/Bußmann, Zur Geschichte der Habilitation, S. 83–91.

7 Vgl. ebd., S. 87–91. Mit Recht weist Häntzschel hier auch darauf hin, dass die Beantwortung der Frage, wie viele Anträge von Frauen auf Habilitation gescheitert sind, aufgrund der mangelhaften Aktenlage kaum möglich ist, S. 83.

8 Vgl. Wobbe in Kleinau/Opitz, S. 344.

jeweiligen Antragstellerin die dominierende Rolle gespielt hat. Und das Geschlecht blieb offenkundig auch in der Folgezeit die wesentliche Hürde,[9] wenngleich es seit 1918/19 immerhin einigen Frauen gelang, diese Hürde zu überwinden. Die erste, die diesen Schritt erfolgreich ging, war Adele Hartmann in München, die nach ihrer 1913 mit „summa cum laude" absolvierten Promotion als Assistentin an der Anatomischen Anstalt in München tätig war, im Juni 1918 den Antrag auf Zulassung zur Habilitation stellte und am 18. Februar 1919 zur Privatdozentin ernannt wurde.[10]

Die Habilitation, die sich im Laufe des 19. Jahrhunderts neben der Promotion als zweites inneruniversitäres Qualitätskriterium herausgebildet hatte, war für die Fakultäten neben der Berufung von außen das wichtigste Mittel zur Selbstergänzung. Die Fakultät war hierbei weitgehend autonom nicht nur in der Frage, wen sie zur Habilitation zuließ, sondern auch, welche Kriterien sie bei der Beurteilung einer wissenschaftlichen Leistung zugrunde legte. Für diejenigen, die sich diesem Qualifizierungsprozess unterwarfen, bedeutete der positive Ausgang des Verfahrens die Aufnahme in die Runde derer, die ex cathedra lesen durften. Die Habilitation war also das entscheidende Selektionskriterium für den Hochschullehrerberuf und die erste Stufe auf dem Weg zum Professor, der über viele Jahrhunderte immer wie selbstverständlich ein Mann war.

Diese Exklusivität wurde am Beginn des 20. Jahrhunderts durch die wissenschaftlich begabte Frau, die sich habilitieren wollte, bedroht. Die meisten Fakultäten wehrten sich zunächst dadurch, dass sie ihrem Urteil über einen Habilitationsantrag vorrangig nicht die Frage der Qualität der vorgelegten Arbeit zugrunde legten, sondern das Geschlecht der Antragstellerin.

Allerdings haben die Recherchen von Hiltrud Häntzschel gezeigt, dass sich schon kurz nach der Jahrhundertwende einige Fakultäten durchaus mehrheitlich für die Zulassung einer Frau zur Habilitation aussprachen. Warum es dann doch nie dazu kam, hatte jeweils unterschiedliche Gründe.[11]

Nach dem Ersten Weltkrieg mit seinen politischen und sozialen Verwerfungen und nach Inkrafttreten der Weimarer Verfassung, die in Artikel 109 allen Deutschen die Gleichheit vor dem Gesetz und den Männern und Frauen grundsätzlich dieselben staatsbürgerlichen Rechte und Pflichten zubilligte, wurde dann in den folgenden Jahren eine kleine Zahl von Habilitationsanträgen positiv beschieden, so dass bis 1925 zwischen 25 und 30 Frauen zur Dozentin ernannt worden waren.[12] Bis 1933 waren es um 60 Frauen, die den Titel Privatdozentin erhielten, wobei etwa 25 Prozent auf die Universität Berlin entfielen[13] und etwa 10 Prozent auf die erst 1919 gegründete Universität Hamburg. Die übrigen Habilitationen verteilten sich auf 20 Universitäten, in denen sich bis 1933 jeweils eine bis drei Frauen habilitierten.[14] Ein hoher Prozentsatz der bis 1933 habilitierten Frauen waren Jüdinnen, die ihre Lehrbefugnis alle außerhalb Bayerns erworben hatten. Von den 56 Hochschullehrerinnen, die 1933 im Dienst waren, wurden über die Hälfte aus sogenannten rassischen oder politischen Gründen entlassen;[15] die meisten von ihnen emigrierten noch im gleichen Jahr, nur wenige kamen später zurück.[16] Bis 1945 stieg die Zahl der Habilitationen an den Universitäten und Hochschulen im Deutschen Reich auf etwa 100.

Die erste Ordinaria Deutschlands war Baronesse Margarethe von Wrangell (1877–1932), eine außergewöhnliche Frau und Wissenschaftlerin.[17] Margarethe von Wrangell wurde in

---

9 Hierfür gibt Häntzschel in Häntzschel/Bußmann, Zur Geschichte der Habilitation, S. 96–102, überzeugende Beispiele aus der Philosophischen Fakultät in München.

10 Ebd., S. 94–96.

11 Ebd., S. 87–91.

12 Die Zahlen variieren in der Literatur, da die Dokumentation von Boedeker/Plath an manchen Stellen Angaben aufweist, die durch die spätere Forschung widerlegt werden konnten. Da es aber bisher keine gründliche Überarbeitung der Dokumentation gibt, sind die hier angegebenen Zahlen zumeist als ungefähre Größen zu verstehen.

13 Zu den Ursachen für die weit überdurchschnittliche Zahl von Habilitationen in Berlin zwischen 1918 und 1945 vgl. Marggraf, S. 32–47.

14 Eigene Zählung nach Boedeker/Plath.

15 Vgl. Häntzschel in Häntzschel/Bußmann, Frauen jüdischer Herkunft, S. 117–119.

16 Zum Schicksal einiger der emigrierten Wissenschaftlerinnen vgl. Häntzschel (1996), S. 150–163.

17 Über das Leben von Margarethe von Wrangell gibt der umfängliche Band mit Briefen und anderen Zeugnissen von Fürst Wladimir Andronikow Auskunft; vgl. außerdem Feyl, S. 151–161; ferner Wobbe in Kleinau/Opitz, S. 348f.

Moskau geboren und verbrachte ihre Jugend in Reval (Tallinn), wo sie 1895 das Lehrerinnenexamen am Knabengymnasium glänzend bestand. Den höchsten Professorentitel erlangte sie nach einem Studium der Naturwissenschaften in Tübingen und der dort 1909 erfolgten Promotion in Chemie mit summa cum laude sowie der Habilitation an der Landwirtschaftlichen Hochschule Hohenheim, wo sie 1923 gegen teils heftige Widerstände und Verleumdungen der Kollegen zur Ordinaria für Pflanzenernährung ernannt wurde. Aufgrund der Bedeutung ihrer Forschung für die Landwirtschaft war ihre Berufung mit der Errichtung eines stattlichen Instituts mit Laboratorien und Versuchsfeldern verbunden, dessen Finanzierung die Reichsregierung übernahm. Margarethe von Wrangell starb 1932 im Alter von 55 Jahren an einem Nierenleiden. Dass ihr Aufstieg in den höchsten Rang der Wissenschaftskarriere so früh erfolgte, lässt sich möglicherweise damit erklären, dass es sich bei der Hochschule Hohenheim um eine noch junge, aufstrebende Lehr- und Forschungsinstitution handelte, die zwar dieselben Anforderungen an die in ihr Tätigen stellte, die aber nicht in den alten Traditionen und Ritualen der Universitäten gefangen war.

Im gleichen Jahr erhielt eine weitere Frau ein Ordinariat, und auch ihre Geschichte ist im Rahmen der Frauen- und der Universitätsgeschichte eine besondere. Es handelt sich um Mathilde Vaerting (1884–1977), die erste Pädagogikprofessorin Deutschlands.

Die gegenüber Margarethe von Wrangell sieben Jahre jüngere Mathilde Vaerting[18] studierte ab 1907 an mehreren Universitäten die Fächer Mathematik, Naturwissenschaften und Philosophie und promovierte 1911 in Bonn mit einer Arbeit über den Apperzeptionsbegriff. 1913 ging sie nach Berlin und unterrichtete am Lyzeum für Mädchen die Fächer Mathematik, Physik und Chemie. Bereits seit dieser Zeit begann sie wissenschaftlich zu publizieren, wobei sie sich zum einen kritisch mit den traditionellen Lehr- und Lernmethoden auseinandersetzte und zum andern mit dem Problem der Begabung, in deren Zusammenhang sie sich mit Fragen des Geschlechterverhältnisses beschäftigte. Mit ihren weiteren Arbeiten wurde sie in der Folgezeit zu einer der Wegbereiterinnen der kritischen Geschlechterforschung. Zum 1. Oktober 1923 wurde sie ohne Habilitation und gegen den Willen von Fakultät und Universität vom thüringischen Minister für Volksbildung als ordentliche Professorin für Erziehungswissenschaften an die Universität Jena berufen. Die Fakultät war geschlossen dagegen, betrachtete sie als „Zwangsprofessorin" und kämpfte gegen sie, und zwar sowohl gegen die von ihr vertretene Wissenschaft als auch gegen sie als Frau.[19] 1933 wurde Mathilde Vaerting aufgrund des Gesetzes zur Wiederherstellung des Berufsbeamtentums aus dem Staatsdienst entlassen und erhielt Publikations- und Ausreiseverbot. Ihre Hoffnung, nach dem Krieg wieder an einer Hochschule tätig sein zu können, wurde nicht erfüllt. Sie starb weitgehend vergessen 1977.

Nachdem es mit Beginn des Dritten Reichs aufgrund des konservativen und ideologisch befrachteten Frauenbildes der Nationalsozialisten und aufgrund neuer, die Habilitation erschwerender Statuten zu einem fast vollständigen kurzfristigen Habilitationsstopp gekommen war, stieg die Zahl in den späteren dreißiger Jahren wieder an. Mit Beginn des Krieges brauchte der Staat die Frauen überall, wo die Männer, die zur Wehrmacht eingezogen waren, fehlten. Und so öffneten sich die Universitäten nicht nur wieder in höherem Maß als am Beginn des Dritten Reichs für die Studentinnen, sondern auch für Frauen, die eine akademische Karriere anstrebten. Knapp 40 Frauen habilitierten sich bis Kriegsende und übernahmen mehrfach auch leitende Positionen bis zur Lehrstuhlvertretung. Nach der Rückkehr der Männer mussten sie diesen im Regelfall aber wieder weichen.

Die Nachkriegszeit

Die Frauenbewegung der zwanziger Jahre war in der Zeit des Nationalsozialismus untergegangen, und es sollte mehr als zwei Jahrzehnte dauern, bis sie unter veränderten Bedingungen neu entstehen konnte. Doch schon 1948 gab es einen Hoffnungsschimmer, als am 1. September dieses Jahres der 65-köpfige Parlamentarische Rat zusammentrat, um das Grundgesetz für die Bundesrepublik Deutschland zu beraten. Diesem Gremium gehörten auch vier Frauen an. Unter ihnen ragte die Rechtsanwältin Elisabeth Selbert (SPD) hervor, die nach einem leidenschaftlichen Kampf und mehreren Abstimmungen erreichte, dass in Artikel 3 Absatz 2 des neuen Grundgesetzes der von ihr formulierte Satz „Männer und

---

18 Zu Vaertings Leben und zur Bedeutung ihrer Forschung vgl. Wobbe in Hahn, S. 123–135.

19 Vgl. Bräuer / Faludi, S. 34, 37 u. ö.

Frauen sind gleich" aufgenommen wurde. Dieser Satz gilt als Meilenstein der deutschen Geschichte und wurde seitdem der allgegenwärtige Bezugspunkt in der Auseinandersetzung über das Thema Gleichberechtigung der Geschlechter.

Dass die Universitäten zum Zeitpunkt der Formulierung des Grundgesetzes noch meilenweit von der Realisierung dieser Forderung entfernt waren, zeigte Charlotte Lorenz eindrucksvoll in ihrer Untersuchung und detaillierten Statistik über die zahlenmäßige Entwicklung der Frauen an den deutschen Hochschulen:[20] Nach den von ihr für das Sommersemester 1952 erhobenen Daten hatten von den insgesamt 180 weiblichen Lehrkräften der Universitäten Westdeutschlands und West-Berlins nur neun Frauen eine planmäßige Beamtenstelle; von diesen war nur eine einzige Ordinaria,[21] die anderen acht waren außerordentliche Professorinnen, daneben gab es 21 außerplanmäßige Professorinnen[22] und eine Honorarprofessorin. Die verbleibenden 150 Stellen verteilten sich auf Privatdozentinnen, Lehrbeauftragte – ihr Kontingent war das bei weitem größte – und Lektorinnen.[23] 71,8 Prozent der lehrtätigen Frauen waren ledig.[24]

Nach über drei Jahrzehnten, in denen Frauen sich für die verschiedensten Fächer habilitiert hatten, war eine erfolgreiche akademische Laufbahn bis zur höchsten Position also noch die absolute Ausnahme. Dieses eklatante Missverhältnis hat wenige Jahre später der Mediziner und Sozialpsychologe Hans Anger im Rahmen seiner umfänglichen Studie über die Probleme der deutschen Universität auf der Basis von Interviews zu erklären versucht.[25] Angers Publikation basiert auf der Befragung von 135 Professoren und Dozenten sowie drei Dozentinnen an vier bundesrepublikanischen Universitäten,[26] die zwischen 1953 und 1955 stattfand. Von den ca. 1000 zu diesem Zeitpunkt an den vier Universitäten Lehrenden wurden 14 Prozent nach dem Zufallsprinzip ausgewählt. Das letzte Kapitel trägt die Überschrift „Universität und Frau: Die Frau als Studentin – Die Frau als Dozentin". Im Problemkreis „Frau als Dozentin" ging es Anger vor allem um zwei Aspekte: Zum einen wollte er die Begründungen kennen lernen, die die Professoren und Dozenten für die Seltenheit weiblicher Hochschullehrer abgeben würden, und zum andern interessierte ihn die grundsätzliche Einstellung des männlichen Lehrkörpers zu weiblichen Lehrpersonen.

Abgesehen von der bemerkenswerten Tatsache, dass die erste Frage nach den Gründen für die geringe Zahl von Frauen im Lehrkörper bei vielen Interviewpartnern unterschiedliche Reaktionen von Heiterkeit auslöste, erinnern die meisten Antworten an die geschlechtsspezifischen Stereotypien und traditionellen Argumentationsmuster, die sich bereits an der Wende vom 19. zum 20. Jahrhundert in der oft zitierten Umfrage von Arthur Kirchhoff aus Anlass der Zulassung von Frauen zum Studium finden.[27] So wurde immer wieder auf die „Natur des weiblichen Geschlechts" und seine angeborene Rolle als Ehefrau und Mutter verwiesen, ihr wurden geringere Denkfähigkeit, geistige Inferiorität, das Fehlen von schöpferisch-produktiven Fähigkeiten und wissenschaftlicher Phantasie sowie physische Unterlegenheit gegenüber dem Mann attestiert; außerdem fehle ihr die pädagogische Befähigung, die notwendige Autorität, Ausdauer und Selbstvertrauen, kurzum: es gebe so wenige weibliche Dozentinnen, „weil zu einem Hochschullehrer die ganze Fülle einer männlichen Begabung gehört".[28]

---

20 Lorenz 1953. Die Autorin hatte 1919 mit einer Arbeit zur Frauenfrage im Osmanischen Reich den Dr. phil. in Berlin erworben und sich 1927 ebenda habilitiert. Von 1952 bis 1960 war sie als außerplanmäßige Professorin an der Universität Göttingen tätig.

21 Dies war Elisabeth Nau (1900–1975), die sich 1940 an der Friedrich-Wilhelms-Universität Berlin für gerichtliche Medizin habilitiert hatte und seit 1949 den Lehrstuhl für Gerichtliche und Soziale Medizin an der FU Berlin innehatte, s. Lorenz, S. 16 u. 30.

22 Der Titel „außerplanmäßige Professorin" bezeichnet eine Privatdozentin, die sich in Lehre und Forschung verdient gemacht hat; eine besoldete Stelle ist damit nicht verbunden, der Zeitpunkt der Verleihung des Titels nach der Habilitation ist abhängig vom jeweiligen Bundesland. Demgegenüber hat die „außerordentliche Professorin" seit 1945 üblicherweise eine im Etat ausgewiesene Stelle.

23 Lorenz, S. 16.

24 Ebd., S. 22.

25 Anger, S. 451–502; vgl. dazu Schlüter in Schlüter/Kuhn, S. 26–28; ferner Nitsch u. a., S. 440 u. ö.

26 Dies waren Bonn, Frankfurt, Heidelberg und Kiel.

27 Kirchhoff 1897.

28 Anger, S. 481.

Hinter allen diesen Äußerungen stand letztlich die Überzeugung, dass „der Hochschullehrerberuf prinzipiell geschlechtsgebunden" sei, was zum Beispiel von einem Interviewpartner damit begründet wird, dass Frauen, die dem Manne in geistiger Hinsicht ebenbürtig seien, „höchstens biologisch noch als Frauen anzusprechen" seien.[29] Das Argument, dass die Universitäten „Männeruniversitäten" und „in ihrem ganzen inneren Leben dem männlichen Geiste angepaßt" seien, und dass „Deutsche Wissenschaft Männerwerk" sei, war ebenso bereits mit Nachdruck und Verve in Kirchhoffs Umfrage vertreten worden.[30] Ende des 19. Jahrhunderts hatten Äußerungen dieser Art historisch noch eine gewisse Plausibilität, da zum Zeitpunkt ihrer Veröffentlichung die Universität eine 700-jährige Geschichte als reine Männeruniversität aufzuweisen hatte. Sechzig Jahre später, als bereits ein Viertel der Studierenden weiblich war und als sich bereits über hundert Frauen an deutschen Universitäten habilitiert und damit ihre wissenschaftliche Befähigung bewiesen hatten, legt der Anspruch der Männer auf exklusiven Zugang zu den akademischen Lehrämtern eher den Verdacht nahe, dass hier mit traditionellen Argumenten gegen das weibliche Geschlecht auch ein Kampf gegen drohende Konkurrenz und gegen die Möglichkeit eines grundlegenden Wandels der Institution Universität ausgefochten wurde.

Eine weitere Erklärung dafür, dass die überwältigende Mehrzahl der Professoren die Universität exklusiv für ihr Geschlecht beanspruchte – immerhin waren knapp 80 Prozent „grundsätzlich ablehnend" oder „bedingt negativ" zu weiblichen Lehrpersonen eingestellt[31] –, dürfte auch darin liegen, dass die Umfrage mitten in der restaurativen Phase der fünfziger Jahre stattfand, in der die traditionellen Rollenbilder auch in der Familienpolitik erneut propagiert wurden. Die Frauen, die während des Kriegs und in der unmittelbaren Nachkriegszeit an vielen Stellen „ihren Mann" gestanden hatten, mussten nach der Rückkehr der Männer aus dem Krieg wieder ins zweite Glied zurücktreten. Sie kehrten an den heimischen Herd zurück, und die Männer nahmen das Zepter wieder in die Hand. Weibliche Berufstätigkeit wurde in diesen Jahren wieder zur Ausnahme und von der Gesellschaft nur gebilligt, wenn sie der notwendigen Sicherung der materiellen Existenz diente. Die Befragungsergebnisse von Hans Anger spiegeln mit ihrer Betonung des traditionellen Frauenbildes auch diese Entwicklung.

Vor dem Hintergrund dieser Einschätzung von Frauen verwundert es nicht allzu sehr, dass die Hochschulpolitik in den fünfziger Jahren die Situation der Wissenschaftlerinnen nicht weiter thematisierte. Lediglich 1956 gab es eine wenig nachdrückliche Empfehlung der Westdeutschen Rektorenkonferenz, die lautete: „Wo geeignete weibliche Hochschullehrer zur Verfügung stehen, sollten die Fakultäten auch für sie die Besetzung des Lehrstuhls in Erwägung ziehen."[32] Dieser Satz ging offenbar auf eine Anregung der Marburger Germanistin Luise Berthold (1891–1983) zurück, die sich in dieser Phase mehrfach zur Frauenfrage in den Wissenschaften und an der Hochschule geäußert hat.[33]

Derartige Überlegungen spielten aber in den Empfehlungen des Wissenschaftsrates zum Ausbau der wissenschaftlichen Einrichtungen aus dem Jahr 1960 keine Rolle. Obwohl dieses Gremium die Schaffung von immerhin 1200 neuen Lehrstühlen und mehreren Tausend weiteren wissenschaftlichen Stellen forderte und auf die Notwendigkeit hinwies, dass möglichst rasch qualifizierter akademischer Nachwuchs herangezogen werden müsse, wurde die naheliegende Möglichkeit, die bereits vorhandenen, aber oft in inadäquaten Positionen wirkenden Wissenschaftlerinnen entsprechend zu berücksichtigen, an keiner Stelle des über 500 Seiten langen Papiers erwähnt. In ihrer Veröffentlichung „Hochschule in der Demokratie" aus dem Jahr 1965 vermuteten die Autoren Nitsch u. a., dass das Thema „Universität und Frau" zu diesem Zeitpunkt für den Wissenschaftsrat „zu heikel" gewesen sei,[34] und sie beklagten im Folgenden nachdrücklich, dass angesichts des großen Bedarfs die Chance vertan worden sei, die vorhandenen Frauen in der Wissenschaft mit entsprechenden Stellen zu betrauen.

---

29 Ebd., S. 481f.

30 Otto Gierke und Adolf Lasson in Kirchhoff, S. 23 und 165.

31 Anger, S. 489.

32 Zit. nach Schlüter in Kleinau/Opitz, S. 458.

33 Vgl. Schindler, S. 15–17.

34 Vgl. Nitsch u. a., S. 437.

Ihre Erklärung für dieses Versäumnis ist die von ihnen danach ausführlich belegte Tatsache, dass die Universität immer noch eine „Männeruniversität" war.

Aktiv wurde dann der 1926 gegründete, 1934 aufgelöste und 1949 erneut gegründete Deutsche Akademikerinnenbund. Auf seiner Tagung zum Thema „Zur Situation der weiblichen Hochschullehrer" vom 7. bis 11. Oktober 1962 wies Asta Hampe nachdrücklich auf die geringe Zahl von Frauen unter den Professoren hin, kritisierte insbesondere die Tatsache, dass habilitierte Frauen nur ausnahmsweise auf ein Ordinariat berufen wurden, und dachte über Möglichkeiten zur Erhöhung der Zahl der Wissenschaftlerinnen an den Hochschulen nach.[35] Die hier angesprochenen Anregungen wie auch eine schon ein Jahr zuvor veröffentlichte Denkschrift des Akademikerinnenbunds blieben aber ohne Resonanz.

Größere Schubkraft in Richtung auf mehr Rechte für Frauen allgemein ging dann seit dem Ende der sechziger Jahren von der Studentenbewegung und der neuen Frauenbewegung aus, die neben vielen anderen Kritikpunkten besonders die patriarchalen und autoritären Strukturen des deutschen Wissenschaftssystems angriffen. Der Ruf nach gezielter Frauenförderung an den Universitäten wurde allmählich lauter. In dieser Phase ging es nicht mehr um den allgemeinen Hochschulzugang – dieser war inzwischen, insbesondere nach der von Georg Picht 1964 angestoßenen Debatte über die deutsche „Bildungskatastrophe"[36] unumstritten –, sondern um den gleichberechtigten Zugang für Frauen zu einer wissenschaftlichen Karriere. Bis 1960 betrug nach Nitsch u. a. „der Anteil der Frauen an der Zahl der ordentlichen Professuren an deutschen Universitäten zu keiner Zeit über 0,5 Prozent."[37]

Aufbruch

Die Kritik an der männerdominierten Institution Universität verschärfte sich in den siebziger Jahren, als immer mehr Frauen ein Studium aufnahmen, vielfach sehr gute Studien- und Promotionsergebnisse erzielten, beim Versuch, in höhere Positionen aufzurücken, jedoch in den meisten Fällen scheiterten. An vielen Orten begannen sich Frauen aus dem Umkreis der Frauenbewegung und der Wissenschaft in Arbeitskreisen und Vereinen zusammenzuschließen, um ihre Isolation als oft einzige Frau unter Männern zu überwinden, persönliche Erfahrungen auszutauschen und über die Benachteiligung an den Universitäten zu diskutieren. Auch Studentinnen formierten sich an vielen Universitäten in lokalen Arbeitsgruppen, die durch Diskussionsrunden und Ringvorlesungen auf die Missstände aufmerksam machen wollten und Forderungen nach Veränderungen formulierten.[38]

Gegenwind bekamen diese Initiativen allerdings durch die wirtschaftliche Rezession, die seit Mitte der siebziger Jahre einsetzte, und durch das Hochschulrahmengesetz von 1975. Die darin festgeschriebene Personalstruktur mit rigiden Zeitverträgen und dem sich daraus ergebenden Zwang zur Mobilität sowie mit dem Verbot von Hausberufungen verschärfte nicht nur das Problem der Vereinbarkeit von Beruf und Familie, sondern auch die Konkurrenz um die Stellen und war vermutlich mitverantwortlich für einen vorübergehenden Rückgang der ohnehin geringen Frauenanteile am wissenschaftlichen Personal.[39]

Die achtziger Jahre wurden dann auf verschiedenen Ebenen zu einem Jahrzehnt des Aufbruchs, mit hochschulpolitischen Aktivitäten und überregionalen Zusammenschlüssen von Frauen einerseits und mit gesteigerter Publikationstätigkeit über die Situation der Frauen an den Universitäten andererseits. So gab 1980 der Akademische Senat der Freien Universität Berlin einen Beschluss mit Quotierungsempfehlungen zur Erhöhung der Zahl der Wissenschaftlerinnen heraus. Es war dies der erste derartige Vorstoß in der Bundesrepublik.[40] Im gleichen Jahr wurde in Nordrhein-Westfalen auf Anregung von Sigrid Metz-Göckel, einer der Vorkämpferinnen dieser Epoche für die Frauen und die Frauenforschung, der

---

35 Vgl. Hampe, S. 26–45; dazu Schlüter in Kleinau/Opitz, S. 458–460.

36 Zu Picht und der Bildungskatastrophe vgl. Metz-Göckel in Kleinau/Opitz, S. 373–385.

37 Nitsch u. a., S. 441. – Nach Koepcke, S. 142, gab es im Wintersemester 1965/66 in der Bundesrepublik 33 ordentliche, 17 außerordentliche und 64 außerplanmäßige Professorinnen sowie 86 Dozentinnen.

38 Vgl. Meyer in Schlüter/Kuhn, S. 101f.

39 Vgl. Kootz/Kriszio in Kleinau/Opitz, S. 468–470.

40 Ebd., S. 471.

„Arbeitskreis Wissenschaftlerinnen in NRW" gegründet, der in den folgenden Jahren in zwei Memoranden (1981 und 1984) und in einem „Hochschulmanifest" (1988) wichtige Impulse für die Förderung der Frauen im Hochschulbereich gab.

Der Arbeitskreis bildete sehr rasch ein funktionierendes Netzwerk von Wissenschaftlerinnen aller nordrhein-westfälischen Hochschulen und war die erste Einrichtung dieser Art in der Bundesrepublik.[41] Einige andere Bundesländer folgten in den nächsten Jahren. Sein vorrangiges Ziel formulierte der Arbeitskreis in seinem ersten Memorandum: „Um die Diskriminierung von Wissenschaftlerinnen an Hochschulen aufzuheben, fordert der Arbeitskreis der Wissenschaftlerinnen an den Hochschulen Nordrhein-Westfalens die Verbesserung der Arbeitsbedingungen der Frauen an Hochschulen und die Erhöhung des Frauenanteils am wissenschaftlichen Personal an den Hochschulen Nordrhein-Westfalens."[42] Diese frühe Initiative war zwar zunächst von einer kräftigen Aufbruchsstimmung getragen, die beteiligten Frauen mussten jedoch in den unmittelbar folgenden Jahren erkennen, dass ihr Anliegen weder von den Hochschulleitungen noch von der Politik hinreichend zur Kenntnis genommen wurde. Im Gegenteil: neue strukturpolitische Maßnahmen und Mittelkürzungen führten statt zu einer Vermehrung an etlichen Stellen zu einer partiellen Verdrängung der Frauen.[43]

Zur gleichen Zeit gab es jedoch einen markanten Anstieg an Publikationen, die sich in etlichen empirischen Erhebungen den Frauen selbst zuwandten, um deren Innenansichten über ihre tatsächliche Lage kennenzulernen.[44] Die Ergebnisse waren in vielen Aspekten gleich oder ähnlich: die Frauen fühlten sich grundsätzlich benachteiligt durch die Familienarbeit und die daraus abgeleiteten Vorurteile der geringeren Belastbarkeit – die Erkenntnis, dass sich auch Väter an der Familienarbeit beteiligen könnten, hatte sich damals noch nicht einmal ansatzweise durchgesetzt –; die Frauen hatten oft trotz gleichwertiger oder sogar besserer Qualifikation unsicherere und schlechter bezahlte Stellen, von denen aus ein Aufstieg auf der Karriereleiter erschwert war, und oft war nach der Promotion der weitere Weg versperrt, weil die Förderung durch Professoren in der Postdoc-Phase dann oft zugunsten männlicher Kollegen wegfiel.

Zwei weitere wichtige Aspekte, die die Situation der Frauen in den achtziger Jahren charakterisierten, hat Angelika Wetterer in ihrem Forschungsprojekt zum Selbstverständnis von Wissenschaftlerinnen im Jahre 1983 herausgearbeitet.[45] Bei der Schilderung ihrer Berufswege bekam sie als häufigste Antwort, dass es sich „so ergeben" habe. Die Betreffenden hatten den Weg nicht zielstrebig eingeschlagen, sondern Zufall und Glück hätten dabei die wichtigste Rolle gespielt. Dass zum Zeitpunkt der Befragung Frauen tatsächlich kaum eine Universitätskarriere zielstrebig hatten planen können, leuchtet angesichts der damals noch sehr geringen Zahl von Wissenschaftlerinnen ohne weiteres ein. Dazu kam aber, dass die von Wetterer befragten Dozentinnen unterschiedlichen Alterskohorten angehörten, die auf je unterschiedliche Stellensituationen an den Universitäten trafen.[46] Für die älteren Frauen und diejenigen mittleren Alters galt, dass für beide Gruppen in der Phase der Hochschulkonjunktur in den sechziger Jahren bis in die frühen siebziger Jahre, als die Zahl der Professuren stark vermehrt und der universitäre Mittelbau überproportional verbreitert wurde, plötzlich reichlich Stellen zur Verfügung standen, die sie gern auch ungeplant wahrnahmen. Die Jüngeren hingegen unter den Befragten sahen sich ab der Mitte der siebziger Jahre einer extremen Verknappung von Stellen gegenüber, so dass es tatsächlich eines glücklichen Zufalls bedurfte, wenn eine Stelle im richtigen Augenblick für sie frei wurde. Doch auch wenn man diesen Hintergrund berücksichtigt, bleibt es bemerkenswert, dass die Begriffe „Zufall" und „Glück" in den Antworten der Frauen so häufig fielen. Vergleichbare Antworten wurden nämlich von Männern im Rahmen des DFG-Forschungsprojekts, das Dagmar Schultz zwischen 1982 und 1986 mit 22 Professoren und 21 Professorinnen

---

41 Vgl. hierzu Stahr, S. 27–39.
42 Arbeitskreis Wissenschaftlerinnen von NRW, S. 5.
43 Vgl. Stahr, S. 33.
44 Eine kurze Übersicht über einschlägige Veröffentlichungen im Zeitraum von 1979 bis 1987 geben Onnen-Isemann / Oßwald, S. 20–25.
45 Der Untersuchung Wetterers lagen Interviews von 63 Freiburger Wissenschaftlerinnen, darunter 6 Professorinnen, zugrunde.
46 Vgl. Wetterer, S. 276–279.

an drei Universitäten durchführte, nur selten gegeben; für die männlichen Teilnehmer der Studie beruhte ihre Karriere durchweg auf Zielstrebigkeit und kluger Strategie.[47]

Ein grundsätzliches Problem, das sich über viele Jahrzehnte den Frauen an der Universität stellte und das erst allmählich mit der Erhöhung der Zahl weiblicher Hochschullehrer einer gewissen Normalität gewichen ist, war, wie Angelika Wetterer es nennt, die „Fremdheit der Wissenschaft", die sich nicht auf die wissenschaftliche Tätigkeit, sondern auf die „Wissenschaft als Institution und auf das wissenschaftliche Arbeiten als Beruf" bezieht.[48] Die Frau, die in den Jahrzehnten vor der Jahrtausendwende die Universität betrat, befand sich in einer ihr unvertrauten Welt mit Spielregeln des Wissenschaftsbetriebs und Strukturen der Interaktion und Kommunikation, die seit Jahrhunderten von Männern geprägt worden waren und in denen sie sich als Frau im besten Fall als Außenseiterin, im schlimmsten als Störenfried vorkommen musste. Was von ihr verlangt wurde, wollte sie sich behaupten, war ein mühsamer Akkulturationsprozess, der zuweilen schmerzhaft und in jedem Fall langwierig war – wenn er denn überhaupt gelang.[49]

Mitte der achtziger Jahre wurde endlich die deutsche Hochschulpolitik aktiv. Schon 1979 hatten die Vereinten Nationen das Menschenrechtsabkommen „Convention on the Elimination of All Forms of Discrimination Against Women" verabschiedet. Diese Konvention erstreckte sich zwar grundsätzlich auf alle Lebensbereiche, hob aber insbesondere den Bildungsbereich, das Berufsleben und das Gesundheitswesen hervor. Das in ihr formulierte Aktionsprogramm verpflichtete die Vertragsstaaten zur Durchführung von Maßnahmen, die nicht nur die rechtliche, sondern auch die tatsächliche Gleichberechtigung von Frau und Mann herbeiführen sollten. Die Bundesrepublik ratifizierte die Konvention 1985. Die dritte Änderung des Hochschulrahmengesetzes übernahm in § 2 Abs. 2 die Forderung nach Durchsetzung der Gleichberechtigung und mahnte die Beseitigung der für Wissenschaftlerinnen bestehenden Nachteile an. Damit war erstmals offiziell die bisherige geschlechtsspezifische Diskriminierung von Frauen an den Hochschulen anerkannt.

Die Länder folgten der Forderung in ihren jeweiligen Landesgesetzen, und so wurden auch im Bayerischen Hochschulgesetz zum 1. Oktober 1988 im Art. 34 Abs. 1 Satz 1 bis 3 das Amt der Frauenbeauftragten verankert und ihre Aufgaben, das Bestellungsverfahren und ihre Befugnisse festgelegt, mit der Maßgabe, die Einzelheiten in der Grundordnung der jeweiligen Hochschule zu regeln und die womöglich bereits nominierten Fakultätsfrauenbeauftragten zu der Erörterung der sie betreffenden Regelungen hinzuzuziehen (Abs. 2 Satz 1 und 2).

Die Entwicklung an der FAU

Die Erfahrung der Friedrich-Alexander-Universität mit Frauen im Lehrkörper war zu diesem Zeitpunkt noch sehr jung. In den ersten dreißig Jahren nach der Habilitation der Anatomin Adele Hartmann in München, der ersten einer Frau in Deutschland,[50] hatte keine Frau in Erlangen diese erste Stufe der akademischen Laufbahn erklommen, und es war auch keine Frau von auswärts berufen worden. In der Lehre waren zwar im Zweiten Weltkrieg einige Assistentinnen in der Philosophischen Fakultät tätig gewesen; deren Verträge wurden jedoch 1945/46 wieder gelöst.[51] Im Herbst 1947 versuchte die Universität Erlangen die bereits erwähnte Dr. Elisabeth Nau auf die seit 1945 vakante außerordentliche Professur für Gerichtsmedizin zu berufen[52] – sie wäre damit die erste Professorin in Erlangen geworden –, sie lehnte aber den Ruf ab und wurde zwei Jahre später Ordinaria an der Freien Universität Berlin.[53]

Auch in den beiden Jahrzehnten von 1950 bis 1970 habilitierten sich an der FAU nur verschwindend wenige Frauen; bis 1970 waren es nur acht. Danach erhöhte sich die Zahl vor

---

47 Vgl. Schultz, insbes. S. 36–54; Wetterer, S. 279f. und Onen-Isemann/Oßwald, S. 47.

48 Wetterer, S. 280; die „männlich geprägte Universität" hatte bereits Peisert, S. 114–119, 1967 für den häufig frühzeitigen Studienabbruch von Studentinnen verantwortlich gemacht. Metz-Göckel in Kleinau/Opitz, S. 383, Anm. 37, sah mit Verweis auf Peisert das grundsätzliche Defizit der deutschen Universität darin, dass es keine selbstkritische Aufarbeitung der in ihr verbreiteten Misogynie gegeben habe.

49 Vgl. Wetterer, S. 279–284.

50 S. vorn S. 11.

51 Vgl. Lehmann, S. 492f.

52 Vgl. oben S. 13 mit Anm. 21.

53 Vgl. Die Erlanger Universität I, S. 287; Boedeker/Meyer-Plath, S. 101.

allem in der Medizinischen und in den beiden Philosophischen Fakultäten, so dass hier bis 1989 insgesamt 35 Frauen die Venia legendi erhielten. Die Zahl der Professorinnen blieb aber weit darunter. Die erste Frau, die an der FAU nach einem regelgerechten Habilitationsverfahren zur Privatdozentin ernannt wurde, war Gisela Freund (1914–2005). Sie war seit 1947 als Assistentin am Erlanger Institut für Ur- und Frühgeschichte tätig und wurde 1969 ebendort zur Ordinaria ernannt. Sie wurde damit die erste ordentliche Professorin in der hiesigen Philosophischen Fakultät.

Die erste Ordinaria an der FAU war Ingeborg Esenwein-Rothe (1911–2002). Sie erhielt 1962 die außerordentliche Professur für Volkswirtschaftslehre und Wirtschaftsstatistik an der Universität Erlangen-Nürnberg und wurde im darauffolgenden Jahr zur Ordinaria für Statistik ernannt. 1976 wurde sie emeritiert. Bis zum Beginn der offiziellen Frauenförderung an der FAU, also bis 1989, erhielten insgesamt sieben Frauen eine ordentliche Professur; von ihnen waren 1989 noch vier im Amt. Ihre akademischen Lebenswege und diejenigen der außerordentlichen Professorinnen sowie der Privatdozentinnen bis 1970 werden im Anhang zu diesem einführenden Text in Kurzbiographien vorgestellt.

Die Neue Frauenbewegung, die sich seit Ende der sechziger Jahre in der Bundesrepublik formierte, kam erst etwas verspätet in Erlangen an, und die ersten einschlägigen Aktionen betrafen nicht vorrangig das Problem „Frauen und Universität", sondern standen im Zusammenhang mit dem Kampf gegen den § 218, der die Frauen in ganz Deutschland bewegte und zu vielen Protestaktionen führte. In Erlangen gründete sich 1973 eine Frauengruppe aus Studentinnen und Frauen aus unterschiedlichsten Kontexten, die neben dem Kampf gegen § 218 auch alle anderen Formen der Unterdrückung der Frau auf der Agenda hatte, wobei den Studentinnen hier die Aufgabe der theoretischen Durchdringung zufiel.[54] Diese Erfahrung führte dazu, dass sich die Studentinnen zunehmend an der Universität in verschiedenen Gruppierungen zusammenfanden, um gezielter über „die Rolle der Frauen an der Universität" zu diskutieren. Einzelne Fachschaften organisierten in der Folgezeit Seminare für frauenpolitisch interessierte Studentinnen und seit 1974/75 wurden von Mitgliedern der Institute für Soziologie und Politologie verschiedene Seminare über die Stellung der Frau in der Familie, zum Emanzipationsbegriff und zur Frauenbewegung angeboten. 1976 startete im Rahmen des DFG-Schwerpunktprogramms „Integration der Frau in die Berufswelt" das erste DFG-Frauenforschungsprojekt am Institut für Soziologie. Es wurde geleitet von Dr. Heide Inhetveen, die später ab 1994 als Professorin für Land- und Agrarsoziologie in Göttingen lehrte, und Dr. Margret Blasche, der Universitätsfrauenbeauftragten der FAU in den Jahren 1997 bis 2003.[55] Diesen Initiativen folgten andere nach. So organisierten sich in der Folgezeit mehrere fakultätsspezifische Frauengruppen, die im Dezember 1977 die erste Frauen-Vollversammlung an der FAU ausrichteten.[56] Bestärkt wurden diese Initiativen nicht zuletzt dadurch, dass zwischen 1970 und 1985 ein starker Anstieg in der Zahl der Studentinnen zu verzeichnen war, der die Brisanz der Frauenfrage kontinuierlich erhöhte.[57]

Die achtziger Jahre waren dann geprägt von vielfältigen Diskussionen und Aktivitäten, die einerseits die mangelnde Repräsentanz von Frauen im Lehrpersonal thematisierten und andererseits Themen der Frauenforschung aufgriffen, die in den nördlichen Bundesländern schon Eingang in die öffentliche Debatte gefunden hatten.[58] So rief das studentische Frauenreferat (später „AK Frauenbeauftragte") im Sprecherinnenrat der Universität in diesen Jahren wiederholt zu Frauenvollversammlungen, Demonstrationen und Podiumsdiskussionen auf, in denen die Studentinnen die Quotierung für Frauen und die Anerkennung von Frauenforschung forderten. Wie groß das Interesse an diesen Themen war, mag die Frauenvollversammlung vom 18. Februar 1988 belegen; sie stand unter dem Motto „Die Zukunft ist weiblich – Frauen an die Macht" und zählte über 380 Teilnehmerinnen. Die Frauenvollversammlung im Jahr zuvor hatte das Motto „Wir Frauen wollen die Hälfte" getragen.[59]

---

54 Vgl. hierzu Alexandrescu, S. 49–57.

55 Vgl. Vorlesungsverzeichnisse 1974/75 und 1976, dazu auch Lehmann, S. 494f. mit Anm. 34.

56 Lehmann, S. 495 mit Anm. 35.

57 Der Anteil der Studentinnen an der Gesamtzahl der Studierenden an der FAU stieg von 20,8 Prozent im Jahr 1971 auf 35,2 Prozent im Jahr 1980, vgl. ebd., S. 494.

58 Zur Frauenforschung an der FAU vgl. den Extrabeitrag „Frauenforschung/Geschlechterforschung/Gender Studies", S. 105–111.

59 FAU UB Flugblattsammlung Karton G2/1, Nr. 23.

Am 20. Juni desselben Jahres organisierte der AK Frauenbeauftragte zum „Tag der Frauenbeauftragten" und offenbar im Vorgriff auf das Bayerische Hochschulgesetz mit den neuen Paragraphen über die Frauenbeauftragten, das wenige Wochen später in Kraft treten sollte, eine Podiumsdiskussion im Audimax. TeilnehmerInnen waren der Vizepräsident der FAU Prof. Dr. Kurt Geibel, die Frauenbeauftragte der Universität Oldenburg Dr. Marianne Kriszio sowie Vertreterinnen und Vertreter der CSU und der SPD.[60] Im Anschluss daran lud der Vizepräsident einige Mitglieder des AK ein, an den Sitzungen des Verfassungsausschusses mitzuwirken, den der Senat inzwischen zur Vorbereitung der anstehenden Anpassung der Grundordnung an die Änderung des Bayerischen Hochschulgesetzes eingerichtet hatte. Der AK erarbeitete daraufhin einen umfänglichen Katalog von Befugnissen und Aufgaben der Frauenbeauftragten. Wenn auch viele der studentischen Vorschläge weit über den Rahmen der damals noch relativ restriktiven Bestimmungen über die Frauenbeauftragten im Bayerischen Hochschulgesetz hinausgingen und schon deshalb nicht in der Grundordnung berücksichtigt werden konnten, sind sie ein beeindruckendes Zeugnis für die Ernsthaftigkeit, mit der die damaligen Studentinnen die Problematik der Frauen an der Universität bearbeitet und ihre Erkenntnisse in schlüssige Forderungen umgesetzt haben, die heute zum Teil realisiert sind.

Seit 1988 hatten die damals noch elf Fakultäten bereits Frauenbeauftragte bzw. Kontaktpersonen benannt, die sich in der ersten Hälfte des Jahres 1989 mehrmals unter der Leitung des Vizepräsidenten Prof. Dr. Geibel trafen, um über die anstehende Änderung der Grundordnung zu diskutieren und einen Vorschlag für die Besetzung des Amtes der Universitätsfrauenbeauftragten zu erstellen. In diesen Diskussionen wurden insbesondere Forderungen nach angemessener Ausstattung der Stellen und nach einer Reduzierung des Lehrdeputats laut. Insgesamt schätzten die Fakultätsfrauenbeauftragten damals ihre Erfolgsaussichten angesichts des fehlenden Stimmrechts und der kaum vorhandenen Möglichkeiten, wirkungsvoll in die entscheidenden Prozesse einzugreifen, als eher gering ein.

Am 26. Juli 1989 wählte der Senat auf Vorschlag des Gremiums der bereits gewählten Fakultätsfrauenbeauftragten bzw. Delegierten im Vorgriff auf die bevorstehende Änderung der Grundordnung die Direktorin des Instituts für Medizingeschichte, Prof. Dr. Renate Wittern, für eine Amtszeit von zwei Jahren zur ersten Universitätsfrauenbeauftragten. Zur ersten Stellvertreterin wurde Prof. Dr. Irmela Bues, Professorin an der Remeis-Sternwarte, am 1. August PD Dr. Regine Gildemeister zur zweiten Stellvertreterin gewählt. In die Grundordnung der FAU wurde der folgende Passus (§ 18) aufgenommen: „Frauenbeauftragte haben die Aufgabe, auf die Herstellung der verfassungsrechtlich gebotenen Chancengleichheit und auf die Vermeidung von Nachteilen für Wissenschaftlerinnen, weibliche Lehrpersonen und Studentinnen hinzuwirken. Sie unterstützen die Organe der Universität."

Mit der Wahl der Universitätsfrauenbeauftragten und ihrer Vertreterinnen begann damit in Erlangen eine neue Epoche im Ringen der Frauen um die gleichberechtigte Teilhabe an der wissenschaftlichen Arbeit. Die Anfänge der neuen Aufgabe waren objektiv und subjektiv schwierig. Zum einen war noch unklar, welche personelle und finanzielle Unterstützung mit dem Amt verbunden sein würde, zum andern mussten die Frauenbeauftragten in einem Umfeld arbeiten, in dem zahlreiche männliche Kollegen ihre Ablehnung oder gar Verachtung gegenüber dem neu geschaffenen Amt und seinen Vertreterinnen mehr oder weniger offen zum Ausdruck brachten. Dennoch beflügelte die Frauen eine optimistische Aufbruchsstimmung, die eskortiert wurde von großer Aktivität auf der Landes- und Bundesebene: Der Wissenschaftsrat (WR), die Westdeutsche Rektorenkonferenz (WRK), das Bundesministerium für Bildung und Wissenschaft (BMBW), die Bund-Länder-Kommission für Bildungsplanung und Forschungsförderung (BLK) sowie etliche bayerische Gremien brachten in diesen Jahren umfängliche Berichte über die unbefriedigende Situation der Frauen an den bundesrepublikanischen Universitäten heraus und entwarfen ausführliche Szenarien, wie das eklatante Missverhältnis zwischen der Zahl von Studentinnen zu der des weiblichen Lehrpersonals verbessert werden könnte.

Die Aufgabe, die vor uns lag, war also vom Ergebnis her eindeutig. Die Frage für uns aber lautete, wie dieses geradezu epochale Problem allein durch Frauenbeauftragte gelöst werden könnte, die zwar zu allen wichtigen Gremien Zutritt, aber kein Stimmrecht hatten. So begannen wir zunächst mit der Erstellung einer Defizitanalyse, studierten die bis dahin

---

60 FAU UB Flugblattsammlung Karton G2/1, Nr. 23.

bereits reiche einschlägige Literatur, um die zentralen objektiven, aber auch die mentalen subjektiven Hindernisse für den Aufstieg von Frauen in der Wissenschaft besser zu erkennen, zumal sich die Situation für Frauen in einer Universität mit elf Fakultäten in mancherlei Hinsicht auch als durchaus unterschiedlich herausstellte. Dennoch schälte sich für die damalige Zeit eindeutig das Problem der Vereinbarkeit von Beruf und Familie als das markanteste heraus. Diesem Bereich widmeten auch die Empfehlungen der oben genannten Wissenschaftsorganisationen und politischen Stellungnahmen jeweils den größten Raum. Ihre teilweise durchaus progressiven Vorschläge für viele Aspekte des Universitätslebens, die der spezifischen Lebenssituation von Wissenschaftlerinnen Rechnung tragen sollten, sind vielfach erst mit großer Verspätung, wenn überhaupt, verwirklicht worden.[61]

Parallel zur Auseinandersetzung mit den Ursachen der Unterrepräsentanz der Frauen galt es zudem, Strukturen für die Arbeit zu schaffen. Hier ist zum einen das universitätsinterne, einmal im Monat tagende Gremium aller Frauenbeauftragten zu nennen und auf Landesebene die Landeskonferenz der Frauenbeauftragten der Bayerischen Hochschulen (LaKof) mit ebenfalls regelmäßigen Arbeitstagungen. Diese Zusammenkünfte erwiesen sich als ebenso anregend wie lehrreich; zugleich konnte durch den überregionalen Zusammenschluss stärker Druck auf die Politik ausgeübt werden. Außerdem gab es die Bundeskonferenz der Frauen- und Gleichstellungsbeauftragten an Hochschulen, die seit 1988 jährlich stattfindet. Für die Organisation der im Laufe der Jahre an Zahl und Intensität zunehmenden Aufgaben stand der Universitätsfrauenbeauftragten eine wissenschaftliche Mitarbeiterin zur Verfügung und mit einiger Verzögerung auch ein kleines Büro. Die Fakultätsfrauenbeauftragten konnten im Bedarfsfall auf diese Ressource zurückgreifen.

Unsere ersten Versuche, uns auf dem gesamtuniversitären Parkett zu artikulieren, waren aus heutiger Sicht kleine und kleinste Schritte, und doch mussten die meisten mit viel Geduld und Hartnäckigkeit erstritten werden. Die Durchsetzung einer Frauenförderklausel in allen Stellenausschreibungstexten war der erste Vorstoß im Senat. Der zweite war der Antrag, in Studien- und Prüfungsordnungen jeweils beide Geschlechter eigens zu benennen bzw. die entsprechenden Texte genderneutral zu formulieren. Nachdem dieser Antrag im Senat leidenschaftlich bekämpft und als unzumutbar abgelehnt worden war, wurde als Minimallösung eine Vorbemerkung zum Sprachgebrauch gefunden, in der darauf hingewiesen wurde, dass in den männlichen Formen die weiblichen jeweils mitgemeint waren. Auch hiergegen gab es von den „Hardlinern" im Senat zunächst heftige Widerstände. Doch diese Formel, die aus unserer Sicht allerdings nur ein schwacher Kompromiss war, wurde schließlich nach mehreren Sitzungen akzeptiert. Aber es gab auch erfreuliche Entwicklungen. So wurden manche Senatoren – und das war eine schöne und ermutigende Erfahrung – durch die vielen lebhaften Diskussionen nachdenklich und wandelten sich von ursprünglichen Gegnern allmählich zu Befürwortern unserer Sache.[62]

Weitere Schritte auf Universitätsebene waren die Verankerung der frauenspezifischen Anliegen im Hochschulentwicklungsplan 1990/91 und die Einführung der routinemäßigen Erhebung der frauenspezifischen Zahlen in allen künftigen Statistiken der Universität. Hervorzuheben ist, dass die Anliegen der Frauenbeauftragten von Beginn an in den Senatssitzungen und auch außerhalb sowohl vom Präsidenten Professor Dr. Nikolaus Fiebiger und seinem Nachfolger Rektor Professor Dr. Gotthard Jasper als auch vom Kanzler Assessor Diplom-Volkswirt Thomas A. H. Schöck stets mit großem Wohlwollen begleitet und aktiv unterstützt wurden. Einen wichtigen Schub von außen gab es bereits 1991 mit dem Zweiten Hochschulsonderprogramm (HSP II), mit dem vorwiegend der Wiedereinstieg von promovierten Wissenschaftlerinnen gefördert werden sollte, die ihre zweite Qualifikationsphase aus familienbedingten Gründen unterbrochen hatten. In einer späteren Phase dieser Förderlinie wurden dann auch Promotionen in der Endphase unterstützt. Das Frauenbüro organisierte seit 1994 regelmäßige Kolloquien, in denen die HSP-Stipendiatinnen Gelegenheit hatten, ihre Arbeiten in Kurzreferaten zur Diskussion zu stellen und sich damit auch im Hinblick auf eine etwaige Hochschullaufbahn für die wissenschaftliche Auseinandersetzung allgemein zu schulen.

Neben den Bemühungen um die Durchsetzung von Anliegen an vorderster Front im Senat gab es sowohl gesamtuniversitär als auch in den Fakultäten ein reiches Spektrum an Aufgaben,

---

61 Vgl. hierzu den Beitrag „Familienfreundliche Universität", S. 89–98.
62 Für die zahlreichen Aktivitäten im Ablauf der 30 Jahre verweise ich auf die ausführliche „Chronologie der Ereignisse", S. 31–65.

das sich in der Folgezeit kontinuierlich erweiterte. Ein wichtiges Aktionsfeld bildete die Beratungstätigkeit für Studentinnen und Wissenschaftlerinnen. Hierunter fielen beispielsweise Hilfen für familienbedingte Probleme, wie Sonderregelungen für schwangere Studentinnen bei anstehenden Prüfungsterminen oder der Studieneinstieg nach schwangerschaftsbedingter Unterbrechung. Das Ansinnen etwa, eine Prüfung aus Gründen der Schwangerschaft zu verlegen, galt Anfang der neunziger Jahre in den Verwaltungen noch vielfach als unvertretbar. Ferner leisteten die Frauenbeauftragten Beratung bei der Beschaffung von Stipendien für Promotion und Habilitation und boten Sprechstunden für allgemeine Karriereberatung für Studentinnen an. Wir versuchten weiter, Rat zu geben bei Problemsituationen unterschiedlichster Art mit männlichen Lehrpersonen oder Vorgesetzten. An weiteren Aktivitäten ist sodann die regelmäßige Durchführung von Vollversammlungen für Wissenschaftlerinnen und Studentinnen zu nennen, in denen vielfach Probleme zur Sprache kamen, für die es sonst kein Forum gab. Die Mitarbeiterin im Büro der Frauenbeauftragten begann außerdem sehr rasch nach Beginn unserer Arbeit mit der Organisation von speziellen Kursen für Frauen; so gab es Kurse für Selbstverteidigung (WenDo), die sich eines großen Zuspruchs erfreuten, Rhetorikseminare, Managementkurse und ähnliches.

Ein weiteres Feld der Betätigung, das verschiedenste Facetten aufwies, waren Aktionen außerhalb der Universität, mit denen die Anliegen des Amts in die Gesellschaft getragen wurden. Hierher gehörten beispielsweise Vorträge der Frauenbeauftragten in den Gymnasien Erlangens und Nürnbergs, in denen wir die begabten Schülerinnen zu einer wissenschaftlichen Karriere zu ermutigen versuchten, was in den neunziger Jahren durchaus noch notwendig sein konnte, da der Begriff „Karrierefrau" damals überwiegend negativ konnotiert war. Öffentlichkeitsarbeit der Frauenbeauftragten fand aber auch auf bestimmten Kongressen und auf Schülerbörsen zur Berufsfindung statt, wo wir in Diskussionen gelegentlich harte Gefechte mit Männern auszutragen hatten. Und schließlich gehörte natürlich auch die Pressearbeit zu den Aufgaben der Frauenbeauftragten, die immer wieder um Interviews gebeten wurden, in denen sie die Möglichkeit hatten, die Anliegen der Frauen an der Universität nach außen verständlich zu machen.

Auch das zentrale Problem der Kinderbetreuung haben wir schon früh in den Blick genommen. Auf der Basis von ersten statistischen Erhebungen über den Bedarf an Plätzen für wissenschaftliche Mitarbeiterinnen, die wir gleich 1990 durchführten, folgte Antrag auf Antrag an die Hochschulleitung und ans Ministerium, entsprechende Einrichtungen zu schaffen. Aber dies war und ist, wie wir in den langen Jahren lernen mussten, aus verschiedensten Gründen durchaus kompliziert, so dass es bis ins neue Jahrtausend ein „Dauerbrenner" der Arbeit des Frauenbüros war.

In der zweiten Hälfte der neunziger Jahre wurden die begonnenen Aktivitäten kontinuierlich erweitert, manches Neue kam hinzu, sowohl in der Universität selbst als auch von Seiten der Hochschulpolitik. So wurden vom Büro der Frauenbeauftragten neue Veranstaltungen für Studentinnen und/oder Dozentinnen zum einen im Hinblick auf die Karriereförderung eingeführt, wie etwa Seminare für Stimmbildung und Sprachtraining, für Präsentation von Vorträgen und für Bewerbungstraining sowie zum andern Trainingsprogramme zum Schutz gegen sexuelle Übergriffe. Ab 1998 bot die Frauenbeauftragte in Zusammenarbeit mit der Gleichstellungsbeauftragten der FAU in den Sommerferien ein erstes Ferienbetreuungsprogramm für die Kinder des wissenschaftlichen und nichtwissenschaftlichen Personals an, das in der Folgezeit bis heute kontinuierlich erweitert wurde. Besonders zu erwähnen sind die „Empfehlungen zur Gleichstellung", die nach längeren und intensiven Diskussionen am 1. März 1995 einstimmig vom Senat verabschiedet und vom Rektor in Zusammenarbeit mit der Universitätsfrauenbeauftragten herausgegeben wurden. In ihnen sind viele relevante Aspekte der Gleichstellungspolitik als Aufgaben formuliert worden, deren Umsetzung teilweise noch lange auf sich warten ließ.

Die Politik setzte ihre Frauenförderung 1996 mit dem HSP III fort, dessen vorrangiges Ziel „die deutliche Erhöhung des Frauenanteils in Forschung und Lehre" war, wobei der Schwerpunkt auf Maßnahmen liegen sollte, die zur „Qualifizierung auf eine Professur" führen. Hieran schloss sich das Hochschul- und Wissenschaftsprogramm (HWP) für die Jahre 2001 bis 2006 an, innerhalb dessen das Programm „Chancengleichheit für Frauen in Forschung und Lehre" wiederum mit einem nicht unbeträchtlichen Volumen gefördert wurde.[63]

---

63 Vgl. Krischer (2004) und Schulte (2007), die die beiden Programme HSP III und HWP im Auftrag der Landeskonferenz der Frauenbeauftragten an Bayerischen Universitäten evaluiert haben.

Im Rückblick stellen sich die ersten zehn Jahre der offiziellen Frauenförderung an der hiesigen Universität als durchaus zwiespältig dar: Es war eine Pionierzeit mit teilweise erheblichen Widerständen, mit vielfältigen Aktivitäten und Initiativen auf verschiedensten Ebenen, mit viel Arbeit und mit, gemessen am Aufwand, wenigen zählbaren Erfolgen, wenn man das zentrale Ziel, die Erhöhung der Frauenquote in den höheren Positionen, zugrunde legt. So wurden in den Jahren von 1990 bis 1993 an der FAU 73 Professoren neu berufen – darunter keine einzige Frau. Von 1993 bis zum Ende des Jahrtausends stieg dann die Zahl der weiblichen Ordinarien von vier auf sieben, bei einer Gesamtzahl von etwa 240 Ordinarien, und der Prozentsatz von außerordentlichen Professorinnen mit starken zwischenzeitlichen Schwankungen von fünf auf sieben Prozent. Natürlich war uns aber damals bewusst, dass man die Welt nicht in wenigen Jahren verändern kann, dass wir deshalb einen langen Atem brauchen würden und dass unser Ziel einer gendergerechten Universität erst am Ende einer längeren Entwicklung, wenn überhaupt, erreichbar wäre.

Ein großes Problem war für alle Frauenbeauftragten die hohe zeitliche Beanspruchung. Ohne Ermäßigung des Lehrdeputats bedeutete die neue, zusätzliche Aufgabe eine erhebliche Belastung und führte damit gewissermaßen zu einer sekundären Benachteiligung derjenigen Frauen, die sich für die Frauen engagierten. Schwierig war es auch von Anfang an, genügend Frauen für diese Aufgabe zu finden, da insgesamt ohnehin nur wenige potentielle Kandidatinnen zur Verfügung standen. So kam es gelegentlich dazu, dass in manchen Fakultäten dankenswerterweise männliche Kollegen einsprangen, was die Diskussionen über bestimmte Probleme durchaus positiv bereichern konnte. Zudem forderte das Amt von allen eine große Frustrationstoleranz, so dass manche auch resignierten.

Aber es gab auch schon durchaus Aspekte, die eine Richtung zum Positiven andeuteten. Allein durch die Tatsache, dass die Probleme der Wissenschaftlerinnen zunehmend öffentlich diskutiert wurden und dass inzwischen in allen Gremien der Universität Frauen präsent waren, entstand doch bei zunehmend mehr männlichen Kollegen so etwas wie Sensibilität für das Problem und größere Aufmerksamkeit für diskriminierendes Reden und Verhalten. Dies führte dazu, dass die Widerstände gegen Frauen nicht mehr ohne weiteres öffentlich geäußert werden konnten und dass verdeckte Diskriminierungen eher entlarvt und zum Gegenstand von Diskussionen gemacht werden konnten.

Mit der Bayerischen Hochschulreform von 1998 kam weitere Bewegung in die Frauenfrage, da sie Strukturverbesserungen verschiedener Art vorsah: So erhielten die Frauenbeauftragten nun endlich, um nur die wichtigsten Änderungen zu nennen, Stimmrecht in allen Gremien, mit Ausnahme der Berufungsausschüsse, und konnten auch in bestimmten Fällen eine Deputatsermäßigung für sich beantragen. Jeder Berufungsliste, die dem Wissenschaftsministerium vorgelegt wurde, musste überdies fortan eine Stellungnahme der Frauenbeauftragten beigefügt sein. Außerdem wurden ab sofort für die Höhe der einer Universität zukommenden staatlichen Mittel in der kompetitiven inneruniversitären Mittelvergabe jetzt auch Fortschritte bei der Erfüllung des Gleichstellungsauftrags berücksichtigt. Auch die DFG begann in diesen Jahren zunehmend, von den Universitäten die Chancengleichheit einzufordern, indem sie nicht nur darauf drang, dass bei der Nominierung von Kandidaten für die angesehenen Wissenschaftspreise in verstärktem Maß Wissenschaftlerinnen vorgeschlagen würden, sondern dass sie auch bei den Antragsbegutachtungen verstärkt darauf achtete, dass die bewilligten Projektstellen häufiger von Frauen besetzt und dass Kinderbetreuungseinrichtungen geschaffen wurden.

Die erste Prorektorin

Im Frühjahr 2002 begann in gewisser Weise ein neuer Abschnitt in der Geschichte der Gleichstellungspolitik an der FAU. Zum 1. April dieses Jahres wurde erstmals in ihrer 259-jährigen Geschichte eine Frau zur Prorektorin gewählt. Mit einer Frau in der Hochschulleitung konnte jetzt auf verschiedenen Ebenen wirkungsvoller agiert werden. Denn die Bemühungen um die Chancengleichheit wurden mit diesem Schritt gewissermaßen zur „Chefsache". Zugleich gab die Anwesenheit der Prorektorin in den wöchentlichen Sitzungen der Hochschulleitung die Möglichkeit, die Anliegen der Frauenbeauftragten direkt in die Beratungen der Hochschulleitung einzubringen und frauenspezifische und frauenrelevante Gesichtspunkte schon im Vorfeld von Entscheidungen zu Gehör zu bringen. Auf diese Weise wurde auch nach längerer Diskussion erreicht, dass die Universitätsfrauenbeauftragte 2003 als stimmberechtigtes Mitglied in die erweiterte Hochschulleitung aufgenommen wurde. Seit 2002 ist die Hochschulleitung stets gemischtgeschlechtlich besetzt, und die Universitätsfrauenbeauftragte ist seit 2018 beratendes Mitglied in ihr.

Inzwischen hatte die öffentliche Debatte über die nach wie vor viel zu geringe Repräsentanz von Frauen in den höheren Positionen weiter Fahrt aufgenommen, und die Politik tat das Ihre, um den Druck auf die Universitäten zu verstärken. Welchen Stellenwert man inzwischen der Gleichstellungsfrage in der bayerischen Politik beimaß, zeigte auch ein Ausspruch des damaligen Wissenschaftsministers Hans Zehetmair auf dem Münchener Festakt anlässlich der Eröffnung der Ausstellung „100 Jahre akademische Bildung von Frauen in Bayern" im Sommer 2003: „Erfolgreiche Frauenförderung", so sprach er, „wird in der Öffentlichkeit zu Recht als ein Gradmesser für die Reformfähigkeit und Reformbereitschaft einer Hochschule gewertet." Von einem solchen Ausspruch aus ministerialem Munde hätten die Frauen an Bayerns Hochschulen noch zehn Jahre vorher kaum zu träumen gewagt.

Was die tatsächlichen Erfolge in der Frauenförderung an der FAU betrifft, so war der Frauenanteil an den Professuren in den Jahren zwischen 1998 und 2003 zwar etwas gestiegen. Im Ländervergleich lag Bayern jedoch mit durchschnittlich 9,07 Prozent auf dem letzten Platz, die FAU mit 8,56 Prozent noch unter dem bayerischen Durchschnitt. Das Gesetz der hierarchisch zunehmenden Männerdominanz war also in Erlangen trotz aller bisherigen Bemühungen nach wie vor fast ungebrochen wirksam.

In dieser Situation galt es, die Arbeit für die Gleichstellung auf eine breitere Basis zu stellen, sie neu zu strukturieren und zu intensivieren. Unter dem Vorsitz der Prorektorin wurde deshalb 2003 die „Arbeitsgemeinschaft Chancengleichheit" gegründet, eine Initiativgruppe zur Planung, Koordinierung und Organisation aller Projekte, die der Gleichstellung dienten. Für die hochschulinterne Akzeptanz dieses Gremiums war es nicht nur überaus bedeutsam, dass der Kanzler Mitglied wurde, sondern dass es bewusst gemischtgeschlechtlich besetzt wurde. Es war damit sichtbarer Ausdruck dafür, dass mit Beginn des dritten Jahrtausends die so genannte „Frauenförderung" in eine neue Phase getreten war und dass sich die gesamte Hochschule nunmehr der Problematik der Unterrepräsentanz der Frauen annehmen sollte. Über die zahlreichen Initiativen und Aktivitäten der AG und späterer Kommission gibt der einschlägige Beitrag in diesem Band Auskunft.

Im Jahr 2005 wurde auch die Eröffnung der ersten Kinderkrippe der Universität gefeiert. Fünfzehn Jahre hatte es gedauert, bis auf diesem so zentralen Feld für die Vereinbarkeit von Beruf und Familie der erste Durchbruch erzielt war. Zu verdanken war dieser Erfolg in erster Linie dem Kanzler Thomas A.H. Schöck und Dr. Sabina Enzelberger, der langjährigen Leiterin des Büros der Frauenbeauftragten, die dieses Projekt über viele Jahre trotz aller Rückschläge mit nie ermüdender Ausdauer bis zum glücklichen Ende verfolgt hat. Den Beschäftigten stehen heute 104 Krippenplätze, den Studierenden 50 Krippenplätze zur Verfügung. Aktuell wird der Neubau eines Kinderhauses mit Kindergarten und Kinderkrippe vorbereitet, dessen Fertigstellung für 2020/21 geplant ist.

In den folgenden Jahren gab es weiteren Rückenwind für das Projekt „Chancengleichheit" durch Politik, Öffentlichkeit und die Institutionen der Wissenschaftsförderung. In der im Mai 2006 in Kraft getretenen aktuellen Fassung des Bayerischen Hochschulgesetzes werden die Universitäten noch mehr als bisher darauf verpflichtet, die Gleichberechtigung von Frauen und Männern durchzusetzen, indem diese zum Leitprinzip erhoben wird, die Steigerung des Anteils der Frauen auf allen Ebenen der Wissenschaft ausdrücklich zum Ziel erklärt und die angemessene Vertretung beider Geschlechter in allen Gremien der Universität nachdrücklich gefordert wird. Die Frauenbeauftragten sind zudem seitdem stimmberechtigt in allen Entscheidungsgremien der Universität.

Und auch die Exzellenzinitiative des Bundes und der Länder zur Förderung von Wissenschaft und Forschung an deutschen Hochschulen, deren erste Runde 2005/6 erfolgte, hat die Bereitschaft zur Durchsetzung des Konzepts der Chancengleichheit als Querschnitts- und Leitungsaufgabe an den deutschen Hochschulen erhöht. Die angemessene Berücksichtigung von Gleichstellungsaspekten und die Qualität der geplanten Maßnahmen bildeten in allen Förderlinien ein wichtiges Begutachtungskriterium. Und wenn die Umsetzung der Maßnahmen in der ersten Runde laut Bericht der Gemeinsamen Kommission (GWK) aus verschiedensten Gründen auch keineswegs immer erfolgreich war, so bleibt doch festzuhalten, dass die internationalen Gutachterinnen und Gutachter den Gleichstellungskonzepten einen sehr hohen Stellenwert beimaßen, woraus folgte, dass unsere Universitäten, wenn sie denn das Prädikat „exzellent" erhalten wollten, auch aus diesem Grund ihre hierauf gerichteten Anstrengungen in den folgenden Exzellenzrunden verstärken mussten.

In den letzten 15 Jahren hat sich der Aufgabenbereich der Frauenbeauftragten und insbesondere des Büros der Frauenbeauftragten kontinuierlich erweitert. Die Betreuung der verschiedenen laufenden Programme, wie etwa Vorlesungsreihen, Mentoring und die wachsende Zahl von Kursen für die Nachwuchswissenschaftlerinnen, die Umsetzung neuer Initiativen, die Ausschreibungen und Auswahl für intern zu vergebene Preise sowie die Bereitstellung der Dienste für das gesamte Feld des Familienservice sind nur die wichtigsten inneruniversitären Aufgaben, die im Büro der Frauenbeauftragten zusammenlaufen. Dazu kamen und kommen die inzwischen vielfältigen Ausschreibungen für Förderprogramme Bayerns und des Bundes sowie mehrere Bewerbungen für Preise bezüglich des Gleichstellungskonzepts, die von Bayern und der DFG ausgeschrieben wurden. In den meisten dieser kompetitiven Aktionen war die FAU in den vergangenen Jahren erfolgreich.[64]

Trotz dieser Vielzahl von Ideen und Programmen, Initiativen und Aktivitäten und des personellen und finanziellen Einsatzes vieler FAU-Angehöriger für das zentrale Ziel der Beseitigung der Unterrepräsentanz von Frauen in den höheren und höchsten Positionen gab es auch im dritten Jahrzehnt der Frauenförderung nur sehr langsame Fortschritte. Von Beginn an waren hier sowohl im Vergleich zu den anderen bayerischen Universitäten als auch im Bundesvergleich die Zahlen sehr niedrig und erhöhten sich viel zu langsam. Letzteres wurde der FAU im Jahre 2017 durch das Hochschulranking nach Gleichstellungsaspekten, das vom „Kompetenzzentrum Frauen in Wissenschaft und Forschung" (CEWS) 2017 herausgegeben wurde, offiziell bestätigt.[65] In dieser Rangfolge stand die Universität Erlangen-Nürnberg im Jahr 2017 ganz am Ende der Tabelle, auf dem 64. Platz von 64 bundesrepublikanischen Universitäten. Der Schock über dieses Ergebnis saß bei allen, die sich an der FAU in den letzten drei Jahrzehnten für eine geschlechtergerechte Wissenschaftswelt eingesetzt haben, tief.

Aber der Schock war heilsam und zeigte Wirkung. Denn die Tatsache, dass die anderen Universitäten der Bundesrepublik auf dem Weg zur Gleichstellung schon weiter waren, machte den Verantwortlichen der FAU klar, dass die vielen stützenden Maßnahmen, die das Büro der Frauenbeauftragten inzwischen etabliert hatte, zwar hilfreich und notwendig sind, dass es aber darüber hinaus wirksamere Mittel geben müsste, den notwendigen Kulturwandel zu beschleunigen. Der Dreh- und Angelpunkt hierfür sind zweifellos die Berufungen. Und hier hat die Universitätsleitung seit 2018 entscheidende Weichen gestellt. Durch die verstärkte proaktive Suche nach geeigneten Bewerberinnen für anstehende Neubesetzungen und durch persönliche Kontaktaufnahmen vom Präsidenten mit potentiellen Kandidatinnen wurde im letzten Jahr der Weg für etliche Frauen an die FAU geebnet, so dass sich die Bilanz für die Zeit vom 1. Januar 2018 bis zum 19. Februar 2019 durchaus sehen lassen kann. In dem genannten Zeitraum wurden von insgesamt 29 Professorenstellen 10 mit Frauen besetzt, was einem Prozentsatz von 34 entspricht, wobei es sich um zwei W3- und jeweils vier W2- und W1-Stellen handelt. Diese rezente Entwicklung ist bemerkenswert und lässt, wenn sie entsprechend fortgeführt wird, hoffen, dass die FAU im nun beginnenden vierten Jahrzehnt des Amts der Frauenbeauftragten dem Ziel der Gleichstellung von Frau und Mann ein beträchtliches Stück näherkommen wird.

Wissenschaftlerinnen an der FAU in der Pionierzeit

In der folgenden Aufstellung werden diejenigen Wissenschaftlerinnen in alphabetischer Reihenfolge gewürdigt, die als Pionierinnen an der FAU anzusehen sind. Das bedeutet, dass zum einen diejenigen acht Frauen vorgestellt werden, die sich zwischen 1949 und 1970 habilitiert haben, soweit wir sie ermitteln konnten. Zum andern alle Frauen, die bis 1989, also bis zum Beginn der offiziellen Frauenförderung, ein Ordinariat oder ein Extraordinariat erlangt haben. Zusätzlich wird noch zweier Frauen gedacht werden, deren Namen in besonderer Weise mit der Universität verbunden sind, die aber nicht in das vorgesehene Raster passen. Es handelt sich zum einen um die Anglistin Helene Richter und zum andern um die Sportpädagogin Annemarie Seybold.

ANDREA ABELE-BREHM (geb. 1950)[66] absolvierte in den Jahren 1968 bis 1973 ihr Studium der Psychologie, Soziologie und Geschichte an der kurz vorher neu gegründeten Reform-

---

64 Vgl. die Liste der Preise und Auszeichnungen, S. 99–100.
65 Vgl. Löther, S. 11.
66 Für die Kurzbiographien wurden neben der Dokumentation von Boedeker / Plath vor allem die folgenden biographischen Verzeichnisse der FAU herangezogen: Wittern, 1993; Jasper, 1996; Wittern, 1999; Universitätsbibliothek Erlangen, 2009; ferner FAU Sachgebiet Öffentlichkeitsarbeit (Pressestelle).

universität Konstanz, promovierte dortselbst mit einem Promotionsstipendium des Landes Baden-Württemberg 1976 mit Auszeichnung, habilitierte sich 1982 an der Universität Bielefeld und wurde dort zur Professorin ernannt. 1984 folgte sie einem Ruf auf die außerordentliche Professur für Sozialpsychologie an der FAU und erhielt hier 1995 den Ruf auf den neugeschaffenen Lehrstuhl für Sozialpsychologie und Genderforschung. 1991 bis 1995 war Frau Abele-Brehm Universitätsfrauenbeauftragte und von 2002 bis 2012 Ombudsfrau der Universität. Von 2012 bis 2014 war sie gewählte Gutachterin im Fachkollegium der Deutschen Forschungsgemeinschaft und von 2014 bis 2016 Präsidentin der Deutschen Gesellschaft für Psychologie.

Gesa Bonath (1935–1992) absolvierte ihr Studium der Germanistik an der Universität Hamburg und promovierte dort 1968 zum Dr. phil. mit einer Arbeit zur Überlieferung des Parzival Wolframs von Eschenbach. Anschließend ging sie nach Marburg, wo sie sich 1972 für „Ältere Deutsche Philologie" habilitierte. Im gleichen Jahr übernahm sie eine Assistentenstelle am Institut für Deutsche Sprache und Literaturwissenschaft der FAU und wurde hier 1975 nach ihrer Umhabilitierung zunächst zur wissenschaftlichen Rätin und 1978 zur C3-Professorin ernannt. Im Sommer 1992 wurde sie auf eigenen Antrag in den Ruhestand versetzt und starb wenig später.

Irmela Bues (geb. 1940) studierte von 1960 bis 1966 Physik an der Universität Kiel und promovierte ebendort 1970 in Astrophysik mit einer Arbeit über Sternatmosphären. Danach fungierte sie zunächst als wissenschaftliche Mitarbeiterin am Institut für Theoretische Physik und an der Sternwarte der Universität Kiel, war danach ein Jahr als Stipendiatin der Royal Society am Astronomy Centre der Sussex University tätig und arbeitete danach von 1974 bis 1979 als Assistenzprofessorin für Astronomie am I. Mathematischen Institut der Freien Universität Berlin, wo sie sich 1978 im Fach Astronomie habilitierte. 1978 nahm sie den Ruf auf die außerordentliche Professur für Astronomie und Astrophysik am Astronomischen Institut der FAU an der Dr. Remeis-Sternwarte Bamberg an.

Die erste Frau, die als Ordinaria an der FAU lehrte, war die Wirtschaftswissenschaftlerin Ingeborg Esenwein-Rothe (1911–2002), die nach dem Studium der Rechts- und Staatswissenschaften in Rostock, Würzburg, Berlin und Leipzig 1937 den Dr. rer. pol. erwarb. Nach verschiedenen Tätigkeiten in unterschiedlichen Funktionen und Städten war sie 1950 bis 1954 Lehrbeauftragte an der Hochschule für Arbeit, Politik und Wirtschaft in Wilhelmshaven und habilitierte sich 1954 in Münster für die Fächer Volkswirtschaftspolitik und Statistik, nahm aber noch im gleichen Jahr nach der Umhabilitierung an die Hochschule für Sozialwissenschaften in Wilhelmshaven eine Dozentur für Statistik an. 1961 erfolgte dort die Ernennung zur außerplanmäßigen Professorin. 1962 wurde sie als außerordentliche Professorin nach Göttingen und 1963 an die Wirtschafts- und Sozialwissenschaftliche Fakultät der FAU berufen, wo sie den Lehrstuhl für Statistik erhielt. 1985 wurde ihr der Bayerische Verdienstorden verliehen, 1986 erhielt sie von der Universität Trier die Ehrendoktorwürde.

Annette Fleischer-Peters (geb. 1929) studierte von 1949 bis 1953 Zahnheilkunde in Marburg und promovierte 1954 mit einer Arbeit über das Melanoblastom. Ab 1954 war sie zunächst Assistentin in Frankfurt am Main und wechselte 1956 an die orthopädische Abteilung der Erlanger Zahnklinik, wo sie ein Jahr später Fachzahnärztin für Kieferorthopädie wurde. 1968 erfolgte ihre Habilitation für Kieferorthopädie und 1972 wurde sie auf das hiesige neugegründete Ordinariat für Kieferorthopädie berufen. Sie war damit die vierte Ordinaria an der FAU und die erste an der Medizinischen Fakultät.

Die erste Frau, die an der FAU nach einem regelgerechten Habilitationsverfahren zur Privatdozentin ernannt wurde, war Gisela Freund (1914–2005). Nach dem Studium von Ur- und Frühgeschichte sowie Germanistik, Geographie und Paläontologie in den Jahren 1940 bis 1944 promovierte Gisela Freund 1944 an der Deutschen Universität Prag. 1947 erhielt sie eine Assistentenstelle am Erlanger Institut für Ur- und Frühgeschichte und habilitierte sich im Wintersemester 1949 / 50 mit einer Arbeit über „Die Blattspitzen des Paläolithikums in Europa". 1957 wurde sie zur außerplanmäßigen Professorin, 1969 zur Ordinaria ernannt. Sie wurde damit die erste ordentliche Professorin in der Philosophischen Fakultät und die dritte an der FAU nach Ingeborg Esenwein-Rothe und Fairy von Lilienfeld.

Marika Geldmacher-von Mallinckrodt (1923–2016) begann ihre akademische Laufbahn 1940 mit dem Studium der Chemie an den Universitäten Köln, München und

Erlangen und wurde hier 1948 zum Dr. rer. nat. promoviert. Im Anschluss daran nahm sie in Erlangen das Medizinstudium auf und erwarb 1954 den Dr. med. 1963 habilitierte sie sich am Institut für Gerichtliche Medizin und erhielt 1964 die Venia legendi für das Fach Gerichtsmedizinische Chemie. 1966 wurde sie zur Wissenschaftlichen Rätin, 1970 zur außerplanmäßigen und 1978 zur außerordentlichen Professorin ernannt. 1978 bis 1990 war sie Vorsitzende der Senatskommission für klinisch-toxikologische Analytik der Deutschen Forschungsgemeinschaft. Die Stadt Erlangen verlieh ihr 1980 den Ehrenbrief, 1987 erhielt sie das Verdienstkreuz am Bande des Verdienstordens der Bundesrepublik Deutschland.

Hilde Charlotte Götz (geb. 1928) promovierte nach ihrem Studium der Medizin 1955 in Erlangen und habilitierte sich hier 1968 mit einer Arbeit über die Antigenität von Tumorproteinen. 1970 wurde sie Dozentin an der Freien Universität Berlin, wo sie 1971 zur Wissenschaftlichen Rätin und Professorin ernannt wurde. Danach wirkte sie als Oberärztin und Leiterin des Forschungslabors für Transplantations- und Tumorimmunologie an der Chirurgischen Universitätsklinik im Klinikum Westend.

Lisa Hefendehl-Hebeker (geb. 1948) promovierte nach dem Studium der Mathematik und der Ev. Theologie an den Universitäten Münster und Tübingen 1975 an der Universität Erlangen-Nürnberg zum Dr. rer. nat. Es folgten mehrere Jahre der Assistententätigkeit für Mathematik und Didaktik der Mathematik in Paderborn und in Duisburg, begleitet von nebenamtlicher Unterrichtstätigkeit am Gymnasium in Mühlheim und gefolgt von der Habilitation im Jahr 1983. 1984 nahm sie den Ruf auf die C3-Professur für Didaktik der Mathematik am mathematischen Institut der FAU an, wo sie bis 1991 lehrte. 1991 wurde sie in Augsburg Universitätsprofessorin (C4) für Didaktik der Mathematik und folgte 2000 dem Ruf auf den Lehrstuhl für Mathematik mit Schwerpunkt Didaktik an der Universität Duisburg.

Gudrun Höhl (1918–2009) studierte zunächst in Bayreuth, Göttingen und Prag Geschichte und Deutsch und schloss das Studium 1942 an der Deutschen Universität Prag mit einer Dissertation über die Stadt Bayreuth ab. Nach dem zweiten Weltkrieg war sie zunächst als Lektorin für Geographie in Bamberg, ab 1950 als wissenschaftliche Assistentin am Geographischen Institut der FAU beschäftigt und habilitierte sich hier 1959 mit einer Arbeit zur Stadtgeographie Frankens. 1964 wurde sie kurzzeitig als Wissenschaftliche Rätin und außerplanmäßige Professorin in Saarbrücken tätig, folgte aber schon 1965 einem Ruf auf den Lehrstuhl für Physische Geographie und Länderkunde des Geographischen Instituts der Wirtschaftshochschule Mannheim, die kurz darauf den Rang einer Universität erhielt.

Irmgard Höss (1919–2009) studierte von 1942–1945 Geschichte, Kunstgeschichte und Germanistik in München und Jena, wurde im April 1945 an der Friedrich-Schiller-Universität Jena promoviert und 1951 ebendort habilitiert. 1956 wurde sie „Professor mit Lehrauftrag"[67] für die Geschichte des Mittelalters und zugleich Direktorin des Historischen Instituts.[68] Die Situation von Irmgard Höß, die zum Lager der bürgerlichen Historiker gehörte und auch nicht in die Partei eintrat, wurde spätestens seit 1952 prekär. Als die Situation 1957 eskalierte und der Staatssekretär für Hochschulwesen Irmgard Höß von der Institutsleitung entband, kündigte sie im März 1958 ihre Stelle, in der Hoffnung, sie könne die DDR noch legal verlassen. Als dies misslang, floh sie in den Westen. Sie erhielt schon im selben Jahr in Erlangen einen Lehrauftrag für Mittlere und Neuere Geschichte, konnte sich 1962 umhabilitieren und wurde 1964 außerplanmäßige Professorin. 1968/69 übernahm sie für ein Semester die Vertretung des Lehrstuhls. In Analogie zu den Nationalsozialisten gab es im Jahr 1958 in der DDR eine Anordnung, dass nach einer Republikflucht der Doktortitel generell aberkannt werden sollte. Diese Anordnung wurde zwar Ende 1958 wieder aufgehoben, bei Irmgard Höß wurde das Verfahren aber tatsächlich durchgeführt; diese Aberkennungen waren in der Bundesrepublik aber nicht rechtswirksam.

Helga Kersten (1926–2008) begann ihre akademische Laufbahn 1948 mit dem Studium der Chemie an den Universitäten Würzburg und Freiburg, wo sie 1955 mit einer Arbeit über den Wirkungsmechanismus der Ascorbinsäure in der Nebenniere promovierte. Ein Stipendium der Deutschen Forschungsgemeinschaft ermöglichte ihr 1964 die Habili-

---

67 Dies entsprach in etwa dem außerplanmäßigen Professor in Westdeutschland, vgl. Boedeker/Meyer-Plath, S. 273.

68 Zu den Entwicklungen im Historischen Institut von Jena nach der Spaltung Deutschlands und zur schwierigen Situation von Irmgard Höß vgl. Kowalczuk.

tation für Biochemie in Münster, wo sie wenig später zur außerplanmäßigen Professorin ernannt wurde. 1969 wurde sie von der Naturwissenschaftlichen Fakultät II der FAU auf die außerordentliche Professur für Biochemie berufen. Ihre Fakultät übertrug ihr 1989 das Amt der Dekanin, das sie bis 1991 bekleidete; sie war damit die zweite Frau an der FAU, die in dieser Funktion einer Fakultät vorstand. Auf dem 15. Internationalen Kongress für Biochemie wurde Helga Kersten eine Honorary Lecture gewidmet.

Ruth Klockhaus (geb. 1923) studierte nach dem Krieg zunächst Chemie und arbeitete längere Zeit in der chemischen Industrie, bevor sie die Sozialwissenschaften für sich entdeckte und 1961 das Studium an der FAU aufnahm. Nach dem 1966 abgelegten Examen folgten 12 Jahre Tätigkeit als Assistentin am Lehrstuhl für Psychologie der Wirtschafts- und Sozialwissenschaftlichen Fakultät, die 1974 in die Habilitation für Wirtschafts- und Sozialpsychologie mündeten. 1980 wurde sie zur außerplanmäßigen Professorin ernannt.

Die zweite Ordinaria an der FAU war Fairy von Lilienfeld geb. Baroness von Rosenberg (1917–2009). Fairy von Lilienfeld studierte zunächst 1947 bis 1951 Philosophie und Slawistik in Jena und war dort bis 1955 als Dozentin tätig. Es folgten das Studium der Theologie am Katechetischen Oberseminar in Naumburg (Saale) und 1961 die Promotion zum Dr. theol. Nach verschiedenen Stationen in der DDR als Pfarrerin und Dozentin folgte sie 1966 dem Ruf auf den Lehrstuhl für Geschichte und Theologie des christlichen Ostens an der Theologischen Fakultät der FAU. Sie war damit die erste weibliche Theologin auf einem Ordinariat im Bereich der Evangelisch-Lutherischen Kirche in Bayern und zum Zeitpunkt ihrer Berufung die erste weibliche Theologieprofessorin in der Bundesrepublik Deutschland. 1969/1970 war sie Dekanin der Theologischen Fakultät und damit erste Dekanin an der FAU und erste theologische Dekanin in der Bundesrepublik.

Elke Lütjen-Drecoll (geb. 1944) erwarb 1969 den Dr. med. in Marburg, habilitierte sich ebendort 1973 für das Fach Anatomie und Entwicklungsgeschichte und war dort ab 1974 als Wissenschaftliche Rätin tätig. Seit 1978 arbeitet sie als Professorin am Anatomischen Institut in Erlangen und wurde hier 1984 nach der Ablehnung auswärtiger Rufe zur ordentlichen Professorin und Leiterin des Lehrstuhls II für Anatomie ernannt. In den Jahren 2005 bis 2013 war sie Präsidentin der Akademie der Wissenschaften und der Literatur in Mainz und von 2009 bis 2014 Vizepräsidentin der Union der deutschen Akademien der Wissenschaften. Von 2012 bis 2016 war sie Mitglied des Universitätsrats der Universität Augsburg. Für ihre wissenschaftlichen Leistungen wurde sie mit vielen Preisen und Orden ausgezeichnet, so erhielt sie u. a. 2003 den Bayerischen Maximiliansorden für Wissenschaft und Kunst, 2005 den Preis des Alcon Research Institute in Fort Worth Texas / USA, 2007 den Verdienstorden des Landes Rheinland-Pfalz, 2009 die Bayerische Verfassungsmedaille in Silber und 2014 das Bundesverdienstkreuz 1. Klasse.

Ursula Maria Meyer (geb. 1936), begann ihre akademische Laufbahn mit dem Studium der Medizin in Saarbrücken, Homburg-Saar, München und Paris, wo sie 1958 und 1961 mit dem Prix SPECIA für jeweils beste Examensleistungen ausgezeichnet wurde. 1961 erfolgte ihre summa cum laude Promotion in Homburg-Saar. Nach sechs Jahren Ausbildung in der Augenheilkunde in Düsseldorf wechselte sie 1970 als Fachärztin ans Universitätsklinikum in Erlangen, wo sie sich 1974 mit Untersuchungen an Gewebekulturen aus Kälberaugen habilitierte und zur Akademischen Rätin ernannt wurde. Die Ernennung zur außerplanmäßigen Professorin erfolgte 1980, und kurz danach erhielt sie eine außerordentliche Professur. 2000 wurde sie zur Déléguée de l'Allemagne de la Société Francaise d'Ophthalmologie ernannt.

Käthe Menning (Karina Türr) (1942–2016) promovierte 1968 nach dem Studium der Klassischen Archäologie, Kunstgeschichte und Geschichte in Köln und Rom mit einer Arbeit zum Thema „Eine Musengruppe hadrianischer Zeit – die sogenannten Thespiaden" in Köln. Von 1972 bis 1977 arbeitete sie als Assistentin im Fach Kunst an der Universität Duisburg und habilitierte sich 1977 in Köln für Kunstgeschichte. Von 1977 bis 1983 war sie Dozentin für Kunstgeschichte in Köln und Dozentin im Fach Kunst in Duisburg und arbeitete überdies mit Hilfe eines Stipendiums der Thyssen-Stiftung zu Antikenfälschungen. 1983 wurde sie außerplanmäßige Professorin; 1986 folgte sie einem Ruf auf ein Extraordinariat am Institut für Kunstgeschichte der FAU. Nach dem Ende ihrer Dienstzeit baute sie ihr Elternhaus in Isernhagen bei Hannover zu einem Skulpturenforum aus, das für einige Zeit zum angesehenen Treffpunkt einschlägiger Künstler wurde.

Johanna Narten (geb. 1930) promovierte nach ihrem Studium an den Universitäten Saarbrücken, Tübingen und Erlangen an der FAU in den Fächern Indoiranistik, Indogermanistik und Griechisch. Nach achtjähriger Assistentenzeit am Erlanger Institut für vergleichende indogermanische Sprachwissenschaft habilitierte sie sich hier im Wintersemester 1970/71. Von 1973–1977 war sie Wissenschaftliche Rätin, wurde 1977 zur außerplanmäßigen Professorin und ein Jahr später zur außerordentlichen Professorin ernannt. Seit 1995 ist sie Ordentliches Mitglied der Bayerischen Akademie der Wissenschaften für das Fachgebiet Indo-iranische Sprachwissenschaft und Philologie. Im Jahr 2000 wurde sie mit einer Festschrift geehrt.[69]

Gabriele Pommerin (geb. 1948) promovierte 1976 nach dem Studium in Bonn, Köln und Wuppertal und wurde im gleichen Jahr Wissenschaftliche Assistentin im Fach Germanistik an der Bergischen Universität Wuppertal. Ab 1977 versah sie zusätzlich Lehraufträge im Fach Deutsch an den Pädagogischen Hochschulen Neuss und Aachen. Nach einer Lehrstuhlvertretung für Germanistische Linguistik mit Schwerpunkt „Deutsch als Fremdsprache" 1980–1981 in Hamburg erfolgte die Berufung auf eine C2-Professur „Deutsch für Ausländer" an der Gesamthochschule Wuppertal. 1989 wurde sie zur außerordentlichen Professorin an der FAU ernannt.

Mit Helene Richter (1861–1942) soll eine Frau gewürdigt werden, deren Leben dadurch mit der Erlanger Universität verbunden war, dass sie deren erste Ehrendoktorin wurde. Zugleich ist ihr Schicksal gewissermaßen beispielhaft für viele jüdische Frauen aus der zweiten Hälfte des 19. Jahrhunderts. Helene Richter wurde 1861 in Wien als Tochter assimilierter jüdischer Eltern geboren. Da den Mädchen zu dieser Zeit auch in Österreich der Zugang zum Gymnasium noch verwehrt war, erhielt sie zusammen mit ihrer vier Jahre jüngeren Schwester Elise Privatunterricht. Beide waren sehr begabt und liebten die Philologie – Helene die Anglistik, Elise die Romanistik – und strebten schon früh danach, wissenschaftlich zu arbeiten.[70] Während aber die Jüngere, nachdem sie mit 32 Jahren als erste Österreicherin das Abitur gemacht hatte, die akademische Stufenleiter von der Promotion bis zur außerordentlichen Professur erklomm, blieb Helene Richter zeitlebens Privatgelehrte und besuchte nur gelegentlich als Gasthörerin mit Erlaubnis der entsprechenden Professoren eine Vorlesung. Sie machte sich schon früh durch zahlreiche Veröffentlichungen über Shakespeare und über die englische Romantik sowie durch Theaterkritiken einen geachteten Namen in der wissenschaftlichen Welt. Im Jahre 1931 verlieh ihr die Erlanger Philosophische Fakultät für ihre hervorragenden Leistungen in der Anglistik die Ehrendoktorwürde. Den Anstoß hierfür gab vermutlich Rudolf Brotanek, der nach seiner 1922 erfolgten Berufung auf den Erlanger Lehrstuhl für Anglistik Helene Richter, die er in Wien kennen und schätzen gelernt hatte, auf diesem Weg eine angemessene akademische Würdigung zuteilwerden lassen wollte. Die Stadt Erlangen ehrte Helene Richter später durch die Benennung einer Straße.[71] Die beiden Schwestern, die bereits 1911 zum Christentum protestantischer Prägung konvertiert waren, erlitten nach 1938 mannigfache Demütigungen und Verfolgungen durch die Nationalsozialisten und wurden im September 1942 nach Theresienstadt deportiert, wo Helene Richter im November 1942, Elise Richter im Juni 1943 starb.

Annemarie Seybold (1920–2010) war – obwohl weder promoviert noch habilitiert – über einen ungewöhnlich langen Zeitraum mit der FAU verbunden. Es begann damit, dass sie schon 1943 bis 1945, also noch während ihres Studiums der Germanistik, Geschichte und Leibeserziehung, als Hilfskraft für den Unterricht an den Hochschulinstituten für Leibesübungen in München und dann Erlangen eingesetzt wurde und gleich nach Ende des Krieges am Aufbau der neuen Lehramtsausbildung im Sport mitarbeitete. 1951 übernahm sie als Assistentin von Carl Diem in Köln den Lehrauftrag „Methodik des Schulturnens" und erhielt 1954 den Carl-Diem-Preis für ihre Publikation „Die Prinzipien der modernen Pädagogik in der Leibeserziehung", die in vielen Auflagen erschien. 1957 kehrte sie dann an die FAU zurück, um als Dozentin an der damaligen EWF im Rahmen der Grund- und Hauptschullehrerbildung ein eigenes didaktisches Konzept zu erarbeiten, das den Kindern und Jugendlichen vorrangig die Freude an der Bewegung vermitteln sollte. Als sie 1984 in den Ruhestand ging, hatte

---

69 S. Hintze und Tichy.

70 Vgl. Stanzel, S. 321–332; außerdem Brommer/Karner, S. 55–70, und Hoffrath, S. 21–93.

71 Vgl. Hoffrath, S. 46.

sie fast vierzig Jahre lang die Lehrerbildung im Fach Sport und den schulischen Sportunterricht maßgeblich mitgestaltet und deren kontinuierliche Weiterbildung auch mit ihren Publikationen gefördert. 1990 rief sie die nach ihr benannte Stiftung ins Leben, deren Ziel es ist, herausragende Arbeiten zur Sportdidaktik an der Erziehungswissenschaftlichen Fakultät der FAU, die heute zur Philosophischen Fakultät gehört, zu unterstützen und auszuzeichnen. Für ihre Verdienste wurde ihr 2002 das Bundesverdienstkreuz am Bande verliehen.

Gertrud Walter (geb. 1936), studierte Anglistik und Germanistik an der LMU München und promovierte dort 1964 mit einer Arbeit über „Grundtypen der Erzähl- und Darstellungstechnik bei Chaucer". Nach einjährigem Aufenthalt in Southampton, wo sie als Lektorin für Deutsch tätig war, folgten fünf Jahre Schuldienst in Starnberg. 1971 wurde sie Dozentin an der Pädagogischen Hochschule Ludwigsburg und danach von 1973 bis 1974 Oberstudiendirektorin an der Gesamthochschule Eichstätt. 1974 folgte sie einem Ruf auf die ordentliche Professur an der Universität Bayreuth und 1979 wurde sie auf den Lehrstuhl für Didaktik der englischen Sprache und Literatur an der Universität Erlangen berufen, wo sie im Jahre 2004 emeritiert wurde.

Die chronologisch zweite Erlanger Habilitandin war Helene Weinland (1914–2005).[72] Nach ihrem Studium der Botanik, Zoologie, Chemie und Geographie in Tübingen, Königsberg und Erlangen erwarb sie zunächst 1938 am Botanischen Institut in Erlangen den Dr. rer. nat., promovierte 1948 nach einem Medizinstudium auch noch zum Dr. med. mit summa cum laude und erhielt 1956 nach der Vorlage einer Schrift aus dem Gebiet der physiologischen Chemie die Venia legendi. 1962 wurde Helene Weinland zur Universitätsdozentin ernannt, 1966 zur außerplanmäßigen Professorin, 1972 zur außerordentlichen und 1978 zur C3-Professorin.[73]

Elsbeth Wendler-Kalsch (1936–2015) begann ihre akademische Karriere 1956 mit dem Studium der Physik an der Universität Erlangen und promovierte 1966 in der Physikalischen Chemie. Es folgten zwei Jahre Arbeit am Institut für Technologie der Metalle in Erlangen und anschließend drei Jahre am Max-Planck-Institut für Metallkunde in Stuttgart, wo sie die Arbeitsgruppe Korrosion leitete. 1971 bis 1981 war sie als Ober-Ingenieur am Lehrstuhl Korrosion und Oberflächentechnik wieder in Erlangen tätig und erwarb hier 1980 den Dr.-Ing. habil. für das Fachgebiet Korrosion und Oberflächentechnik. 1982 wurde sie zur Professorin für das Fach Korrosion am Institut für Werkstoffwissenschaften IV (Korrosion und Oberflächentechnik) der FAU ernannt. Bis zu ihrem Ausscheiden aus dem Dienst im Jahr 2001 blieb sie die erste und einzige Professorin der Technischen Fakultät.

Renate Wittern-Sterzel (geb. 1943) erwarb nach dem Studium der Klassischen Philologie in Hamburg, Kiel und Heidelberg 1972 den Dr. phil. mit einer Arbeit zur antiken Medizin. Ab 1973 arbeitete sie als Wissenschaftliche Assistentin am Institut für Medizingeschichte in München, wo sie sich 1978 in der Medizinischen Fakultät für das Fach Medizingeschichte habilitierte. 1980 übertrug ihr die Robert-Bosch-Stiftung den Aufbau und die Leitung des von ihr unterhaltenen Instituts für Geschichte der Medizin in Stuttgart. 1985 folgte sie dem Ruf der FAU auf den Erlanger Lehrstuhl für Geschichte der Medizin und lehnte 1989 einen Ruf nach Heidelberg ab. Von 2002 bis 2006 war sie die erste weibliche Prorektorin der FAU. Von 2004 bis 2008 vertrat sie die Medizingeschichte im Fachkollegium Geschichtswissenschaften der DFG und von 2007 bis 2012 war sie Mitglied des Hochschulrats der Otto-Friedrich-Universität Bamberg. 2008 wurde ihr das Bundesverdienstkreuz verliehen. Seit 2005 ist sie ordentliches Mitglied der geistes- und sozialwissenschaftlichen Klasse der Akademie der Wissenschaften und der Literatur in Mainz.

Renate Wittern-Sterzel

---

72 Helene Weinland war die Tochter von Ernst Friedrich Weinland (1869–1932), der von 1913 bis 1932 den Lehrstuhl für Physiologie in Erlangen innehatte.

73 Zu Helene Weinlands Vita vgl. auch Zimmermann in Leven / Rauh / Thum / Ude-Koeller, S. 54f.

2. Fakten – Personen – Statistik

2.1 Chronologie der Ereignisse

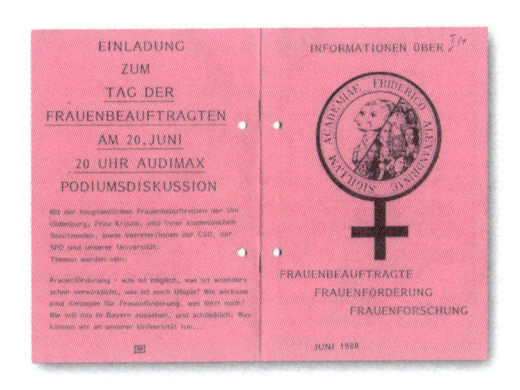

1. Oktober 1988

Eine Novelle des Bayerischen Hochschulgesetzes (Art. 34 Abs. 1 u. 2) verpflichtet die Universitäten zur Einsetzung von Frauenbeauftragten:
„(1) ¹Frauenbeauftragte wirken auf die Herstellung der verfassungsrechtlich gebotenen Chancengleichheit und auf die Vermeidung von Nachteilen für Wissenschaftlerinnen, weibliche Lehrpersonen und Studentinnen hin. (…) ³Frauenbeauftragte haben das Recht, an den Sitzungen der Kollegialorgane und der Berufungsausschüsse mit beratender Stimme teilzunehmen.
(2) ¹Das Nähere regelt die Grundordnung.
²Bei der Erörterung der betreffenden Regelungen sind Frauenbeauftragte hinzuzuziehen."

18. Februar 1988

Der Arbeitskreis „Frauenbeauftragte" im studentischen SprecherInnenrat organisiert eine Frauenvollversammlung, die Kriterien für das neu zu schaffende Amt der Frauenbeauftragten aufstellt: Diese soll demokratisch von allen Frauen der Universität gewählt werden, hauptamtlich tätig sein, eine finanzielle Ausstattung erhalten, alle Statusgruppen vertreten und Stimmrecht in allen Gremien haben.

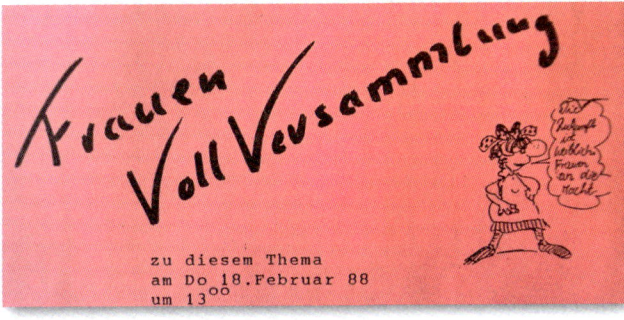

1985

Die Bundesrepublik ratifiziert die 1979 von den Vereinten Nationen verabschiedete internationale Frauenrechtskonvention *„Convention on the Elimination of All Forms of Discrimination Against Women"* und verpflichtet sich damit zur Durchführung von Maßnahmen, die nicht nur die rechtliche, sondern die tatsächliche Gleichstellung von Frau und Mann herbeiführen.

20. Juni 1988

Derselbe Arbeitskreis lädt zum „Tag der Frauenbeauftragten".

WiSe 1988/89

Im Vorgriff auf die zu erwartenden gesetzlichen Regelungen werden in acht der elf Fakultäten an der FAU Frauenbeauftragte gewählt. Im Sommersemester 1989 erschienen sie erstmals im gedruckten Vorlesungsverzeichnis.

26. Juli 1989

Der Senat wählt Prof. Dr. Renate Wittern (Geschichte der Medizin) zur ersten Universitätsfrauenbeauftragten der Friedrich-Alexander-Universität und Prof. Dr. Irmela Bues (Astronomie) zu ihrer 1. Stellvertreterin.

Foto: Stümpel

Renate Wittern wurde Frauenbeauftragte der Uni Erlangen-Nürnberg
Will zumindest den Ton ändern
Professorin möchte „Hellhörigkeit" der Kollegen für Diskriminierungen wecken
VON LOTHAR HOJA

Keine „streitbare Kämpferin": Renate Wittern, Frauenbeauftragte der Uni Erlangen-Nürnberg   F.: Stümpel

ERLANGEN — Als eine „streitbare Kämpferin" sieht sie sich keineswegs, aber eines will sie auf jeden Fall ändern: „Der Ton an einer Uni ist sehr männerorientiert, ich möchte bei den Kollegen eine gewisse Hellhörigkeit erzeugen für die vielen versteckten und oft gar nicht bewußten Diskriminierungen", sagt Professorin Renate Wittern, neugewählte Frauenbeauftragte der Friedrich-Alexander-Universität (FAU) Erlangen-Nürnberg.

Sie ärgert sich zwar schon lange nicht mehr darüber, daß sie häufig Post für Herrn Prof. Wittern bekommt, „so, als ob nur ein Mann überhaupt Professor sein kann", aber sie findet es einfach „nicht in Ordnung". „Frauenbeauftragte wirken auf die Herstellung der verfassungsrechtlich gebotenen Chancengleichheit und auf die Vermeidung von Nachteilen für Wissenschaftlerinnen, weiblichen Lehrpersonen und Studentinnen hin." Was sich da so liest, als sei es schon immer so gewesen, ist in Wirklichkeit ein erst im vergangenen Oktober in Kraft getretener neuer Satz im Bayerischen Hochschulgesetz. Ein Satz, der die Universitäten zum Handeln zwang, zu einer entsprechenden Änderung ihrer Grundordnung.

Die Wahl von Renate Wittern zur Frauenbeauftragten durch den Senat der Universität Erlangen-Nürnberg hat nun die „Vorgabe des Gesetzgebers erfüllt. Für mich gilt es jetzt, diesen Posten inhaltlich zu definieren". In enger Zusammenarbeit mit den Frauenbeauftragten der einzelnen Fakultäten, die zum Teil schon seit einigen Monaten im Amt sind, geht es zunächst um eine möglichst umfassende „Defizitanalyse". Erst dann, so meint sie, „weiß ich, wo genau die Hebel anzusetzen sind".

Ein Ziel hat sie jetzt schon klar vor Augen: Die Erarbeitung eines Frauenförderplanes soll den Anteil von Frauen im Lehrkörper steigern, denn „Frauen sind eine Bereicherung für die Universität". Die Situation ist klar: Ungefähr 40 Prozent der Studierenden ist heutzutage weiblich, zur Promotion oder gar Habilitation kommt jedoch nur ein ganz geringer Anteil von Frauen. An der FAU lehren zur Zeit auf 446 Professorenstellen ganze 16 Frauen (3,6 Prozent).

Das Problem „Familie und Karriere" soll für eine Frau „nicht zu einer sehr schwierigen Entscheidungssituation führen, sondern beide Aufgaben müssen organisatorisch vereinbar werden. Das muß ein Wunsch der Gesellschaft sein", meint Renate Wittern, denn: „Natürlich ist es für eine Familie sehr schön, wenn die Frau zum Beispiel Kunstgeschichte studiert hat, aber wenn diese Frau nicht an der Universität bleibt, ist ein ungeheures Potential für die Gesellschaft verschenkt."

Ihren eigenen Berufsweg hält sie für eine gute Schulung im Hinblick auf ihr künftiges Amt: Bis sie 1985 Lehrstuhlinhaberin für Geschichte der Medizin in Erlangen wurde, hat sie alle Schwierigkeiten auf dem „langen Gang durch die Instanzen" einer wissenschaftlichen Karriere kennengelernt.

Nach dem Studium von Klassischer Philologie, Alter Geschichte und Medizingeschichte in Hamburg, Kiel und Heidelberg promovierte sie mit einer textkritischen Arbeit zu Hippokrates. Stationen als Assistentin in Frankfurt und München, als Privatdozentin in München und als Leiterin des Robert-Bosch-Instituts für Geschichte der Medizin in Stuttgart schlossen sich an.

Ein großes Problem aller Frauenbeauftragten ist auch die Finanzierung von Mitarbeitern und von Sachaufwendungen, die nötig sind, „wenn wir überhaupt etwas erreichen wollen". Aber über das Geld steht nichts im Bayerischen Hochschulgesetz. Erst im Haushalt 1991/92 sind (frei)staatliche Mittel für die Frauenbeauftragten vorgesehen. Bis dahin müssen die Fakultäten und die Universität selbst einspringen. Und die leiden unter chronischer Geldnot.

Erlanger Tagblatt, 28. Juli 1989

WiSe 1989/90

Die FAU stellt zunächst Mittel für eine halbe wissenschaftliche Hilfskraft zur Ausstattung des Amtes der Universitätsfrauenbeauftragten zur Verfügung; erst im Haushaltsjahr 1991/92 wird vom Ministerium eine zweite halbe Stelle dauerhaft finanziert. Die erste wissenschaftliche Mitarbeiterin auf dieser Stelle ist Regina Lang. Ihr Arbeitsplatz wird vorläufig im Institut für Geschichte der Medizin in der Bismarckstraße 6 untergebracht.

Die drei noch fehlenden Fakultäten wählen ihre Frauenbeauftragten. Ein Gremium aller Frauenbeauftragten der FAU wird gegründet, das sich zu regelmäßigen Arbeitstreffen zusammenfindet.

1. August 1989

PD Dr. Regine Gildemeister (Soziologie) wird zur 2. Stellvertreterin von Prof. Dr. Renate Wittern bestellt.

Februar 1990

An der FAU wird eine Kommission für Interdisziplinäre Frauenforschung gegründet, die Forschungsaktivitäten anregen und koordinieren soll.

7. September 1989

Die FAU definiert in ihrer Grundordnung (§ 18a-d) die Aufgaben der neu zu wählenden Frauenbeauftragten: „Frauenbeauftragte haben die Aufgabe, auf die Herstellung der verfassungsrechtlich gebotenen Chancengleichheit und auf die Vermeidung von Nachteilen für Wissenschaftlerinnen, weibliche Lehrpersonen und Studentinnen hinzuwirken. Sie unterstützen die Organe der Universität".

8.–10. Dezember 1989

Auf bayerischer Landesebene findet die erste Landeskonferenz der Frauenbeauftragten an Bayerischen Hochschulen (LaKof) in Tutzing statt.

15.–16. Februar 1990

Die Universitätsfrauenbeauftragte nimmt an der zweiten Bundeskonferenz der Frauenbeauftragten in Trier teil, die unter der Schirmherrschaft von Bundesminister für Bildung und Wissenschaft Jürgen Möllemann steht.

15. Mai 1990

Die Universitätsfrauenbeauftragte Prof. Dr. Renate Wittern organisiert eine Frauenvollversammlung, um erstmals über ihre Arbeit zu berichten und Informationen zu Frauenförderung und Frauenforschung auszutauschen.

6. September 1990

Die erste Statistik zu den Frauenanteilen in allen Mitgliedsgruppen der Universität Erlangen-Nürnberg wird zu diesem Stichtag erstellt.

1990

Im Laufe des Jahres werden im Senat folgende Regelungen beschlossen:

Die Aufnahme einer Frauenförderklausel in allen Ausschreibungstexten, die Aufnahme einer „Vorbemerkung zum Sprachgebrauch" in allen Studien- und Prüfungsordnungen der Universität und die Aufnahme eines Abschnittes über Frauenförderung in den Hochschulentwicklungsplan für die Jahre 1990 bis 1995.

15. Februar 1991

Eine an der FAU organisierte Tagung auf Einladung der Frauenbeauftragten beschäftigt sich mit der Frage: „Wie männlich ist die Wissenschaft?"

FAU UniKurier 82/November 90. Foto: Malter

16. Juli 1990

Die Philosophische Fakultät I richtet eine Gleichstellungskommission ein, in der alle Statusgruppen vertreten sind, und verabschiedet einen Frauengleichstellungsplan.

November 1990

Erstmals wird eine Statistik über die Frauenanteile in den Qualifikationsstufen Promotion und Habilitation der FAU vorgelegt und im Unikurier universitätsweit bekanntgemacht: 1988 gab es unter den Habilitationen einen Frauenanteil von 10,8 Prozent, 1989 unter den Promotionen einen Frauenanteil von 23,9 Prozent.

WiSe 1990/91

Seit diesem Semester wird regelmäßig ein kommentiertes Vorlesungsverzeichnis von Lehrveranstaltungen mit Frauen- bzw. Genderbezug veröffentlicht. Ebenso wird in jedem Semester ein der Frauen- und Geschlechterforschung gewidmeter Lehrauftrag vergeben, der zwischen den Fakultäten rotiert.

Es startet außerdem ein regelmäßiges Angebot von Selbstverteidigungskursen für Studentinnen.

SoSe 1991

Die erste von den Frauenbeauftragten organisierte Frauenringvorlesung zum Thema „Zur Situation der Frauen in Hochschule und Gesellschaft" wird organisiert. Sie greift eine seit 1985 durch studentische Initiativen (Frauenreferat bzw. Feministisches Forum) etablierte Tradition auf und wird in den Folgejahren alternierend jeweils in der Verantwortung der Studierenden und der Frauenbeauftragten durchgeführt.

Erstmals werden Rhetorikseminare für die Frauenbeauftragten und Managementkurse für Wissenschaftlerinnen angeboten.

Erlanger Tagblatt, 25. Juli 1991

9. März 1991

Die Frauenbeauftragten der FAU nehmen mit einem Stand am Informationstag „Frauen-Chancen für die Technik – Technik-Chancen für die Frauen" teil, der von der Stadt Erlangen in Kooperation mit der Industrie- und Handelskammer Nürnberg, dem Verband Deutscher Elektrotechniker und dem Verein Deutscher Ingenieure veranstaltet wird.

Universität wählte Prof. Andrea Abele-Brehm zur neuen Frauenbeauftragten

Amt hat Profil bekommen

Zweijährige schwere Pioniertätigkeit von Prof. Renate Wittern zu Ende gegangen

Die Psychologieprofessorin Andrea Abele-Brehm ist vom Senat der Friedrich-Alexander-Universität (FAU) Erlangen-Nürnberg zur neuen Frauenbeauftragten für die Gesamtuniversität gewählt worden.

Sie löst ab sofort die bisherige Frauenbeauftragte Prof. Renate Wittern, Inhaberin des Lehrstuhls für Geschichte der Medizin, ab. Frau Wittern hatte bereits bei ihrem Amtsantritt im Juli 1989 erklärt, diese Aufgabe nur für eine Amtsperiode von zwei Jahren übernehmen zu wollen.

Mit Renate Wittern scheiden auch ihre bisherigen Stellvertreterinnen, Prof. Irmela Bues, Leiterin der Sternwarte Bamberg, und Prof. Regine Gildemeister, mittlerweile nach Kassel berufen, aus dem Amt. Als neue Stellvertreterinnen wurden Lilian-Mary Schweizer, Institut für Biochemie, und Margita Flügel, Chirurgische Klinik, gewählt.

Die neue Frauenbeauftragte Prof. Abele-Brehm ist im Gegensatz zu ihrer Vorgängerin verheiratet und hat zwei Kinder. Die gebürtige Bruchsalerin studierte Psychologie, Soziologie und Geschichte in Konstanz. 1973 wurde sie promoviert, 1982 habilitiert, seit 1984 ist sie Extraordinaria am Erlanger Institut für Psychologie I.

Sie will auf der Pionierleistung ihrer Vorgängerin aufbauen: Die neue Frauenbeauftragte der Universität, Prof. Andrea Abele-Brehm

Benachteiligung offenkundig

Das Amt der Frauenbeauftragten war durch eine Novelle des Bayerischen Hochschulgesetzes im Jahre 1988 eingerichtet und 1989 in der Grundordnung der FAU verankert worden. „Frauenbeauftragte haben die Aufgabe", heißt es dort, „auf die Herstellung der verfassungsrechtlich gebotenen Chancengleichheit und auf die Vermeidung von Nachteilen für Wissenschaftlerinnen, weibliche Lehrpersonen und Studentinnen hinzuwirken."

„Am Anfang hatte das Amt noch keinerlei Profil", erinnert sich Frau Wittern an ihre schwierige Pionierzeit als die erste Frauenbeauftragte der FAU. Worin allerdings die zu beseitigende Benachteiligung von Frauen liegt, war und ist offensichtlich: „Allein die Tatsache, daß Frauen an den Universitäten stark unterrepräsentiert sind, erfüllt diesen Tatbestand", so die scheidende Frauenbeauftragte. Ein Blick in die letzte offizielle Statistik spricht Bände: Danach sind an der FAU zwar 37,8 Prozent der Studierenden weiblich, bei den wissenschaftlichen Hilfskräften jedoch sinkt die Quote schon auf etwa 19 Prozent, bei Professorinnen auf knapp sechs Prozent und bei Lehrstuhlinhaberinnen gar auf ganze 2,1 Prozent.

„Wenn Sie mich fragen, was ich daran ändern konnte, muß ich leider sagen: gar nichts", so Frau Wittern. Allerdings sei sie auch „ohne große Hoffnung auf eine tolle Bilanz in dieser Hinsicht angetreten, vielmehr mit der sehr großen Hoffnung, auf die in allen Ebenen männlich geprägte Mentalität der Universität einwirken zu können".

Und da sei ihre Arbeit „außerordentlich nützlich" gewesen. Konkrete Erfolge dieses steten Bemühens um eine Bewußtseinsänderung, nicht nur im Senat und in Kommissionen, sind unter anderem eine Frauenförderklausel in allen Stellenausschreibungen und eine „Vorbemerkung zum Sprachgebrauch" in allen Studien- und Prüfungsordnungen.

Daß dies „ungeduldigen Naturen als viel zuwenig erscheinen mag", ist ihr schmerzlich bewußt, „ich wäre selber auch gerne ungeduldiger, aber ich habe erfahren müssen, daß man auf diesem Gebiet nur sehr, sehr langsam vorwärts kommt".

Ziel ist Frauenförderplan

Ihre Nachfolgerin Frau Abele-Brehm will diese Aktivitäten konsequent weiterführen. Ein zu erstellender Frauenförderplan soll „die verstärkte Förderung von Universitätskarrieren qualifizierter Frauen konkretisieren". Ferner will sie die Frauen- bzw. Geschlechterforschung an der FAU weiter vorantreiben.

Den ersten Schritt zu Etablierung dieser Forschung betrachtet Frau Wittern als einen weiteren Erfolg ihrer Arbeit: „Frauenforschung bedeutet bei weitem nicht nur Forschung über Frauen, sondern vor allem Forschung von Frauen." Frauen, so ist sie überzeugt, „haben einen ganz anderen Zugang zur Wissenschaft, zu ihren Fragestellungen und zu ihren Methoden. Bisher werden all diese Faktoren von Männern bestimmt und Frauen müssen sich dem unterordnen. Doch auf Dauer ist es undenkbar, daß die Institution Wissenschaft nur für ein Geschlecht reserviert ist". hlo

Sie kann sich wieder ihrer zuletzt vernachlässigten Forschung widmen: Die scheidende Frauenbeauftragte Prof. Renate Wittern. Fotos: Stümpel

24. Juli 1991

Die neue Universitätsfrauenbeauftragte Prof. Dr. Andrea Abele-Brehm (Sozialpsychologie) wird gewählt; sie wird bis 1995 im Amt bleiben. Ihre Stellvertreterinnen sind Prof. Dr. Lilian-Mary Schweitzer (Biochemie) und Prof. Dr. Margita Flügel (Chirurgie).

Anlässlich der Wahl zieht die Amtsvorgängerin Prof. Dr. Renate Wittern eine Bilanz über ihre bisherige Arbeit seit 1989.

WiSe 1991/92

Im Rahmen des Hochschulsonderprogramms II des Bundes und der Länder (HSP II) werden den bayerischen Universitäten Gelder für Wiedereinstiegsstipendien und Werkverträge nach einer Familienpause im Anschluss an die Promotion zugewiesen. Im Februar 1992 können erstmals sieben Frauen an der FAU ihre wissenschaftliche Karriere durch diese Förderung wiederaufnehmen. Sie wird in den nächsten Jahren ein wichtiger Grundpfeiler der Frauenförderung sein.

7.–9. Mai 1992

Das turnusgemäße Treffen der Frauenbeauftragten der Bayerischen Hochschulen (LaKof) findet an der FAU statt. Zentrale Ziele sind die Einrichtung von Frauenforschungsprofessuren und die Entwicklung eines bayernweiten Rahmenplans zur Frauenförderung. Christina Strobel, wissenschaftliche Mitarbeiterin im Erlanger Büro der Frauenbeauftragten, hat die Federführung bei der Entwicklung dieses Rahmenplans.

10.–12. Juli 1992

Die Frauenbeauftragten der FAU organisieren zusammen mit der Kommission für Interdisziplinäre Frauenforschung ein öffentliches Symposium zum Thema „Frauen und Macht".

Ende 1992

Auf Initiative der LaKof wird der Arbeitskreis „Frauen und Wissenschaft in Bayern" gegründet. Dem geschäftsführenden Komitee gehört die Mitarbeiterin des Erlanger Büros der Frauenbeauftragten Christina Strobel an.

Gruppenbild mit Rektor: Unter dem Bildnis der Mitgründerin der Friedrich-Alexander-Universität trafen sich die Frauenbeauftragten der bayerischen Universitäten, Fachhochschulen und Kunsthochschulen zum Empfang von Rektor Prof. Dr. Gotthard Jasper.
FAU UniKurier 87/August 1992, Foto: Fuchs

WiSe 1992/93

Im Vorlesungsverzeichnis der Universität Erlangen-Nürnberg wird die Rubrik „Veranstaltungen aus dem Bereich der Frauenforschung" eingeführt.

Für die Studentinnen der FAU wird ein regelmäßig wiederkehrendes interdisziplinäres Kolloquium zur Frauenforschung initiiert, in dem sie ihre laufenden Projekte aus dem Bereich der Frauenforschung vorstellen und diskutieren können.

Unter dem Motto „Jede Bewerbung eine Chance" organisiert die Universitätsfrauenbeauftragte ein Bewerbungstraining für Frauen.

2.–3. Juli 1993

Ein Erfahrungsaustausch zwischen den Frauenbeauftragten und Frauenprojekten der Partnerstädte Jena und Erlangen wird initiiert.

SoSe 1994

Erstmals wird ein universitätsweites Frauen-Informationsheft erstellt zu Aktivitäten der Frauenbeauftragten, besonderen Veranstaltungen und auch Lehrveranstaltungen zu Themen der Frauen- und Genderforschung. Es trägt den Namen „Wilhelmine" und wird über 10 Jahre mit großem Erfolg in jedem Semester im Umfang von etwa 30 Seiten in gedruckter Form erstellt und verbreitet. Die letzte Nummer erscheint im Sommersemester 2004.

FAU UniKurier 90 / November 1994

'Lehramt an Gymnasien Englisch-Deutsch. HS 06' nannte Dorothée Klippel ihre Fotografie, die in der Ausstellung gezeigt wurde.

Januar 1993

Aus Anlass des 250zigsten Jubiläums der Gründung der FAU und 90 Jahre Frauenstudium in Bayern 1993 schreibt die Frauenbeauftragte 1992 einen Fotowettbewerb zum Thema „Blick auf die FrAU – Inspektion einer Männergesellschaft?" aus. Das Preisgeld beträgt 1.200 DM; die Vernissage der eingereichten Fotos findet am 9. Juli 1993 statt.

Herbst 1993

Prof. Dr. Andrea Abele-Brehm wird zur Universitätsfrauenbeauftragten wiedergewählt. Als Stellvertreterinnen werden gewählt Prof. Dr. Lilian-Mary Schweizer (Biochemie) und Prof. Dr. Ursula Hirschfelder (Kieferorthopädie).

8. März 1994

Im Rahmen eines Frauen-Streiktages diskutieren die Frauenbeauftragten mit Rektor Prof. Dr. Gotthard Jasper und Kanzler Thomas A. H. Schoeck über Defizite und Schwierigkeiten für Frauen in der Wissenschaft.

10.–11. Juni 1994

In Kooperation mit dem Arbeitskreis „Frauen und Wissenschaft in Bayern" wird das dritte Erlanger Symposium zur Frauenforschung zum Thema „Die Frau als Andere. Andere Frauen?" organisiert.

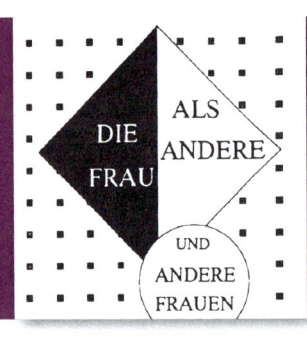

7.–9. Oktober 1994

Gemeinsam mit den Frauenbeauftragten der TU München und dem Forum für junge Erwachsene der ev. Akademie Tutzing veranstalten die Frauenbeauftragten der FAU die erste Ferienakademie für Studentinnen und Nachwuchswissenschaftlerinnen zum Thema „Komplexe Systeme und nichtlineare Dynamik" in der Evangelischen Akademie Tutzing, die alljährlich über zwanzig Jahre fortgeführt wird.

WiSe 1994/95

Die Frauenbeauftragte lädt seit diesem Semester einmal pro Semester zu einem Wissenschaftlerinnenstammtisch ein.

23. November 1994

PD Dr. Silvia Mergenthal (Anglistik und Amerikanistik) wird zur zweiten Stellvertreterin der Universitätsfrauenbeauftragten gewählt.

Foto: Privat

Juli 1994

Dr. Margarete Höllbacher (Soziologie) wird neue Stellvertreterin der Universitätsfrauenbeauftragten. Sie folgt Prof. Dr. Ursula Hirschfelder nach, die einem Ruf an die Universität Halle-Wittenberg angenommen hat.

Ein neues, in Kooperation mit dem Studentenwerk entstandenes Informationsheft unterstützt Studierende mit Kind an der FAU in Erlangen und Nürnberg.

WiSe 1994/95

Das Büro der Frauenbeauftragten erstellt eine Statistik der seit 1950 an der FAU erfolgten Habilitationen von Männern und Frauen.

4. November 1994

Der erste Still- und Wickelraum an der FAU wird in der Philosophischen Fakultät II in der Kochstraße 4 durch den kommissarischen Frauenbeauftragten Prof. Dr. Dieter Meindl (Amerikanistik) eingeweiht; den Raum können auch Schwangere als Ruheraum nützen.

Februar 1995

Mit einer Serie von sechs Plakaten unter dem Motto „Nein heißt Nein" stellen die Frauenbeauftragten erstmals das Thema der sexuellen Belästigung universitätsöffentlich zur Debatte und konzipieren ein Informationsblatt dazu.

Foto: Privat

1. Juni 1995

Der 1994 eingerichtete Lehrstuhl für Sozialpsychologie unter besonderer Berücksichtigung der sozialpsychologischen Frauenforschung wird mit Prof. Dr. Andrea Abele-Brehm besetzt. Dies ist der erste Lehrstuhl an einer bayerischen Universität mit der spezifischen Denomination „Frauenforschung".

Foto: Stümpel

4. Februar 1995

Am Institut für Soziologie findet ein Workshop zum Thema „Frauenforschung als feministische Forschung oder Soziologie der Geschlechterverhältnisse?" statt.

1. März 1995

Der Senat der FAU beschließt einstimmig die „Gleichstellungsempfehlungen" der FAU. Sie orientieren sich an den Vorgaben des Bayerischen Hochschulgesetzes. Zentral gesetzt werden die Förderung des wissenschaftlichen Nachwuchses und die Erhöhung des Frauenanteils in der Wissenschaft. Begleitende Maßnahmen sind insbesondere neue geschlechtergerechte Sprachregelungen, Regelungen zur Vereinbarkeit von Familie und Beruf bzw. Ausbildung sowie die besondere Förderung von Frauenforschung/Gender Studies.

WiSe 1995/96

PD Dr. Silvia Mergenthal (Anglistik und Amerikanistik) wird als Nachfolgerin von Prof. Dr. Andrea Abele-Brehm zur neuen Universitätsfrauenbeauftragten gewählt. Sie wird bis 1997 im Amt sein. Stellvertreterin wird Dr. Margarete Höllbacher (Soziologie).

Kontinuität im Vordergrund
Silvia Mergenthal ist neue Frauenbeauftragte der Universität

Die Universität Erlangen-Nürnberg hat eine neue Frauenbeauftragte: Zur Nachfolgerin von Prof. Andrea Abele-Brehm wurde Silvia Mergenthal, Oberassistentin am Lehrstuhl für Anglistik und Amerikanistik, vom Senat gewählt. Sie hat Lehramt Englisch und Deutsch in Erlangen, Austin/Texas und St. Andrews/Schottland studiert und 1985 das zweite Staatsexamen absolviert. 1989 wurde sie promoviert, die Habilitation erfolgte 1994. Aus Anlaß des Amtswechsels sprachen die EN mit der neuen Frauenbeauftragten und ihrer Vorgängerin.

Es hat Probleme gemacht, eine Nachfolgerin für Frau Prof. Abele-Brehm zu finden. Was hat Sie bewogen, sich wählen zu lassen?

Mergenthal: Ich war ein Jahr lang eine der beiden Stellvertreterinnen von Frau Prof. Abele-Brehm, und wenn sie keine Nachfolgerin gefunden hätte, wäre ein Teil der Arbeit ohnehin auf mich zugekommen. Ich halte diese Arbeit für außerordentlich wichtig.

Welche persönlichen Erwartungen richten Sie an das Amt?

Mergenthal: Ich möchte innerhalb und außerhalb der Universität Männer und Frauen kennenlernen, denen eine verstärkte Repräsentanz von Frauen im universitären wie im öffentlichen Leben ein Anliegen ist.

Sie sind „nur" Privatdozentin, (noch) keine Professorin, wie Ihre beiden Vorgängerinnen. Befürchten Sie keine Akzeptanzprobleme in der „Männeruniversität?"

Mergenthal: Ich habe die akademischen „Initiationsrituale" Promotion und Habilitation an dieser Universität durchlaufen und bin vielen bereits durch meine bisherige Gremienarbeit bekannt. Bei dieser Gremienarbeit bin ich – bei allen wohl unvermeidlichen Meinungsverschiedenheiten und Interessenkonflikten – immer kollegial behandelt worden.

Silvia Mergenthal   Foto: Stümpel

Sie sind lange genug als Frau an dieser Hochschule, um die Arbeit der beiden bisherigen Frauenbeauftragten beurteilen zu können. Gibt es Dinge, die Sie jetzt grundlegend anders machen möchten?

Mergenthal: Meine beiden Vorgängerinnen haben dem Amt der Universitätsfrauenbeauftragten sein Profil gegeben, und ich bin ihnen, wie im übrigen auch meine Kolleginnen, für ihre Arbeit sehr dankbar. Statt grundlegender Änderungen kommt es mir hier vor allem auf Kontinuität an.

Könnten Sie Ihr Programm in wenigen Stichworten skizzieren?

Mergenthal: In den nächsten Wochen werde ich die Projekte zu Ende führen, die ich von Frau Abele-Brehm „geerbt" habe, das heißt, die Ausstellung zum Frauenstudium in Bayern und das dazugehörige Rahmenprogramm mit Podiumsdiskussion und Vorträgen. Grundsätzlich ist es mein Ziel, während meiner Arbeitszeit die Gleichstellungsempfehlungen, die der Senat verabschiedet hat, mit Leben zu erfüllen.

Erlanger Nachrichten, 1. Dezember 1995

Persönliche Bilanz fällt positiv aus
Prof. Andrea Abele-Brehm übergibt das Amt nach mehr als vier Jahren

Welche persönliche Bilanz ziehen Sie nach mehr als vier Jahren im Amt der Frauenbeauftragten?

Abele-Brehm: Eine positive: Das Amt der Universitätsfrauenbeauftragten ist zwar extrem arbeitsintensiv und an manchen Stellen auch etwas heikel. Es bietet jedoch ungeheure Lern- und erfahrungsmöglichkeiten über die Funktionsweise der Universität in all ihren verschiedenen Arbeitsbereichen und Gremien, es bietet vielfältige Kontakt- und Kommunikationsmöglichkeiten und -notwendigkeiten. Insbesondere bietet es einen großen Gestaltungsraum, so daß persönliche Vorstellungen über Frauenförderung hier ihren Platz finden können.

Was halten Sie für Ihren größten Erfolg?

Abele-Brehm: Hier kann ich erfreulicherweise eine ganze Reihe von Punkten nennen, zu denen ich ein bißchen habe beitragen dürfen. Zum Beispiel die Förderung von mittlerweile mehr als 60 Stipendiatinnen, die eine familienbedingte Unterbrechung ihrer wissenschaftlichen Tätigkeit hatten und im Rahmen des Hochschulsonderprogramms II wieder in die scientific community integriert werden konnten; zum Beispiel die zweimalige Durchführung von hochkarätigen interdisziplinären Sommerschulen für Nachwuchswissenschaftlerinnen in Zusammenarbeit mit der TU München und der Evangelischen Akademie Tutzing; zum Beispiel die einstimmige Verabschiedung der Gleichstellungsempfehlungen im Senat; zum Beispiel die Tatsache, daß die Universität zwar nicht in relativen, aber zumindest in absoluten Zahlen noch nie so viele Ordinaria — nämlich sieben von 245 Ordinarien — hatte wie zur Zeit.

Gibt es Punkte im Aufgabenbereich der Frauenbeauftragten, an denen Sie sich gescheitert fühlen?

Abele-Brehm: Nach meiner Einschätzung war die Amtszeit insgesamt erfolgreich, und ich halte auch viel vom positiven Denken. Andererseits gibt es schon den ein oder anderen Kollegen, dem ich mehr Flexibilität und ein bißchen „Einstellungswandel" wünschen würde.

Es hat große Probleme bereitet, eine Nachfolgerin für Sie zu finden. Was ist der Grund dafür, daß Sie nicht mehr zur Verfügung standen?

Abele-Brehm: Ich selbst bin nicht mehr angetreten, weil ich finde, daß jedes Selbstverwaltungsamt nach einer gewissen Zeit rotieren sollte. Neue Personen bringen neue Ideen. Davon abgesehen habe ich auch nichts dagegen, mich wieder intensiver meiner Forschung widmen zu können. Es war schwer, eine Nachfolgerin zu finden, weil das Reservoir an Wissenschaftlerinnen in entsprechenden Positionen nach wie vor klein ist. Alle Kolleginnen, die ich kenne, sind hochengagiert, und da bleibt nicht mehr viel freie Valenz.

Welche speziellen Probleme sehen Sie auf Ihre Nachfolgerin zukommen?

Abele-Brehm: Ein Basisproblem, das ich in meiner Amtszeit nur ansatzweise behandelt habe, ist nach wie vor die Vereinbarkeit von Beruf und Familie. Angesichts der vielfältigen Probleme, zeitlich parellel eine Qualifizierung wie Promotion oder Habilitation und zugleich die Familiengründung in Einklang zu bringen, üben manche hochqualifizierte Wissenschaftlerinnen Verzicht und entscheiden sich für die Familie. Hier denjenigen zu helfen, die sich für beides entscheiden möchten, ist essentiell. Dazu gehört ein arbeitsplatznahes und flexibles Betreuungsangebot für Kinder und dazu gehört auch, daß mehr junge Väter ihren Teil der Familienaufgaben aktiv wahrnehmen.

Prof. Andrea Abele-Brehm   F: Sippel

Interviews: LOTHAR HOJA

9. Januar 1996

Die von den Frauenbeauftragten der LMU München konzipierte Wanderausstellung zum Frauenstudium in Bayern „Stieftöchter der Alma Mater? 90 Jahre Frauenstudium in Bayern" macht Station in Erlangen. Für die FAU wurde ein eigener Teil entwickelt und durch ein Vortragsprogramm ergänzt.

Februar 1997

Im Rahmen des Hochschulsonderprogramms III des Bundes und der Länder (HSP III) werden neue Stipendien für Promovierende in der Abschlussphase und Postdoktorandinnen als Wiedereinsteigerinnen und zur Vorbereitung einer Habilitation ausgeschrieben.

30. Juli 1997

Dr. Margarete Blasche (Soziologie) wird als Nachfolgerin von PD Dr. Silvia Mergenthal zur Universitätsfrauenbeauftragten gewählt und bleibt bis 2003 im Amt. Ihre Stellvertreterinnen sind Dr. Margarete Höllbacher (Soziologie) und PD Dr. Renate Wrbitzky (Arbeitsmedizin).

Foto: Sippel

Foto: Privat

24. Mai 1996

Das Bayerische Gesetz zur Gleichstellung von Frauen und Männern tritt in Kraft. Es verpflichtet die Hochschulen Bayerns, alle fünf Jahre ein Gleichstellungskonzept zu erstellen.

Juli 1997

Am Geburtshaus der Mathematikerin Emmy Noether (1882-1935) wird mit Unterstützung der Universitätsfrauenbeauftragten eine Gedenktafel angebracht.

27. Oktober 1997

Das Bayerische Staatsministerium für Unterricht, Kultus, Wissenschaft und Kunst schreibt erstmalig einen Habilitationspreis für Frauen aus, der den Anteil von Frauen in Forschung und Lehre erhöhen soll und der in den Folgejahren regelmäßig vergeben wird.

2.1 Chronologie der Ereignisse

Erlanger Nachrichten, 16. August 1997

Margareta Blasche übernimmt am 1. Oktober die Aufgabe der Uni-Frauenbeauftragten
Häufiger Verzicht auf Karriere
Familie immer noch für Frauen belastender als für Männer — Position fest institutionalisiert

Margarete Blasche, Akademische Direktorin am Institut für Soziologie, ist die neue Universitätsfrauenbeauftragte der Universität. Sie wird am 1. Oktober das seit 1989 bestehende Amt von Silvia Mergenthal übernehmen. Als Stellvertreterinnen wählte der Senat Renate Wrbitzky vom Institut für Arbeits-, Sozial- und Umweltmedizin und die bereits amtierende Margarete Höllbacher vom Sozialwissenschaftlichen Forschungszentrum.

Margarete Blasche sieht in ihrem Amt die Chance, „ein wachsames, kontrollierendes Auge und Ohr zu sein, um den gröbsten Benachteiligungen gegenüber Frauen, die ja immer noch vorhanden sind, entgegenzuwirken und dabei mitzuhelfen, sie hoffentlich auch zu vermeiden".

Eine Benachteiligung der Frauen sieht sie in strukturellen Bedingungen, die mit der Arbeitsteilung zwischen Privat- und Berufsbereich zusammenhängen. Der Qualifikationserwerb für eine Universitätskarriere falle meist in einen Lebensabschnitt, in dem die Familie immer noch belastender und zeitintensiver für Frauen als für Männer sei, sagt Margarete Blasche: „Frauen hinken dann oftmals hinter ihren männlichen Kollegen hinterher oder verzichten gleich ganz auf eine Karriere."

Zunächst will sich Margarete Blasche mit der Novellierung des Bayerischen Hochschulgesetzes befassen, wobei sie den Entwurf der bayerischen Frauenbeauftragten unterstützt. Dabei geht es u.a. um die Präsenz und die Mitwirkung der Frauenbeauftragten in allen Gremien.

Daß die Frauenbeauftragten bisher in keinem Gremium ein Stimmrecht haben, bedauert die Amtsvorgängerin. Nicht zufrieden ist Silvia Mergenthal damit, daß das Ministerium den Frauenbeauftragten im Senat und im Fachbereichsrat Stimmrecht zugestanden habe, nicht aber in der Berufungskommission. „Wenn der Hochschulrat kommt, dann dringen wir darauf, daß hier beide Geschlechter gleichermaßen vertreten sind. Und wenn der Senat in der vorgesehenen Form entmachtet wird, dann soll die Hochschulbeauftragte auch dem Leitungsgremium angehören."

In einer Bilanz ihrer zweijährigen Tätigkeit als Frauenbeauftragte lobt Silvia Mergenthal die gute Zusammenarbeit mit den meisten Gremien und Personen innerhalb der Universität. „Natürlich war dies in einzelnen Fällen unbequem, es gab auch Interessenskonflikte, die ausgetragen werden mußten." Die Position der Frauenbeauftragten habe sich inzwischen aber fest institutionalisiert. Silvia Mergenthal: „Wir sind in den Gremien präsent, die Dozierendenschaft weiß, daß es uns gibt und arbeitet mit uns zusammen."

Silvia Mergenthal   Foto: Stümpel

Margarete Blasche   Foto: Sippel

Dezember 1997

Das erste vom Büro der Frauenbeauftragten erstellte Gleichstellungskonzept der FAU wird verabschiedet. Es dokumentiert insbesondere alle Daten zur Geschlechterverteilung im Personalstand der Universität und legt Ziele und Aufgaben der Gleichstellungsarbeit fest. Zentrale Ziele sind neben der Erhöhung der Anteile an Frauen in den Bereichen, in denen sie unterrepräsentiert sind, auch die Sicherung der Chancengleichheit von Frauen und Männern sowie die bessere Vereinbarkeit von Familie und Beruf.

17. Januar 1998

Erstmals bietet das Büro der Frauenbeauftragten für Studentinnen und Mitarbeiterinnen ein Trainingsprogramm gegen sexuelle Belästigung an.

Juni-Juli 1998

Leben und Werk der berühmten Mathematikerin Emmy Noether werden an der FAU in einer von den Frauenbeauftragten der FAU und der Universität Würzburg gemeinsam konzipierten Ausstellung anhand von Originaldokumenten gewürdigt.

Die Erlanger Mathematikerin Emmy Noether. Foto: FAU SG Öff

Juli 1998

Im Rahmen der Bayerischen Hochschulreform, die im Juli 1998 beschlossen wird und im Oktober in Kraft tritt, wird die Arbeit der Frauenbeauftragten deutlich gestärkt: Sie bekommt Stimmrecht im Senat und im Fachbereich, und jeder Berufungsliste muss künftig eine Stellungnahme der Frauenbeauftragten beiliegen. Zum Ausgleich für die Ausübung des Amtes muss eine Entlastung gewährt werden. Studierende mit Kind können ab sofort auch im Mutterschafts- und Erziehungsurlaub Studien- und Prüfungsleistungen erbringen. Ein deutliches politisches Signal ist außerdem die Berücksichtigung der Fortschritte bei der Erfüllung des Gleichstellungsauftrages im bayernweiten Mittelverteilungsmodell des Ministeriums. Die Durchsetzung der Gleichberechtigung wird jetzt explizit Aufgabe der Hochschule, die dabei von den Frauenbeauftragten unterstützt wird.

WiSe 1998/99

Die Frauenbeauftragten initiieren in Kooperation mit dem Bildungszentrum Nürnberg eine Vortragsreihe zum Thema „Was forscht FRAU an der FAU?", die in den folgenden Jahren regelmäßig stattfindet.

4.–5. Dezember 1998

Das 4. Symposion der Kommission für Interdisziplinäre Frauenforschung widmet sich dem Thema „Reproduktion in der Postmoderne. Gesellschaft – Ethik – Umwelt – Wirtschaft".

August 1998

Unter der Leitung des Gleichstellungsbeauftragten der FAU für das nichtwissenschaftliche Personal wird eine Ferienbetreuung für Kinder von Universitätsangehörigen eingerichtet.

1999

Ein Präsidialfonds für Gleichstellungsmaßnahmen wird eingerichtet, aus dem über die Jahre zahlreiche Mutterschutzvertretungen, studentische Hilfskräfte zur Unterstützung der Frauenbeauftragten, Kongressreisen für Forscherinnen, einsemestrige Gastprofessuren und Lehraufträge für genderbezogene Lehre finanziert werden.

14. Januar 1999

Durch die Novellierung der Grundordnung der FAU erhalten die Frauenbeauftragten in allen kollegialen Gremien mit Ausnahme der Berufungsausschüsse Stimmrecht.

Sommer 1999

Zum ersten Mal wird von der Frauenbeauftragten in Zusammenarbeit mit der Gleichstellungsbeauftragten ein Ferienprogramm für Kinder von Hochschulangehörigen angeboten.

1. Oktober 1999

Prof. Dr. Krista Stosberg (Medizinische Soziologie) wird zweite Stellvertreterin der Frauenbeauftragten und löst PD Dr. Renate Wrbitzky ab.

WiSe 1999/2000

Rektor Prof. Dr. Gotthard Jasper bekennt sich zur Gleichstellung als zentralem Entwicklungsziel der FAU und verankert insbesondere die Nachwuchsförderung für Frauen im Hochschulentwicklungsplan 2000-2004 als besonderes Anliegen, das finanziell unterstützt werden soll.

30.–31. Januar 1999

Die Büros der Frauenbeauftragten der FAU und der Uni Bamberg organisieren in Erlangen erstmals einen Workshop für Frauen im Mittelbau zu Problemen im universitären Arbeitsalltag sowie zu Kommunikation und Rollenverständnis, der in den folgenden Semestern regelmäßig abgehalten wird.

6.–10. September 1999

An der Technischen Fakultät findet das erste naturwissenschaftlich-technische Schnupperpraktikum „Mädchen und Technik" statt, in dem Mädchen der 8. bis 10. Jahrgangsstufe zur Wahl eines technischen oder naturwissenschaftlichen Studienfaches motiviert werden sollen.

16. Dezember 1999

Das Fachprogramm „Chancengleichheit für Frauen in Forschung und Lehre" im Rahmen des Hochschul- und Wissenschaftsprogramms (HWP) der Bund-Länder-Kommission für Bildungsplanung und Forschungsförderung (BLK) wird beschlossen; mit ihm schreiben Bund und Länder gemeinsam ein neues Frauenförderprogramm fest. Damit wird ab 2001 die Möglichkeit zur Qualifikation durch Stipendien verstärkt, und es werden zusätzliche Habilitationsstellen und Überbrückungsstipendien für Frauen nach der Habilitation geschaffen.

SoSe 2002

Auf Vorschlag des Gremiums der Frauenbeauftragten wird erstmals eine einsemestrige Gastprofessur besetzt; sie soll Vorbildfunktion für die weiblichen Mitglieder der Universität haben und dient zugleich der Nachwuchsförderung qualifizierter Wissenschaftlerinnen. Als erste Gastprofessorin wird für das SS 2002 PD Dr. Ulrike Wanitzek aus der Rechtswissenschaft ernannt.

April 2001

Der erste bundesweite Girls' Day zur Gewinnung von Mädchen für ein naturwissenschaftliches oder technisches Studium wird auch an der FAU durchgeführt und seitdem jährlich im April mit wechselnden außeruniversitären Partnern weitergeführt.

WiSe 2001/2002

Die Frauenringvorlesung widmet sich dem Thema „Frauen in den Naturwissenschaften – Historische und aktuelle Perspektiven"; zu ihrer Eröffnung spricht Prof. Dr. Andrea Abele-Brehm über „Frauen in der Mathematik – Unterscheiden sich ihre Berufskarrieren von denen der Männer?".

SoSe 2000

Die Universitätsfrauenbeauftragte Dr. Margret Blasche beklagt in ihrer Bilanz über 10 Jahre Frauenbeauftragte an der FAU die viel zu geringen Fortschritte in der Gleichstellung.

Anstoßen auf gute Teamarbeit: Ab 1. April 2002 werden Kanzler Thomas A. H. Schöck, Prof. Dr. Max Schulz, Prof. Dr. Karl-Dieter Grüske, Prof. Dr. Renate Wittern-Sterzel und Prof. Dr. Hartmut Bobzin die Geschicke der Universität Erlangen-Nürnberg leiten (v. l.) Uni.kurier.aktuell 40/Februar 2002, Foto: SG Öff

17. Januar 2001

Die neue Veranstaltungsreihe „Wissenschaftlerinnen berichten der universitären Öffentlichkeit über ihre Forschungen" wird eröffnet mit einem Vortrag von PD Dr. Angela Pabst zur Stellung von Frauen und Sklaven in der athenischen Demokratie.

November 2001

Die FAU bewirbt sich um das TOTAL-E-QUALITY-Prädikat (Pilotprojekt), nachdem sie unter Vorsitz des Rektors Prof. Dr. Gotthard Jasper in einer Projektgruppe seit Juli 2000 die Frauenförderung an den mittelfränkischen Hochschulen analysiert hat. Die FAU hat das Prädikat zwar nicht bekommen, das Engagement hat aber das Bewusstsein für die Thematik verstärkt.

30. Januar 2002

Prof. Dr. Renate Wittern-Sterzel wird zur ersten weiblichen Prorektorin der FAU für eine Amtszeit von zwei Jahren gewählt. Ihre Amtszeit beginnt am 1. April 2002.

2.1 Chronologie der Ereignisse

2002

Das Büro der Frauenbeauftragten erweitert fortlaufend die Angebote zur Karriereplanung für Nachwuchswissenschaftlerinnen und bietet Kurse an etwa zu Rhetorik, Stimmbildung, Bewerbungstraining etc.

1. April 2003

Die Universitätsfrauenbeauftragte wird Mitglied der kurz zuvor etablierten erweiterten Hochschulleitung der FAU.

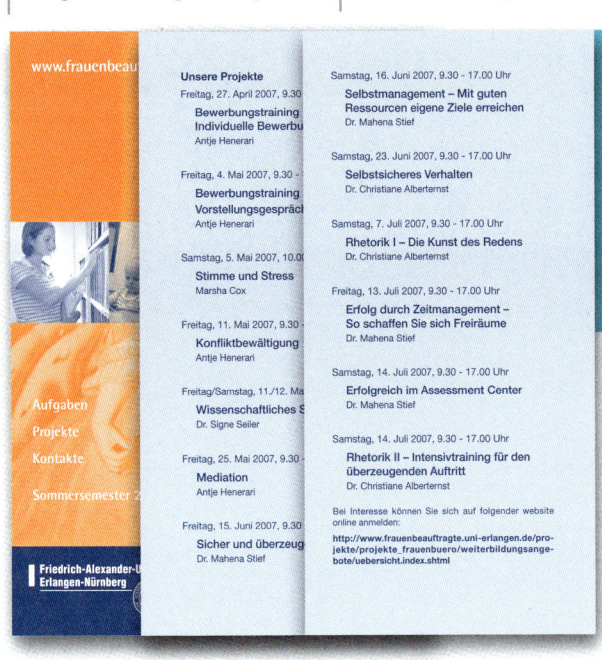

6. Mai 2003

Die Eröffnungsveranstaltung des Mentoring-Pilot-Projektes ARIADNE der Technischen Fakultät bildet den Startpunkt der später preisgekrönten Mentoring-Programme an der FAU. Kern ist ein Tandem-Modell mit Rahmenveranstaltungen, das in den folgenden Jahren auf alle Fakultäten ausgeweitet und bis heute mit großem Erfolg durchgeführt wird.

Mai 2003

Eine Sondernummer des Unikurier aktuell erscheint zu „100 Jahre Frauenstudium in Bayern und Erlangen" mit einem historischen Bericht und Interviews mit Mitgliedern der Universitätsleitung und Forscherinnen der FAU. Anlässlich des Jubiläums von Mai bis November 2003 wird ein umfangreiches Ausstellungs- und Vortragsprogramm geboten.

26. Mai 2003

Die Universitätsleitung richtet die AG Chancengleichheit unter dem Vorsitz von Prof. Dr. Renate Wittern-Sterzel ein. Sie hat vor allem das Ziel, konkrete Instrumente und Methoden zu entwickeln, um das Gender Mainstreaming an der FAU flächendeckend umzusetzen. 2012 wird die AG in eine zentrale Kommission umgewandelt.

2.1 Chronologie der Ereignisse

14. Oktober – 13. November 2003

Die von der bayerischen Landeskonferenz der Frauen- und Gleichstellungsbeauftragten organisierte Ausstellung „Forschen, Lehren, Aufbegehren. 100 Jahre akademische Bildung von Frauen in Bayern" macht in Erlangen und Nürnberg Station.

18. September 2003

Anlässlich des Staatsaktes zum Jubiläum „100 Jahre akademische Bildung von Frauen in Bayern" schreibt der ehemalige Minister Hans Zehetmair einen Preis für das überzeugendste Konzept einer Hochschule bei der Umsetzung des Gleichstellungsauftrags mit einem Preisgeld von 25 000 Euro aus.

4. November 2003

Zum 260. „dies academicus" hält Prof. Dr. Andrea Abele-Brehm einen Festvortrag zum Thema „100 Jahre akademische Frauenbildung in Bayern und Erlangen – Rückblick und Perspektiven." Zur musikalischen Umrahmung werden Auszüge aus der Oper „Argenore" der Markgräfin Wilhelmine gespielt, die 1993 zum 250. Universitätsjubiläum erstmals seit den Zeiten der Komponistin aufgeführt wurde.

(v. l.) Prof. Dr. Carola Jäggi, Prof. Dr. Martina de Zwaan, Dr. Margarete Höllbacher
Foto: Privat

1. Oktober 2003

Neue Universitätsfrauenbeauftragte wird Prof. Dr. Martina de Zwaan (Psychiatrie und Psychotherapie), die bis 2011 im Amt bleibt. Ihre Stellvertreterinnen werden Dr. Margarete Höllbacher und Prof. Dr. Carola Jäggi (Christliche Archäologie).

30. Oktober 2003

Die AG Chancengleichheit beschließt, fakultätsspezifische Zielvereinbarungen als Steuerungs- und Anreizinstrument für die Erhöhung des Frauenanteils in der Wissenschaft zu entwickeln. Die ersten Zielvereinbarungen werden 2005 unterzeichnet.

1. Januar 2004

Das Fachprogramm „Chancengleichheit für Frauen in Forschung und Lehre" im Rahmen des Hochschul- und Wissenschaftsprogramms (HWP) des Bundes und der Länder wird um weitere drei Jahre verlängert. Seine Förderschwerpunkte liegen in der Qualifizierung zur Professorin, in der Frauen- und Geschlechterforschung sowie in der Steigerung des Frauenanteils in den MINT-Fächern.

27. Juli 2005

Die Dekane von drei Fakultäten (Juristische Fakultät, Naturwissenschaftliche Fakultät I und Philosophische Fakultät I) und Rektor Prof. Dr. Karl-Dieter Grüske unterzeichnen die ersten Zielvereinbarungen zur Förderung des weiblichen wissenschaftlichen Nachwuchses an der FAU in einer Pilotphase. Zentrale Ziele sind die Erhöhung des Frauenanteils in allen Qualifizierungsstufen und die Verankerung des Konzepts des Gender Mainstreaming. Der Aufbau der Zielvereinbarungen wird maßgeblich von Franziska Kluttig koordiniert und weiterentwickelt.

Prof. Dr. Gisela Anton, Inhaberin des Lehrstuhls für Experimentalphysik. Foto: FAU/SG Öff

(v.l) Prof. Dr. Mathias Rohe, Prof. Dr. Frieder Lenz, Rektor Prof. Dr. Karl-Dieter Grüske und Prof. Dr. Sefik Alp Bahadir. Foto: Andre De Geare, Erlanger Nachrichten, 28. Juli 2005

1. Juni 2005

Die AG Chancengleichheit startet eine Vorlesungsreihe, die dem Gedenken an Emmy Noether gewidmet ist. Den ersten Vortrag hält die Erlanger Physikerin Prof. Dr. Gisela Anton über das Thema „Ein Blick in den Weltraum mit dem Neutrinoteleskop ANTARES". Die Emmy Noether-Vorlesung leitet eine Tradition ein, zu der in jährlichem Wechsel eine herausragende Wissenschaftlerin der FAU und der Bundesrepublik über ihre Forschung berichtet.

September 2005

Prof. Dr. Martina de Zwaan wird als Universitätsfrauenbeauftragte zum 1. Mal wiedergewählt.

Frauen-Power gesucht
Die Uni will Wissenschaftlerinnen stärker fördern

Nur mickrige 14 Prozent der insgesamt 38 200 Professuren an deutschen Hochschulen haben Frauen inne – und das ist immerhin schon doppelt so viel wie noch vor zehn Jahren.

Bei diesen Zahlen kann die Psychosomatikerin Prof. Martina de Zwaan, gerade frisch wiedergewählte Frauenbeauftragte der Universität Erlangen-Nürnberg, allerdings nur müde lächeln. „Ganz sicher liegen wir noch unter diesen 14 Prozent."

Vor allem an der Technischen und der Medizinischen Fakultät haben Frauen auf Professoren-Sesseln Seltenheitswert: Von 71 Professuren am Uni-Klinikum sind nur vier in Frauenhand, an der Technischen Fakultät arbeiten drei Professorinnen allein unter 69 männlichen Kollegen. „Professorinnen", sagt Martina de Zwaan, „das ist wirklich ein Problem."

Drei Vorreiter

Um dieses Problem zu beheben, gehen die Philosophische Fakultät I, die Naturwissenschaftliche Fakultät I und die Juristen jetzt mit gutem Beispiel voran. Sie brachten mit der Hochschulleitung erste Zielvereinbarungen zur Förderung des weiblichen Wissenschaftler-Nachwuchses an der FAU auf den Weg.

Wichtigstes Vorhaben: den Frauenanteil – sprich, die Zahl der Studentinnen, Dozentinnen und Professorinnen – an „frauenschwachen" Fakultäten erhöhen. „Bislang lief Frauenförderung an der Uni ziemlich unkoordiniert ab", so Martina de Zwaan. Künftig sollen die Gelder – immerhin knapp 300 000 Euro pro Jahr – im Frauenbüro gebündelt werden.

Statt nach dem „Gießkannenprinzip" sollen sie dann gezielt für konkrete Initiativen eingesetzt werden, für die von den Frauenbeauftragten der Fakultäten und den Dekanen in den vergangenen Monaten Konzepte entwickelt wurden.

„Das war richtig Arbeit", sagt de Zwaan, „und anfangs hätte ich nie gedacht, dass die Dekane überhaupt zustimmen." Zu den jetzt vereinbarten Zielen zählt zum Beispiel die Erhöhung des Doktorandinnenanteils durch Einzelförderung und die finanzielle Unterstützung besonders begabter Studentinnen, um ihnen etwa den Besuch von Tagungen im Ausland oder die Anschaffung eines Laptops zu ermöglichen.

An der Philosophischen Fakultät wird sogar darüber nachgedacht, so genannte HeadHunter einzusetzen, um berufungsfähige Wissenschaftlerinnen anzuwerben.

Nicht nur Palaver

Damit die Zielvereinbarungen nicht bloß Palaver bleiben, erhalten die Fakultäten finanzielle Anreize: So werden etwa die Naturwissenschaftler mit einem zusätzlichen Finanztopf über 5000 Euro ausgestattet, wenn sie es schaffen, den Studentinnenanteil bis 2010 von jetzt zwölf Prozent auf 20 Prozent zu erhöhen.

„Jetzt müssen wir auch die anderen Fakultäten ins Boot holen", sagt Prof. de Zwaan. Immerhin, auf die volle Unterstützung der Hochschulleitung kann die Frauenbeauftragte bauen: Die im nächsten Jahr anstehende Rektoren-Wahl lässt grüßen.   ban

Martina de Zwaan wurde als Frauenbeauftragte der Uni Erlangen-Nürnberg für zwei Jahre wiedergewählt.

Nürnberger Nachrichten, 23. September 2005. Fotos: Universitätsklinikum der FAU/privat

24. Oktober 2005

Zwischen der FAU und der Arbeiterwohlfahrt Erlangen-Höchstadt wird ein auf 10 Jahre angelegter Dienstleistungsvertrag über 12 Ganztagesbetreuungsplätze in der Kinderkrippe „Kleiner Stern" im Röthelheimpark in Erlangen abgeschlossen. Die FAU ist damit die erste bayerische Universität, die ihren Mitarbeiterinnen und Mitarbeitern Kinderkrippenplätze zur Verfügung stellt, die ausschließlich aus eigenen Mitteln finanziert werden. Die Einweihung findet im Juli 2006 statt. Im Jahr 2007 wird die Vereinbarung auf 15 weitere Plätze an zwei Standorten ausgeweitet.

8. Dezember 2005

Der von der AG Chancengleichheit initiierte „Förderverein Familie und Wissenschaft e.V." (FFW) wird gegründet; er soll die Vereinbarkeit von Familie, Beruf und Wissenschaft durch besondere Projekte fördern und den Ausbau des Kinderbetreuungsangebotes unterstützen. Ihm gehören Vertreterinnen und Vertreter der Hochschulleitung, der Professorenschaft, der Beschäftigten und der Studierenden an. Die erste Vorsitzende ist Prof. Dr. Andrea Abele-Brehm. Der Verein arbeitet erfolgreich in enger Abstimmung mit dem Familienservice der Universität und in Kooperation mit dem Hausfrauenbund Erlangen. 2018 wird der Verein aufgelöst, weil seine Ziele institutionell abgesichert sind.

Benefizveranstaltung 2006 zu Gunsten des FFW, Grußwort Prof. Dr. Renate Wittern-Sterzel. Foto: Privat

Benefizveranstaltung 2006 zu Gunsten des FFW: Versteigerungsaktion (l.) Franziska Kluttig, Prof. Dr. Andrea Abele-Brehm. Foto: Privat

*Vertragsunterschrift 2007, (v. l.) Jutta Helm (AWO), Harald Walter (AWO), Kanzler Thomas A. H. Schöck, Dr. Sabina Enzelberger, Prof. Dr. Renate Wittern-Sterzel
Foto: FAU*

*(v. l.) Gabriele Spenger, Anna Malarski, Prof. Dr. Sannakaisa Virtanen, Prof. Dr. Nadejda Popovska, Prof. Dr. Renate Wittern-Sterzel, Prof. Dr.-Ing. Dr. h.c. Alfred Leipertz (Dekan der Technischen Fakultät)
Foto: FAU/SG Öff/Malter*

*Spatenstich für die Kinderkrippe „Kleiner Stern" Erlanger Nachrichten, 30. September 2005.
Foto: Bernd Böhner*

4. November 2005

Der neu geschaffene Gleichstellungspreis für herausragende Bemühungen für die Gleichstellung an der FAU wird erstmals im Rahmen der Feierlichkeiten des „dies academicus" verliehen. Ausgezeichnet wird die Technische Fakultät für die Entwicklung des Mentoring-Programms ARIADNE*tech*.

2.1 Chronologie der Ereignisse

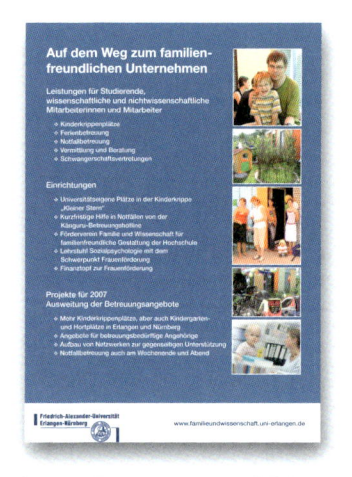

31. Mai 2006

In der Emmy-Noether-Vorlesung ist die frühere Bundesministerin für Jugend, Familie, Frauen und Gesundheit, Prof. Dr. Dr. h.c. Ursula Lehr zu Gast und referiert zum Thema „Alt und Jung in Zeiten des demographischen Wandels".

*Nürnberger Nachrichten, 9. Februar 2006.
Foto: Mario Kreß*

15. Dezember 2006

Die FAU wird im Rahmen des vom Erlanger Bündnis für Familien unter der Schirmherrschaft von OB Dr. Siegfried Balleis ausgelobten Wettbewerbs „Trendunternehmen" für ihre vorbildliche familienfreundliche Personalpolitik ausgezeichnet.

8. Februar 2006

Prof. Johanna Haberer (Christliche Publizistik) wird zur Vizepräsidentin für Lehre und Studium gewählt. Sie tritt ihr Amt am 1. April 2006 an. Ihr gratulieren Vizepräsident Prof. Dr. Hans-Peter Steinrück (li.) und Vizepräsident Prof. Dr. Harald Meerkamm (re.).

Juni 2006

Erstmals wird die Gleichstellung in den zwischen dem Bayerischen Staatsministerium für Wissenschaft, Forschung und Kunst und den bayerischen Universitäten abgeschlossenen Zielvereinbarungen explizit als Entwicklungsziel ausgewiesen.

*Dr. Sabina Enzelberger, Leiterin des Büros der Frauenbeauftragten (2. v. l.) und Kanzler Thomas A. H. Schöck nehmen die Urkunde entgegen. Oberbürgermeister Dr. Siegfried Balleis und Jolana Hill (1. v. l.) vom Bürgermeister- und Presseamt der Stadt Erlangen sprechen Glückwünsche aus.
Foto: Stadt Erlangen*

24. Mai 2007

Ein universitätsweites Professorinnentreffen wird organisiert, das einen Austausch insbesondere zu Fragen der Gleichstellung ermöglichen soll. Es findet bis heute einmal jährlich statt.

25. Mai 2007

Die Technische und die Medizinische Fakultät unterzeichnen Zielvereinbarungen zur fakultätsspezifischen Förderung der Frauen in der Wissenschaft.

27.–31. August 2007

An der FAU findet in Kooperation mit dem Bildungswerk der Bayerischen Wirtschaft e.V. und der Siemens AG erstmals ein fünftägiges „Forscherinnen-Camp" für Gymnasiastinnen und Fachoberschülerinnen ab 15 Jahren statt. Die Schülerinnen beteiligen sich an der Durchführung eines technisch-naturwissenschaftlichen Projektes und werden dadurch näher an technisch-naturwissenschaftliche Studiengänge herangeführt.

1. Oktober 2007

Neue stellvertretende Frauenbeauftragte wird Prof. Dr. Annette Scheunpflug (Allgemeine Pädagogik), die Dr. Margarete Höllbacher ablöst.

(v. l.) Prof. Dr. Annette Scheunpflug, Prof. Dr. Martina de Zwaan, Prof. Dr. Carola Jäggi
Foto: Privat

Juni 2007

Der Familienservice der FAU richtet einen Babysitting Pool ein. Geschulte Studierende betreuen Kinder von Universitätsangehörigen bei kurzfristigen Abstimmungsschwierigkeiten zwischen Studium bzw. beruflichem Termin und regulärer Kinderbetreuung flexibel im eigenen Zuhause.

WiSe 2007/08

An der FAU wird eine ganzjährige und ganztägige Ferienbetreuung in Kooperation mit anderen Einrichtungen in Erlangen und Nürnberg angeboten.

26. Oktober 2007

Der Erweiterungsbau des Kinderhauses „Kleiner Stern" wird eingeweiht; er bietet 12 weitere Ganztagsplätze für die Kinderbetreuung.

November 2007

Von der Hochschulleitung wird ein zentraler Familienservice eingerichtet, der die Angehörigen der Universität und des Klinikums mit Familie berät. Neben der Koordinierung der Kinderbetreuungsangebote ist auch eine Unterstützung bei pflegebedürftigen Familienangehörigen durch das Projekt „Delfin" in Kooperation mit dem Deutschen Hausfrauenbund (DHB) Erlangen gegeben.

Januar 2008

Drei der neu formierten fünf Großfakultäten, die Naturwissenschaftliche, die Rechts- und Wirtschaftswissenschaftliche und die Philosophische Fakultät und Fachbereich Theologie, unterzeichnen neue Zielvereinbarungen zur Frauenförderung mit fünfjähriger Laufzeit. Die in den beiden anderen Fakultäten bereits abgeschlossenen Zielvereinbarungen werden angepasst.

28. April 2008

Das drei Jahre gültige Zertifikat „familiengerechte hochschule" wird nach einem Auditierungsprozess an die FAU verliehen, in dessen Rahmen ein Maßnahmenplan erstellt wird und die Universität sich zur Ausweitung des Kinderbetreuungsangebotes verpflichtet. Das Betreuungsangebot wird schrittweise diversifiziert und auf Kurzzeit- und Notfallbetreuung, regelmäßige Ferienbetreuung und Tagungs- und Babysitterservice ausgeweitet.

Vertragsunterzeichnung zum Projekt „Delfin" 2006 (v. l.) Oberbürgermeister Dr. Siegfried Balleis, Elisabeth Schindelmeier (DHB), Kanzler Thomas A. H. Schöck, Monika Tiedtke (Erlanger Bündnis für Familien).
Foto: FAU

14. November 2007

Im Rahmen des „dies academicus" wird Prof. Dr. Renate Wittern-Sterzel für ihren umfassenden Einsatz für die Gleichstellung an der FAU ausgezeichnet.

1. April 2008

Prof. Johanna Haberer tritt ihre zweite Amtszeit als Vizepräsidentin an.

Ursula von der Leyen, Bundesministerin für Familie, Senioren, Frauen und Jugend verleiht der Vizepräsidentin Prof. Johanna Haberer das Zertifikat im „audit familiengerechte Hochschule".
Foto: berufundfamilie gGmbH

Juli 2008

Die FAU verpflichtet sich gegenüber der DFG, die „Forschungsorientierten Gleichstellungsstandards" zu erfüllen und Maßnahmen zu entwickeln und umzusetzen, die die Gleichstellung von Frauen und Männern in der Wissenschaft fördern.

*Freude über die Preisvergabe (v. l.) Kanzler Thomas A.H. Schöck, Anita Bronberger, Gleichstellungsbeauftragte im Wissenschaftsministerium, Dr. Sabina Enzelberger, Prof. Dr. Martina de Zwaan, Prof. Johanna Haberer. Dr. Thomas Goppel (r.) verbindet mit der Auszeichnung die Hoffnung, dass die Universität Erlangen-Nürnberg ihren Weg konsequent weiterverfolgt.
Foto: STWFK / Peter Hemza*

16. Oktober 2008

Zum 250. Todestag der Markgräfin Wilhelmine findet eine Feierstunde statt, die durch die AG Chancengleichheit, das Büro der Frauenbeauftragten und den Förderverein Familie und Wissenschaft e.V. organisiert wird.

Juni 2008

Das in anderen Fakultäten bereits erfolgreich durchgeführte Mentoringprogramm wird auf die Medizinische Fakultät ausgeweitet.

September 2008

Das Gleichstellungskonzept der FAU wird gleich zweifach ausgezeichnet: Der Bayerische Staatsminister für Wissenschaft, Forschung und Kunst Dr. Thomas Goppel prämiert die FAU mit 25.000 Euro für das Konzept, das vor allem durch die vollständige Umsetzung der Zielvereinbarungen in allen Fakultäten überzeugt.
Auch im bundesweit ausgeschriebenen Professorinnenprogramm kann die FAU mit ihrem Konzept punkten und wird bei der Berufung exzellenter Wissenschaftlerinnen auf Professuren finanziell unterstützt. Dadurch kann die Anschubfinanzierung für zwei neu berufene Professorinnen eingeworben werden.

*Der Festredner Prof. Dr. Jens Kulenkampff (Philosophie) im Gespräch mit Prof. Dr. Renate Wittern-Sterzel.
Foto: Privat*

4. November 2008

Auf dem „dies academicus" wird Dr. Sabina Enzelberger als langjährige, engagierte Leiterin des Büros der Frauenbeauftragten mit dem Gleichstellungspreis der FAU ausgezeichnet.

2.1 Chronologie der Ereignisse

Nürnberger Nachrichten, 7. November 2008

„Jetzt ist das Thema in allen Köpfen"

Sabina Enzelberger kämpft für Gleichstellung und Frauenförderung an der Uni

Eines Tages, als die „Arbeitsgemeinschaft Chancengleichheit" der Uni Erlangen-Nürnberg tagte, wollte man Sabina Enzelberger, Leiterin des Büros der Frauenbeauftragten, nicht dabei haben. Die wunderte sich nur kurz, fragte nicht weiter nach und genoss einen freien Abend.

Heute weiß sie: In dieser Sitzung wurden die Weichen dafür gestellt, dass sie den diesjährigen Gleichstellungspreis der Uni Erlangen-Nürnberg bekommt.

Der Preis in Höhe von 10 000 Euro wurde ihr beim „Dies academicus" zur Feier des 265. Gründungstages überreicht. Vordergründig bekam Sabina Enzelberger diesen Preis für zwei besondere Erfolge in den vergangenen Monaten:

Zum einen war sie maßgeblich dafür verantwortlich, dass die Universität von der Bayerischen Staatsregierung für das beste Konzept einer Hochschule bei der Verwirklichung des Gleichstellungsauftrags ausgezeichnet wurde. Gefordert war laut Ausschreibung, „die hochschulrechtlichen Instrumentarien bestmöglichst auszunutzen, um die Gleichberechtigung von Frauen und Männern auf allen Ebenen der Wissenschaft durchzusetzen".

Das mit einem 25 000-Euro-Preis ausgezeichnete Konzept der Uni Erlangen-Nürnberg beinhaltet vor allem verbindliche Zielvereinbarungen mit allen fünf Fakultäten. Diese wiederum umfassen vor allem spezielle Fördermaßnahmen für Frauen, zum Beispiel Stipendien, die Finanzierung von Kongressreisen oder Mentoring-Programme.

Der zweite Erfolg des Büros der Frauenbeauftragten: Bei einem bundesweiten Wettbewerb um Geld für ein „Professorinnenprogramm" wurde die Uni Erlangen-Nürnberg als förderungswürdig eingestuft. Damit verbunden sind fünf Jahre lang jeweils 75 000 Euro, die vor allem dazu dienen, vorzeitig Frauen auf demnächst frei werdende Lehrstühle zu berufen.

Solche Auszeichnungen sind nur die sichtbaren Spitzen eines Eisberges. „Ich verstehe den Gleichstellungspreis in erster Linie als Anerkennung für die Arbeit, die alle meine Mitarbeiterinnen und ich in den vergangenen zehn Jahren im Büro der Frauenbeauftragten geleistet haben", sagt Sabina Enzelberger.

„Als ich 1998 anfing", erinnert sich die promovierte Soziologin, „hat das Thema Gleichstellung und Frauenförderung an der Uni so gut wie keine Rolle gespielt. Heute ist es, mit wenigen Ausnahmen, in allen Köpfen drin". Und sie lobt dabei in höchsten Tönen „die gesamte Universitätsleitung, die das Thema ganz hoch hängt".

Speziell für Studentinnen will Sabina Enzelberger zur Zeit vor allem das Projekt „Teilzeitstudium" mit Nachdruck vorantreiben. Denn, „im Korsett der heutigen Bachelor-Struktur ist ein Studium mit Kind praktisch unmöglich".

Und um das Problem wenigstens übergangsweise abzumildern, plant die Büroleiterin eine „Kinderstube", in der Studentinnen „nicht regelmäßig, sondern bei ganz akutem Bedarf stundenweise ihre Kinder unterbringen können". In den Aufbau dieser „Kinderstube" soll ein Großteil des Gleichstellungs-Preisgeldes fließen.

hlo

Sabina Enzelberger leitet das Büro der Frauenbeauftragten an der Universität. F.: Bernd Böhner

---

2009

Die seit 1998 bestehende Ferienbetreuung der FAU wird ausgebaut zu einem altersgestuften, ganzjährigen und ganztägigen Ferienbetreuungsangebot in universitärer Eigenverantwortung für Kinder im Alter von 3–14 Jahren.

2009

Der Gleichstellungspreis der FAU wird in Renate-Wittern-Sterzel-Preis umbenannt und ehrt damit seine Initiatorin, die sich über zwanzig Jahre insbesondere in den Funktionen der Universitätsfrauenbeauftragten und der Prorektorin für die Chancengleichheit eingesetzt hat.

SoSe 2009

Das neue Programm zur Karriereförderung von Frauen „Fit for Science" startet mit regelmäßigen Fortbildungsangeboten in Form von Vorträgen und Workshops zu Themen der Karriereentwicklung und der akademischen Berufslaufbahn. Es wird mit dem Preisgeld des Ministeriums für das Gleichstellungskonzept der FAU finanziert.

WiSe 2009/2010

Erstmals wird an der FAU die Möglichkeit des Teilzeitstudiums eröffnet. In der Folge wird es in einer Reihe von Studienfächern der Zweifach-BA-Studiengänge der Philosophischen Fakultät eingeführt; es soll die Vereinbarkeit von Studium und Familie fördern.

Juni 2010

Der Dual Career Service der FAU wird Mitglied des Dual Career Netzwerks Deutschland.

14. April 2010

Der Aufgabenbereich der Vizepräsidentin für Lehre und Studium Prof. Johanna Haberer wird um den Gleichstellungsauftrag erweitert, der damit direkt in der Universitätsleitung verankert wird.

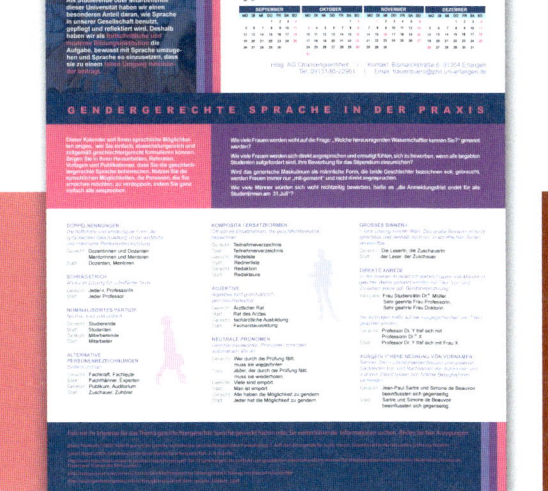

25. Mai 2011

Die FAU wird mit dem Reauditierungszertifikat „familiengerechte hochschule" ausgezeichnet, das vom Parlamentarischen Staatssekretär Peter Hinze in Berlin übergeben wird.

Juni 2010

Ein neuer Berufungsleitfaden unter besonderer Berücksichtigung des Gleichstellungsaspektes wird beschlossen.

Oktober 2010

Die AG Chancengleichheit verabschiedet einen vom Büro der Frauenbeauftragten erarbeiteten Kalender zu gendergerechter Sprache, der universitätsweit verteilt wird.

17. Februar 2011

Für die FAU wird ein neues Gleichstellungskonzept verabschiedet, das das Feedback aus dem DFG-Zwischenbericht aufnimmt. Es erweitert zudem die Aufgaben der Gleichstellungspolitik um die Strategie des Diversity Management, die weitere Vielfaltsmerkmale jenseits von Geschlecht wie Migrationshintergrund, Alter, soziale Herkunft, Krankheit und Behinderung in den Blick nimmt.

Prof. Dr. Martina de Zwaan, Frauenbeauftragte der FAU, nimmt das Reauditierungszertifikat entgegen. Dieses belegt, dass die FAU zu den besonders familienfreundlichen Universitäten Deutschlands gehört.
Foto: berufundfamilie gGmbH

2.1 Chronologie der Ereignisse

1. Oktober 2011

Neue erste Universitätsfrauenbeauftragte wird Prof. Dr. Sannakaisa Virtanen (Werkstoffwissenschaften). Zu ihren Stellvertreterinnen werden Prof. Dr. Annette Scheunpflug und PD Dr. Annette Keilhauer (Romanistik) gewählt.

2. November 2011

Auf Initiative der FAU findet ein erstes Gründungstreffen für das Dual Career Netzwerk Nordbayern (DCNN) statt. Die Federführung bei der Erstellung eines Konzepts liegt bei der FAU. In diesem Netzwerk, das an der FAU von Yvonne Eder koordiniert wird, schließen sich 19 Universitäten, Hochschulen und außeruniversitäre Forschungseinrichtungen zusammen, um die Partner und Partnerinnen von zu berufenen oder neuberufenen Wissenschaftlern und Wissenschaftlerinnen bei der beruflichen Neuorientierung in der Region zu unterstützen.

Foto: Malter

September 2011

Die FAU-eigene Kinderkrippe „Kleiner Stern" eröffnet ihr zweites Haus.

Erlangen-Regionalmagazin, September 2011.
Foto: AWO Erlangen-Höchstadt

Juni 2011

Das DFG-Ranking stuft die FAU bei der Evaluierung der Umsetzung der ‚Forschungsorientierten Gleichstellungsstandards' im oberen Bereich von Stadium 3 („überzeugendes Gesamtkonzept") und damit kurz vor der besten Stufe 4 ein. Die FAU gehört damit zur Spitze der Universitäten in Bayern bezogen auf ihr Gleichstellungskonzept und ihre Gleichstellungsarbeit.

Zahl der Krippenplätze steigt

AWO-Kinderhaus Kleiner Stern eröffnet zweites Haus

Feierten gemeinsam die Erweiterung des Kleinen Stern (v.l.n.r.): Dr. Sabina Enzelberger, Familienservice FAU Erlangen-Nürnberg, Alfons Gebhard, Kaufmännischer Direktor der Med. Fakultät der FAU Erlangen-Nürnberg, Claudia Prietz, Kinderhausleiterin Kleiner Stern, Christian Müller-Thomas, Familienservice der FAU Erlangen-Nürnberg, Jutta Helm, Geschäftsführender Vorstand der AWO Erlangen-Höchstadt, Thomas A.H. Schöck, Kanzler der FAU Erlangen-Nürnberg.

WiSe 2012/13

Das Büro für Gender und Diversity organisiert eine Ringvorlesung mit dem Titel „Universität lebt Diversität – Chancen und Herausforderungen von Diversity Management".

18. September 2012

Die AG Chancengleichheit wird von der Universitätsleitung als Kommission Chancengleichheit eingesetzt, womit ihre Arbeit stärker in die Struktur der Universität eingebunden wird und eine größere Verbindlichkeit erhält.

1. Oktober 2012

Die neue Vizepräsidentin für Studium und Lehre, Gleichstellung Prof. Dr. Antje Kley (Amerikanistik) tritt ihr Amt an und löst Prof. Johanna Haberer ab.

Dr. Sabina Enzelberger (1.Reihe 2.v.r.) mit dem Team des Büros für Gender und Diversity.
Foto: Privat

12. Januar 2012

Die Universitätsleitung beschließt aufgrund des erweiterten Aufgabenspektrums die Umbenennung des Büros der Frauenbeauftragten in Büro für Gender und Diversity.

November 2012

Die Vergabe des Renate-Wittern-Sterzel-Preises wird ausgeweitet auf den Bereich des Diversity Managements, so dass jetzt auch Projekte zum vorbildlichen Umgang mit und zur Förderung von Vielfalt in der Organisationskultur der FAU ausgezeichnet werden können.

WiSe 2012/13

Zum Wintersemester werden 22 neue Teilzeitstudiengänge in der Philosophischen Fakultät und Fachbereich Theologie eingerichtet.

20. Oktober 2012

Der Familienservice lädt zum ersten Familientag der FAU und des Universitätsklinikums ein, in dessen Rahmen eine Podiumsdiskussion zum Thema „Studium, Beruf und wissenschaftliche Karriere mit Kind – eine (Wunsch) Vorstellung von FAU und Universitätsklinikum? Ein Realitätscheck" stattfindet.

6. Dezember 2012

Die FAU unterzeichnet die „Charta der Vielfalt", der bundesweit Institutionen und Unternehmen beitreten, um sich für Toleranz und Akzeptanz gesellschaftlicher und kultureller Vielfalt einzusetzen und sich zu einem Engagement gegen Diskriminierung von Minderheiten zu verpflichten.

Präsident Prof. Dr. Karl-Dieter Grüske, Vizepräsidentin Prof. Dr. Antje Kley mit der „Charta der Vielfalt". Foto: Privat

19. Dezember 2012

Die neuen Zielvereinbarungen 2013-2017 zur Erhöhung des Frauenanteils in der Wissenschaft zwischen der Universitätsleitung und den Fakultäten werden unterschrieben.

Juli 2013

Eine detaillierte Erhebung zur Geschlechterverteilung in den verschiedenen Besoldungsstufen im wissenschaftlichen Mittelbau zeigt einen deutlichen Geschlechtsunterschied zwischen befristeten und unbefristeten Stellen und ein dramatisches Missverhältnis bei Beförderungen zuungunsten der Frauen.

8. Juli 2013

Die FAU schließt mit dem Bayerischen Staatsministerium für Bildung und Kultus, Wissenschaft und Kunst im Rahmen des Innovationsbündnisses Hochschule 2018 Zielvereinbarungen ab, bei denen die Gleichstellung einen wichtigen Stellenwert hat und in denen sich die FAU zur Erreichung von Zielzahlen in den verschiedenen Qualifikationsstufen verpflichtet.

1. August 2013

In der Universitätsbibliothek wird ein Eltern-Kind-Raum eröffnet.

19.–21. September 2013

An der FAU wird die 56. Jahrestagung der Kanzlerinnen und Kanzler der deutschen Universitäten abgehalten, die das Thema „Gender und Diversity-Management als Steuerungsinstrument für Organisations- und Personalentwicklung von Universitäten" in den Mittelpunkt stellt. Die mehr als 100 Teilnehmenden tauschen sich über Instrumente und Best-Practice-Beispiele aus.

23. September 2013

Die Universitätsleitung verabschiedet erstmals Richtlinien zum Umgang mit sexueller Belästigung an der FAU und setzt damit ein klares Signal für den aktiven Umgang mit diesem nach wie vor virulenten Thema.

(v. l.) Prof. Dr. Veronika Grimm, Prof. Dr. Andrea Abele-Brehm im Gespräch mit Altrektor Prof. Dr. Gotthard Jasper, Foto: Privat

6. März 2014

Die FAU wird 100. Partnerin im Bündnis für Familie Nürnberg.

6. Dezember 2013

Die als AG gegründete Kommission Chancengleichheit feiert ihr zehnjähriges Bestehen.

Die Urkunde mit den „Leitlinien Kinder- und Familienstadt Nürnberg" überreichen Reiner Prölß (1. v. r.), Referent für Jugend, Familie und Soziales der Stadt Nürnberg, und Karin Behrens (2.v.r.) vom Nürnberger Bündnis für Familie an (v. l.) Christian Müller Thomas, Familienservice der FAU, Dr. Sabina Enzelberger, Leiterin des Büros für Gender und Diversity der FAU und Thomas A. H. Schöck, Kanzler der FAU
Copyright: Sabrina Havlitschek, Stadt Nürnberg

Oktober 2014

Zum 25. Jahrestag der Einsetzung der Universitätsfrauenbeauftragten an der FAU druckt der Alexander Nr. 96 ein Interview mit der ersten und der aktuellen Frauenbeauftragten Prof. Dr. Renate Wittern-Sterzel und Prof. Dr. Sannakaisa Virtanen.

Mai 2015

Der Arbeitskreis „Gender & Diversity in der Lehre" gibt „Empfehlungen zur Förderung einer gender- und diversitätssensiblen Lehr- und Lernkultur an der FAU Erlangen-Nürnberg" heraus.

März 2016

Die Universitätsleitung verabschiedet den Code of Conduct „Familienfreundliche Universität".

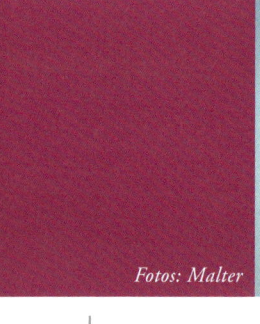

Fotos: Malter

16. Juni 2014

Die erste Kanzlerin der FAU Dr. Sybille Reichert tritt ihr Amt an.

1. November 2014

Die Kommission Chancengleichheit wird in eine ständige Kommission umgewandelt und in der Grundordnung verankert mit dem Ziel einer stärkeren Außenwahrnehmung und größeren Relevanz und Wertschätzung der Kommissionsarbeit.

Dezember 2015

Die Philosophische Fakultät beschließt ein Diversity-Konzept; es soll der Entwicklung von Strategien und Maßnahmen, der Identifikation von Handlungsfeldern und der Verankerung von Leitlinien dienen.

19. September 2016

Die FAU tritt dem Best-Practice-Club „Familie in der Hochschule" bei, einem Zusammenschluss von 88 Hochschulen und einem Studentenwerk, die die Charta „Familie und Hochschule" unterzeichnet haben und sich damit verpflichten, ambitionierte Standards der Familienorientierung zu verfolgen und umzusetzen.

26.–27. Januar 2017

Die von der Bundeskonferenz der Frauen- und Gleichstellungsbeauftragten organisierte Tagung „Gender 2020" in Bielefeld, an der auch die Vizepräsidentin Prof. Dr. Antje Kley teilnimmt, ist mit hochkarätigen Führungspersonen aus Wissenschaft und Politik besetzt. Sie fordern einen grundlegenden Kulturwandel für eine erfolgreiche, zukunftsorientierte Gleichstellungspolitik in der Wissenschaft.

April 2016

Die FAU beteiligt sich am Diversity-Audit „Vielfalt gestalten" des Stifterverbandes, das erfolgreich abgeschlossen wird mit der Zertifikatsverleihung am 20. Februar 2019.

1. Oktober 2016

Dr. Sabina Enzelberger verabschiedet sich auf eigenen Wunsch aus der Leitung des Büros für Gender und Diversity. Neue Leiterin des Büros wird Dr. Imke Leicht.

(v. l.) Prof. Dr. Nicole J. Saam, Altkanzler Thomas A. H. Schöck, Dr. Sabina Enzelberger, Prof. Dr. Sannakaisa Virtanen, Prof. Dr. Annette Keilhauer, Prof. Dr. Antje Kley, Prof. Dr. Andrea Abele-Brehm
Foto: Privat

Februar 2017

Das Interdisziplinäre Zentrum Gender – Differenz – Diversität (IZGDD) wird gegründet; es versteht sich als Zusammenschluss und Ausbau der bereits in zahlreichen Einzeldisziplinen vorhandenen Schwerpunkte hin zu einer interdisziplinären Zusammenarbeit.

12. Mai 2017

Bei der Ausschreibung von Dauerstellen im wissenschaftlichen Dienst muss ein Dauerstellenkonzept auf Departmentebene vorgelegt werden; bei einer Neubesetzung ist zudem proaktiv der Gleichstellungsaspekt zu beachten.

30. Mai 2017

Zum fünften Deutschen Diversity-Tag initiiert das Büro für Gender und Diversity gemeinsam mit der Stadt Erlangen und Siemens Healthineers eine Postkartenaktion mit dem Titel „Heute schon in Schubladen gedacht?" zu unbewussten Stereotypen.

Juni 2017

Im deutschlandweiten Hochschulranking nach Gleichstellungsaspekten vom Centre of Excellence Women and Science (CEWS) nimmt die FAU den letzten Platz unter allen deutschen Universitäten ein. Die Vorstellung des Rankings in allen wichtigen universitären Gremien verstärkt universitätsweit das Bewusstsein für die Problematik und führt zu einer noch deutlicheren Selbstverpflichtung des Präsidiums hinsichtlich der Gleichstellung.

28. September 2017

Die Universitätsleitung beschließt die neuen Zielvereinbarungen 2018-2022 mit den Fakultäten zur Erhöhung des Frauenanteils. Die offizielle Unterzeichnung durch die fünf Dekane und den Präsidenten Prof. Dr. Joachim Hornegger findet am 8. November 2017 im Rahmen einer EUL-Sitzung statt.

24. Mai 2017

Die Universitätsleitung verabschiedet eine überarbeitete Fassung der Richtlinien zum Headhunting zur Gewinnung von Professorinnen. In ihnen sind insbesondere die nachvollziehbare Dokumentation des Headhuntings, ein direktes Vorschlagsrecht der Frauenbeauftragten und die Möglichkeit zu einer aktiven Unterstützung durch die Universitätsleitung verankert.

SoSe 2017

Die Fakultätsfrauenbeauftragten werden auf ihre Bitte und mit Unterstützung der Universitätsleitung regelmäßig in beratender Funktion in die Sitzungen der Fakultätsvorstände eingeladen.

September 2017

Die FAU bewirbt sich erfolgreich für das 1000-Professuren-Programm des BMBF und erhält den Zuschlag für 24 Tenure Track Professuren. Bei der Antragstellung waren die Vereinbarkeit von Familie und Beruf auf dem Weg zur Professur und Geschlechtergerechtigkeit wesentliche Bausteine. Die Tenure Track Professuren werden in den Forschungsschwerpunkten der FAU Open Topic ausgeschrieben, was zusammen mit proaktivem Headhunting die Erhöhung des Frauenanteils in den Berufungsverfahren begünstigen soll.

November 2017

Das Büro für Gender und Diversity tritt dem bundesweiten Netzwerk GenderConsulting in Forschungsverbünden bei.

6. Februar 2018

Im Rahmen der „Netzwerktreffen Berufung" wird der erste öffentlicher Vortrag von Prof. Dr. Susanne Bruckmüller (Sozialpsychologie) und Prof. Dr. Annette Keilhauer zum Thema Gender Bias organisiert.

Foto: Stöhr / Kaplan

1. Oktober 2017

Zur neuen Universitätsfrauenbeauftragte wird Prof. Dr. Annette Keilhauer gewählt. Ihre Stellvertreterinnen werden Prof. Dr. Sannakaisa Virtanen und Prof. Dr. Kerstin Amann (Nephropathologie).

Dr. Imke Leicht (2.Reihe v.u. Mitte), Leiterin des Büros für Gender und Diversity seit 1. Oktober 2016, mit ihrem Team.
Foto: Privat

Januar 2018

Am Campus in Nürnberg wird eine Ferienbetreuung in Eigenverantwortung der FAU eingerichtet.

2.1 Chronologie der Ereignisse

22. März 2018

Die Universitätsfrauenbeauftragte wird zum beratenden Mitglied der Universitätsleitung ernannt; sie wird zu allen Sitzungen der Universitätsleitung eingeladen und bekommt Zugang zu den Sitzungsunterlagen. Anlässlich der Neuausrichtung der Portfolios der Vizepräsidenten im Rahmen der Strategieentwicklung der FAU wird die Chancengleichheit dem Ressort „People" und damit dem Vizepräsidenten Prof. Dr. Friedrich Paulsen zugeordnet.

5. Juli 2018

Die Frauenbeauftragten und das Büro für Gender und Diversity organisieren gemeinsam mit der Gleichstellungsbeauftragten des Instituts für Arbeitsmarkt- und Berufsforschung Nürnberg (IAB), dem Sonderbeauftragten für Personalentwicklung der FAU Prof. Karl Wilbers und der Landeskonferenz der Frauenbeauftragten eine Tagung zum Thema „Personalentwicklung in der Wissenschaft geschlechtergerecht gestalten!"

12.–14. September 2018

Die Jahrestagung der Bundeskonferenz der Frauen- und Gleichstellungsbeauftragten feiert ihr 30-jähriges Bestehen.

(v. l.) Dr. Imke Leicht, Präsident Prof. Dr. Ing. Joachim Hornegger, Prof. Dr. Antje Kley, Prof. Dr. Kerstin Amann
Foto: FAU

7. März 2018

Das neue Gleichstellungskonzept 2018-2022 wird unterzeichnet. Es nimmt die Dimension des Diversity Managements aktiv auf und formuliert nicht nur Entwicklungsziele, sondern auch konkrete Handlungsempfehlungen für die Weiterarbeit.

5. Juni 2018

Zum sechsten Deutschen Diversity Tag findet die Preisverleihung des Fotowettbewerbs „Zeig uns, wie vielfältig deine FAU ist" statt, der vom Büro für Gender und Diversity im Rahmen des Diversity Audit „Vielfalt gestalten" initiiert wurde.

Juli 2018

Die Mitgliederversammlung der DFG beschließt die Einführung eines qualitativen Berichtswesens im Rahmen der „Forschungsorientierten Gleichstellungsstandards". Im Januar 2019 reicht die FAU Berichte zu den Themen „Entlastung von Wissenschaftlerinnen für die Gremienarbeit" und „Rekrutierungsverfahren zur Gewinnung von Wissenschaftlerinnen" bei der DFG ein, die im Rahmen eines Erfahrungsaustauschs im Oktober 2019 diskutiert werden.

Herbst 2018

Die Frauenbeauftragten setzen sich im Rahmen einer Änderung der Grundordnung der FAU erfolgreich dafür ein, dass die Fakultätsfrauenbeauftragten Stimmrecht in den Fakultätsvorständen erhalten. Dieses wird in der neuen Grundordnung, die am 25. Januar 2019 in Kraft tritt, verankert.

15. September 2018

Die in den Zielvereinbarungen 2018-2022 verankerte neue Stabsstelle „Beruf und Familie" am Universitätsklinikum Erlangen wird eingerichtet.

9. November 2018

Die FAU erhält für das eingereichte Gleichstellungszukunftskonzept im Rahmen des Professorinnenprogramms III als eine von zehn deutschen Universitäten das Prädikat „Gleichstellung Ausgezeichnet!".

2.2 Die Universitätsfrauenbeauftragten 1989–2019

Zeitraum	Universitätsfrauenbeauftragte	1. Stellvertreterin	2. Stellvertreterin
1989 – 1991	Prof. Dr. Renate Wittern (Geschichte der Medizin)	Prof. Dr. Irmela Bus (Astronomie)	Dr. Regina Gildemeister (Soziologie)
1991 – 1993	Prof. Dr. Andrea Abele-Brehm (Sozialpsychologie)	Dr. Lilian-Mary Schweizer (Biochemie)	PD Dr. Margita Flügel (Chirurgie)
1994 – 1995		Prof. Dr. Ursula Hirschfelder (Kieferorthopädie) Dr. Margarete Höllbacher (Soziologie)	PD Dr. Silvia Mergenthal (Anglistik und Amerikanistik)
1996 – 1997	PD Dr. Silvia Mergenthal (Anglistik u. Amerikanistik)	Dr. Margarete Höllbacher (Soziologie)	
1997 – 1998	Dr. Margarete Blasche (Soziologie)		PD Dr. Renate Wrbitzky (Arbeitsmedizin)
1999 – 2000			Prof. Dr. Krista Stosberg (Medizinische Soziologie)
2001 – 2003			
2003 – 2005	Prof. Dr. Martina de Zwaan (Psychiatrie und Psychotherapie)		Prof. Dr. Carola Jäggi (Christliche Archäologie)
2005 – 2007			
2007 – 2009		Prof. Dr. Annette Scheunpflug (Allgemeine Pädagogik)	
2009 – 2011			Vertreterin für Prof. Dr. Carola Jäggi 2009 – 2010: Prof. Dr.-Ing. Nadejda Popovska (Chemische Reaktionstechnik)
2011 – 2013	Prof. Dr. Sannakaisa Virtanen (Werkstoffwissenschaften)	Prof. Dr. Annette Scheunpflug (Allgemeine Pädagogik) Prof. Dr. Nicole J. Saam (Soziologie)	PD Dr. Annette Keilhauer (Romanistik)
2013 – 2015		Prof. Dr. Nicole J. Saam (Soziologie)	
2015 – 2017			
2017 – 2019	Prof. Dr. Annette Keilhauer (Romanistik)	Prof. Dr. Sannakaisa Virtanen (Werkstoffwissenschaft)	Prof. Dr. Kerstin Amann (Nephropathologie)

2.3 Statistik

Promotionen

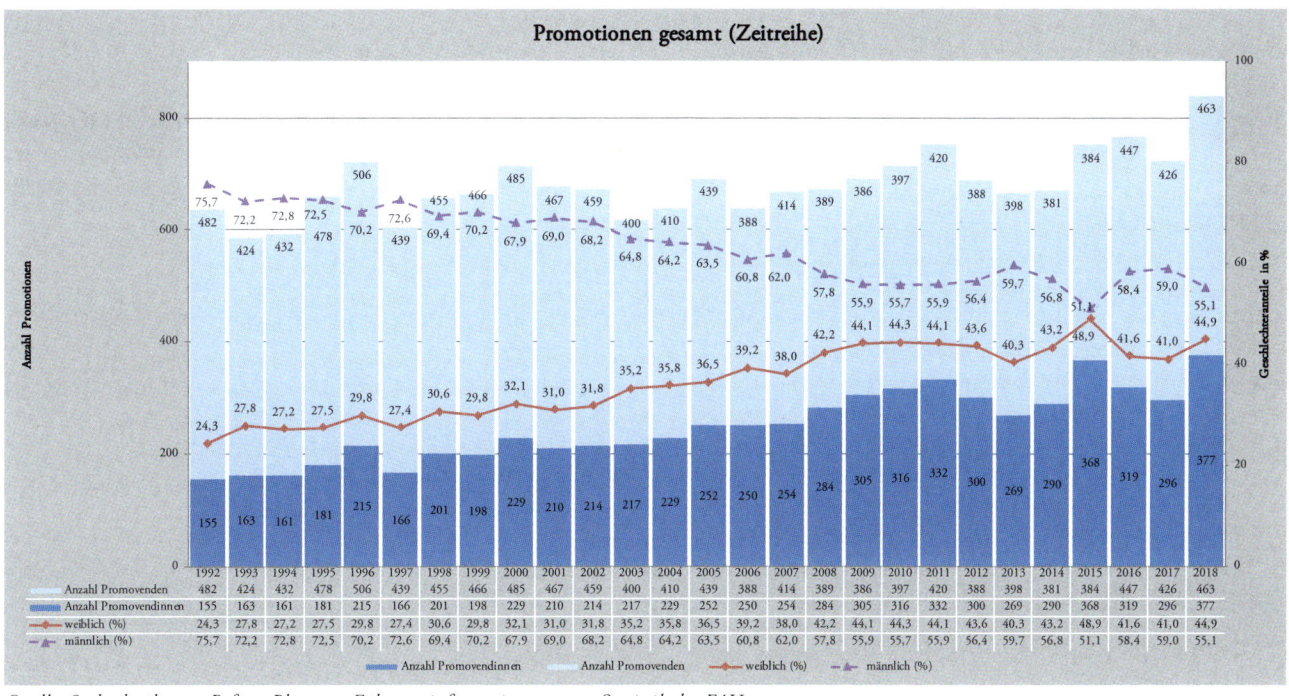

Promotionen gesamt (Zeitreihe)

	1992	1993	1994	1995	1996	1997	1998	1999	2000	2001	2002	2003	2004	2005	2006	2007	2008	2009	2010	2011	2012	2013	2014	2015	2016	2017	2018
Anzahl Promovenden	482	424	432	478	506	439	455	466	485	467	459	400	410	439	388	414	389	386	397	420	388	398	381	384	447	426	463
Anzahl Promovendinnen	155	163	161	181	215	166	201	198	229	210	214	217	229	252	250	254	284	305	316	332	300	269	290	368	319	296	377
weiblich (%)	24,3	27,8	27,2	27,5	29,8	27,4	30,6	29,8	32,1	31,0	31,8	35,2	35,8	36,5	39,2	38,0	42,2	44,1	44,3	44,1	43,6	40,3	43,2	48,9	41,6	41,0	44,9
männlich (%)	75,7	72,2	72,8	72,5	70,2	72,6	69,4	70,2	67,9	69,0	68,2	64,8	64,2	63,5	60,8	62,0	57,8	55,9	55,7	55,9	56,4	59,7	56,8	51,1	58,4	59,0	55,1

Quelle: Stabsabteilung – Referat Planung, Führungsinformationssysteme, Statistik der FAU

Habilitationen

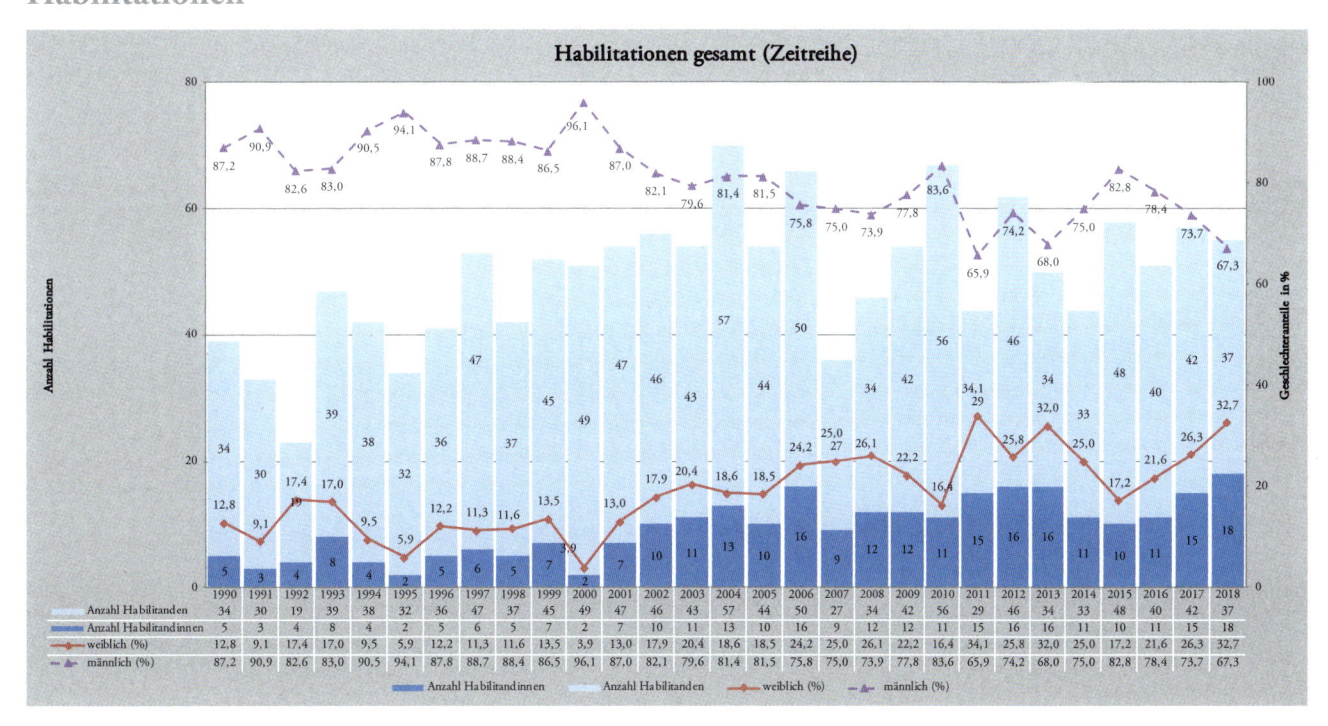

Habilitationen gesamt (Zeitreihe)

	1990	1991	1992	1993	1994	1995	1996	1997	1998	1999	2000	2001	2002	2003	2004	2005	2006	2007	2008	2009	2010	2011	2012	2013	2014	2015	2016	2017	2018
Anzahl Habilitanden	34	30	19	39	38	32	36	47	37	45	49	47	46	43	57	44	50	27	34	42	56	29	46	34	33	48	40	42	37
Anzahl Habilitandinnen	5	3	4	8	4	2	5	6	5	7	2	7	10	11	13	10	16	9	12	12	11	15	16	16	11	10	11	15	18
weiblich (%)	12,8	9,1	17,4	17,0	9,5	5,9	12,2	11,3	11,6	13,5	3,9	13,0	17,9	20,4	18,6	18,5	24,2	25,0	26,1	22,2	16,4	34,1	25,8	32,0	25,0	17,2	21,6	26,3	32,7
männlich (%)	87,2	90,9	82,6	83,0	90,5	94,1	87,8	88,7	88,4	86,5	96,1	87,0	82,1	79,6	81,4	81,5	75,8	75,0	73,9	77,8	83,6	65,9	74,2	68,0	75,0	82,8	78,4	73,7	67,3

Quelle: Stabsabteilung – Referat Planung, Führungsinformationssysteme, Statistik der FAU

Professuren 1989 – 2018

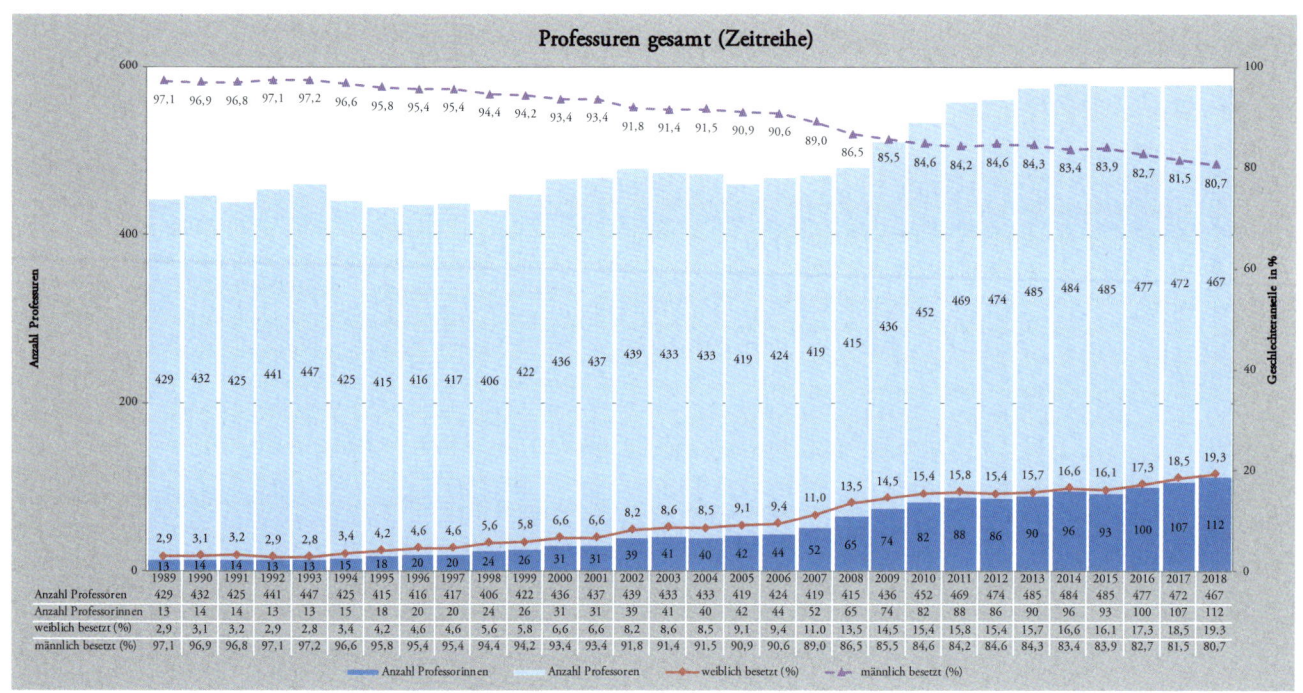

Professuren gesamt (Zeitreihe)

Jahr	1989	1990	1991	1992	1993	1994	1995	1996	1997	1998	1999	2000	2001	2002	2003	2004	2005	2006	2007	2008	2009	2010	2011	2012	2013	2014	2015	2016	2017	2018
Anzahl Professoren	429	432	425	441	447	425	415	416	417	406	422	436	437	439	433	433	419	424	419	415	436	452	469	474	485	484	485	477	472	467
Anzahl Professorinnen	13	14	14	13	13	15	18	20	20	24	26	31	31	39	41	40	42	44	52	65	74	82	88	86	90	96	93	100	107	112
weiblich besetzt (%)	2,9	3,1	3,2	2,9	2,8	3,4	4,2	4,6	4,6	5,6	5,8	6,6	6,6	8,2	8,6	8,5	9,1	9,4	11,0	13,5	14,5	15,4	15,8	15,4	15,7	16,6	16,1	17,3	18,5	19,3
männlich besetzt (%)	97,1	96,9	96,8	97,1	97,2	96,6	95,8	95,4	95,4	94,4	94,2	93,4	93,4	91,8	91,4	91,5	90,9	90,6	89,0	86,5	85,5	84,6	84,2	84,6	84,3	83,4	83,9	82,7	81,5	80,7

Quellen: 1989–1999: Personal- und Einrichtungsverzeichnisse FAU;
2000–2018: Stabsabteilung – Referat Planung, Führungsinformationssysteme,
Statistik der FAU

Die zusätzliche Differenzierung des hier für den gesamten Zeitraum erfassten Frauenanteils unter den Professuren zeigt bis heute folgenden Trend bei den Lehrstühlen C4 bzw. W3: Der Anteil der Lehrstuhlinhaberinnen an der FAU betrug im Jahr 1989 1,8 Prozent, steigerte sich bis 2000 nur auf 3,5 Prozent, aber danach auf immerhin 16,7 Prozent bis 2018.

3. Facetten der Gleichstellungsarbeit

3.1 Arbeitsgemeinschaft / Kommission Chancengleichheit

Nachdem der Rektor Prof. Dr. Karl-Dieter Grüske nach seiner Amtsübernahme im April 2002 die Umgestaltung der traditionellen ständigen Kommissionen und die Einführung neuer Arbeitsgruppen für spezielle Fragestellungen und Bereiche angeregt hatte, wurde im Frühjahr 2003 in der engeren Hochschulleitung beschlossen, die Arbeit für die Frauenförderung auf eine breitere Basis zu stellen, sie neu zu strukturieren und zu intensivieren. Zu diesem Zweck wurde die Arbeitsgemeinschaft Chancengleichheit (AG) als ein gemischtgeschlechtlich besetztes Gremium geschaffen, dessen Keimzelle bereits auf eine Initiative von Altrektor Prof. Dr. Gotthard Jasper zurückging.

Die AG, die am 26. Mai 2003 zum ersten Mal tagte, wurde von 2003 bis 2009 von der Prorektorin geleitet. Der Kanzler gehörte ihr als ständiges Mitglied an und übernahm 2010 bis 2013 auch den Vorsitz. Als weitere Mitglieder der AG fungierten die wichtigen Funktionsträgerinnen der Arbeit für die Frauen, nämlich die Universitätsfrauenbeauftragte und ihre beiden Stellvertreterinnen, die Leiterin des Büros der Frauenbeauftragten, die Fakultätsfrauenbeauftragten sowie die Gleichstellungsbeauftragte der FAU. Außerdem waren von Beginn an mehrere männliche, für die Thematik besonders aufgeschlossene Hochschullehrer dabei. Die Dauer der Mitgliedschaft war in der ersten Dekade des Bestehens der AG nicht begrenzt. Der Name des neu geschaffenen Gremiums war zugleich „Programm": Nachdem sich der Begriff „Frauenförderung" zunächst vornehmlich auf die Verbesserung der Lebenssituation der Frau gerichtet hatte, sollte er fortan durch den Begriff „Chancengleichheit" ersetzt werden, der auf strukturelle Änderungen der Institution zielt. Die AG tagte in den ersten Jahren ihres Bestehens zwischen vier- und fünfmal, seit 2006 zwei- oder dreimal pro Jahr.

Die Gründung der AG fiel in eine Zeit des allgemeinen Aufbruchs: Seit der Jahrtausendwende war das Thema Gleichstellung endgültig in der bayerischen Hochschulpolitik angekommen. Und da die Politik raschere Erfolge sehen wollte, übte sie durch verschiedene Maßnahmen steigenden Druck auf die Universitäten aus. Dieser Rückenwind beflügelte die Arbeit in der AG, die als zentrales Gremium zur Planung und Koordinierung von einschlägigen Aktivitäten und zur Entwicklung von Instrumenten zur Umsetzung von Gleichstellungsstandards konzipiert war. Es sollte gewissermaßen als „think tank" für das weite und damals noch keineswegs hinreichend erkundete Feld möglicher Maßnahmen zur Förderung der Chancengleichheit fungieren und Wege aufzeigen, wie das Gender-Mainstreaming, das 1995 auf der 4. Weltfrauenkonferenz in Peking als Schlüsselbegriff in die Gleichstellungspolitik eingeführt worden war, in allen Arbeitsbereichen und Entscheidungsprozessen der FAU verankert werden könnte. Die AG hatte grundsätzlich keine Beschlussfähigkeit, konnte aber Vorschläge und Empfehlungen an die Hochschulleitung geben, die über diese dann – zumeist positiv – entschied. Die Realisierung der Projekte oblag in der Regel den Mitarbeiterinnen und Mitarbeitern des Büros der Frauenbeauftragten.

In ihrer Sitzung am 18. September 2012 verständigten sich die Mitglieder der AG Chancengleichheit darauf, die AG in „Kommission Chancengleichheit" umzubenennen, und beschlossen im Nachgang dazu in ihrer Sitzung vom 7. November 2013, der Universitätsleitung vorzuschlagen, die Kommission zum nächstmöglichen Termin in der Grundordnung zu verankern. Hintergrund dieser Initiative war die Hoffnung, dass eine offizielle Kommission zu einer stärkeren Außenwahrnehmung führen und der Kommissionsarbeit größeres Gewicht und höhere Wertschätzung verleihen würde.

Die Universitätsleitung kam dem Wunsch nach und richtete mit Wirkung vom 1. November 2014 die Kommission Chancengleichheit gemäß § 9 der Grundordnung als ständige Kommission ein. Das Spektrum der Stimmberechtigten und der Beratenden Mitglieder wurde nach § 9 Abs. 2 der Grundordnung geregelt. Danach umfasst die neue „Ständige Kommission Chancengleichheit" 16 stimmberechtigte Mitglieder und zwischen 9 und 13 beratende Mitglieder. Etwa ein Viertel der Mitglieder ist jeweils für eine Amtszeit von zwei Jahren gewählt. Die Kommission tagte in der neuen Besetzung zum ersten Mal am 7. Mai 2015.

Die Umwandlung der Arbeitsgemeinschaft als einer mehr oder weniger spontan sich gebildeten Gruppe in eine in der Grundordnung verankerte Ständige Kommission hat unter dem Gesichtspunkt des Gewichts für die Durchsetzung von Beschlüssen ohne Frage einen nicht gering zu veranschlagenden Vorteil. Gleichwohl scheint denjenigen Mitgliedern, die der AG von Beginn an angehört haben, die innovative Kraft

Letzte Sitzung der AG Chancengleichheit am 7. November 2013. Foto: Privat

des Gremiums durch eine gewisse Bürokratisierung etwas verloren gegangen zu sein. Dazu trägt vermutlich zum einen auch der Wechsel der jeweils nach zwei Jahren ausscheidenden Mitglieder bei und zum andern die Vergrößerung des Gremiums, die einem lebhaften Gedankenaustausch und der Generierung neuer Ideen eher im Wege zu stehen als ihn zu befördern scheint. In der folgenden Tabelle sind die wichtigsten Projekte und Empfehlungen, die von der AG und der Kommission Chancengleichheit konzipiert und entwickelt und dann von der Hochschulleitung beschlossen worden sind, aufgelistet.

RENATE WITTERN-STERZEL

Projektinitiativen

Jahr	Initiative
2003	Zeitlich flexible, arbeitsplatznahe Kinderbetreuung – Kooperation mit AWO
	FAU-spezifisches inneruniversitäres gleichstellungsbezogenes Modell der Mittelverteilung: fakultätsspezifische Zielvereinbarungen zur Erhöhung des Frauenanteils in der Wissenschaft
2004	Fortführung und Ausweitung des Mentoring-Programms
	Beteiligung am „audit familiengerechte hochschule"
	Initiierung der Emmy-Noether-Vorlesung
2005	Auslobung eines jährlich zu vergebenden Gleichstellungspreises der FAU
	Gründung des Fördervereins Familie und Wissenschaft
2006	Notfallbetreuung Delfin und Känguru
	Ganzjährige Ferienbetreuung
2007	Universitätsinterner Familienservice
	Einrichtung von Teilzeit-Studiengängen
	Head-Hunting in Berufungsverfahren
	Erweiterung des Kinderkrippenkontingents in Erlangen
	AG Gender Mainstreaming in Studiengängen
2008	Dual Career Service an der FAU
	Universitätsübergreifendes Gleichstellungskonzept für den wissenschaftlichen Bereich
	Karriereförderprogramm „Fit für Science", finanziert aus dem Preisgeld des Bayerischen Staates für das beste Konzept der Hochschulen bei der Verwirklichung des Gleichstellungsauftrages
2010	Diversity Management an der FAU
2011	Wettbewerbskonzept „Gleichstellungskonzepte der Fakultäten" mit dem Ziel, sie in die Entwicklungspläne der Fakultäten zu integrieren
	Ringvorlesung „Gender und Diversity"
	AG „Gründerinnen" im Rahmen des Wettbewerbs des BM für Wirtschaft und Energie „EXIST"
2012	Familienfreundliche Sitzungszeiten der Gremien der FAU
	Aufnahme in die „Charta der Vielfalt"
	Kommission „Evaluation der Gleichstellungsmaßnahmen" der FAU
	Arbeitskreis „Gender und Diversity in der Lehre"
	Gleichstellungsorientierte Besetzung der Mittelbaustellen
	Gender-und-Diversity-Portal (Gleichstellungsbezogene Statistiken der FAU)
2013	Richtlinien für Mutterschutzzeitvertretung für Professorinnen
2016	Beitritt zur Charta „Familie in der Hochschule", Austritt aus „audit familiengerechte hochschule"

3.2 Universitätsinterne Zielvereinbarungen als strategisches Steuerungsinstrument

Als erste bayerische Universität hat die Friedrich-Alexander-Universität im Jahr 2005 fakultätsspezifische Zielvereinbarungen zur Erhöhung des Frauenanteils in der Wissenschaft abgeschlossen. Themen wie die Gleichstellung der Geschlechter und Gender Mainstreaming, Familienfreundlichkeit sowie die Förderung von Frauen in Fächern und Qualifikationsstufen, in denen sie unterrepräsentiert sind, gehören seitdem zum gesamtstrategischen Portfolio der FAU.

Aus einem Pilotprojekt im Jahr 2005 in zunächst drei Fakultäten und einer begrenzten Anzahl von Maßnahmen hat sich mittlerweile ein zentrales strategisches Steuerungsinstrument zur Förderung und Umsetzung der Chancengleichheit von Frauen an der FAU entwickelt. Bereits im Jahr 2008 wurde die FAU vom Freistaat Bayern nicht zuletzt aufgrund der innovativen Zielvereinbarungen für das beste Konzept einer Hochschule bei der Realisierung des Gleichstellungsauftrags ausgezeichnet.

Schlagkräftige Basis der Zielvereinbarungen bildet seit den Anfängen die Trias aus einem fakultäts- und fachspezifischem Monitoring anhand erstens regelmäßig erhobener Statistik-Kennzahlen, zweitens der Orientierung der Zielzahlen am Kaskadenmodell, das als Bezugsgröße für die Steigerungsquote in einer Qualifikationsstufe den Frauenanteil in der jeweils niedrigeren Qualifikationsstufe zugrunde legt, sowie drittens der konsequenten Umsetzung der strukturellen und personellen Gleichstellungsstandards der Deutschen Forschungsgemeinschaft. Die fakultäts- und fachspezifisch konzipierten Maßnahmen werden zudem einem ständigen Evaluierungs-, Erweiterungs- und Aktualisierungsprozess unterzogen. So konnten sich zuvor noch eher punktuelle Förderungsinitiativen zu einem flexiblen Gesamtkonzept mit klarer Zielrichtung entwickeln, das dennoch zugleich der Fächerbreite einer großen Volluniversität gerecht wird. Die hier verankerte konsequente Förderung von Nachwuchswissenschaftlerinnen an allen Fakultäten wurde dadurch ein wesentlicher Baustein zur Gleichstellung von Frauen und Männern an der FAU und schafft die Voraussetzung für deren internationale Wettbewerbsfähigkeit. Derzeit befinden sich die Zielvereinbarungen zwischen der Universitätsleitung, den fünf Fakultäten und dem Universitätsklinikum in der dritten Runde 2018–2022.

Die Anfänge: Entwicklung und Umsetzung von Grundprinzipien

Im Jahr 2003 richtete die Universitätsleitung die AG Chancengleichheit ein mit dem Ziel der Umsetzung des Gender Mainstreaming-Konzeptes an der FAU. Die AG Chancengleichheit, die die Aufgabe bekam, als Thinktank auf Basis der Analyse der Ist-Situation konkrete Projektziele zu entwickeln, gilt als Hauptinitiatorin und Wegbereiterin der Zielvereinbarungen zwischen der Universitätsleitung und den Fakultäten zur Förderung von Frauen in der Wissenschaft.

„Bottom up"-Verhandlungen und „Top down"-Prozesse

Schon ab 2004 wurden innerhalb der AG Chancengleichheit mehrere Projektgruppen gebildet, die sich mit der systematischen Konzeptualisierung und Umsetzung von Zielvereinbarungen in den Fakultäten befassten. Der damit eingeleitete rege Kommunikationsprozess förderte universitätsweit die Sensibilisierung für die Anliegen und Themen der Gleichstellungsarbeit.

Entscheidend für den Erfolg war, dass in Zusammenarbeit mit den Frauenbeauftragten und den Dekanen der damals noch elf Fakultäten spezifische Inhalte zur gezielten Förderung des weiblichen wissenschaftlichen Nachwuchses erarbeitet wurden, die „Top down"- und „Bottom up"-Prozesse miteinander verzahnten. Die Inhalte und die Konzipierung von Maßnahmen der Zielvereinbarungen wurden zwischen den Fakultäten und der Universitätsleitung verhandelt und vereinbart. Die Universitätsleitung stellte verbindliche jährliche Budgets für Sach- und Personalmittel zur Verfügung.

Den Fakultäten kam in der Verhandlungsphase die Aufgabe zu, konkrete Handlungsfelder zu identifizieren und Maßnahmen sowie Ziele für einen klar definierten Zeitraum zu entwickeln. Die Entscheidungsprozesse fanden ihren Abschluss in der Verabschiedung der Vereinbarungen in den Fakultätsräten und der Universitätsleitung.

Berechnungsmodell

Den Zielvereinbarungen liegt von Beginn an das sogenannte Kaskadenmodell zu Grunde. Auf Basis der Bestandsaufnahme und Analyse der Beschäftigtenstruktur sowie unter Berücksichtigung der voraussichtlichen Stellenentwicklungen werden die Zielprioritäten fakultäts- und fachspezifisch ermittelt.

Für jede neue Zielvereinbarungsrunde gilt: Ausgangspunkt ist der Vergleich der Frauenanteile auf den jeweiligen Karrierestufen in den festgelegten Bezugszeiträumen der vorangegangenen Runden. Anhand dieser Vergleichszahlen lassen sich für die Fakultäten und ihre Departments bzw. Fächer sowohl Erfolge als auch noch bestehende Defizite ermitteln.

Die Pilotphase 2005–2007

„Im Sinne der Geschlechtergerechtigkeit werden am Mittwoch, 27. Juli 2005, um 13.00 Uhr im Dienstzimmer des Rektors die ersten Zielvereinbarungen zur Förderung des weiblichen wissenschaftlichen Nachwuchses an der Universität Erlangen-Nürnberg unterzeichnet. Für die Hochschulleitung wird Rektor Prof. Dr. Karl-Dieter Grüske die Vereinbarungen unterzeichnen, als Vertreter der Philosophischen Fakultät I, der Naturwissenschaftlichen Fakultät I sowie der Juristischen Fakultät setzen die Dekane ihre Unterschrift unter das Dokument."

Diese Pressemitteilung der FAU markiert die Pilotphase der universitätsinternen Zielvereinbarungen zur Förderung von Frauen in der Wissenschaft zwischen der Universitätsleitung und zunächst drei Fakultäten, die aufgrund ihrer besonders überzeugenden Konzepte ausgewählt wurden. Als wesentliche Maßnahmenfelder wurden identifiziert: Das Headhunting, die Anschubfinanzierung von neu berufenen Professorinnen, die finanzielle Unterstützung von aktiven Tagungsteilnahmen sowie die Finanzierung von Gastvorträgen hochkarätiger Wissenschaftlerinnen. Mit ihrer Unterschrift am 25. Mai 2007 verpflichteten sich knapp zwei Jahre später auch die Technische und die Medizinische Fakultät – diese zusammen mit dem Universitätsklinikum – mit gezielten Angeboten, begabte Nachwuchswissenschaftlerinnen zu fördern.

Aufgrund der Zusammenlegung von elf auf fünf Fakultäten zum 1. Oktober 2007 wurden die 2005 unterschriebenen Zielvereinbarungen zwischen der Universitätsleitung und den Pilot-Fakultäten modifiziert. Dieser Schritt war notwendig, um den neuen Anforderungen und Interessen der Großfakultäten gerecht zu werden. Das Büro der Frauenbeauftragten der FAU begleitete federführend die verschiedenen Verhandlungs- und Kommunikationsprozesse und fungierte als zentrale Anlaufstelle für die schriftliche Fixierung der Zielsetzungen. Maßgeblich mit der organisatorischen Vorbereitung und Umsetzung der Zielvereinbarungen waren dort im Laufe der Entwicklung mit großem Einsatz zunächst Franziska Kluttig, später Anna Gstöttner und seit 2013 Magda Luthay betraut.

Die erste gesamtuniversitäre Zielvereinbarungsrunde 2008–2012

Der 30. Januar 2008 markierte das Ende der Pilotphase. Denn die erste universitätsweite Zielvereinbarungsrunde 2008–2012 wurde nun von allen fünf Großfakultäten unterzeichnet. In die Modifikation flossen erste Erkenntnisse über Effizienz und Machbarkeit bisheriger Maßnahmen ein. Diese Zielvereinbarungen enthielten neben frauenspezifischen Personalentwicklungs- und Förderprojekten noch zwei weitere wichtige Bestandteile: Es wurden Maßnahmen zur Verbesserung der strukturellen Gleichstellungsstandards festgelegt, wie etwa die Verankerung der Gleichstellung in einem Vizepräsidentenamt und im Leitbild der FAU. Ebenso war es ein Anliegen, Transparenz und Genderkompetenz in den Berufungsausschüssen zu erhöhen. Neben den bestehenden und bewährten Maßnahmen wurden jetzt auch Stellenanteile im Bereich der Genderforschung und Stipendienprogramme ausgeschrieben. Die ARIADNE-Mentoringprogramme, die von Beginn an Teil der Zielvereinbarungen waren, konnten ausgebaut und weiterentwickelt werden.

Die Unterzeichnung am 25. Mai 2007. Foto: FAU/K&P

Die Dekane und Frauenbeauftragten der Naturwissenschaftlichen Fakultät, der Philosophischen Fakultät und Fachbereich Theologie sowie der Rechts- und Wirtschaftswissenschaftlichen Fakultät freuen sich zusammen mit der Universitätsleitung und Franziska Kluttig als Projektleiterin (1.v.l.) über die Unterzeichnung der Zielvereinbarungen. Unikurier aktuell Nr. 70 Februar 2008. Foto: FAU/K&P

Professionalisierung des Datenmonitoring

Die Implementierung und Umsetzung der ersten universitätsweiten Zielvereinbarungen bedurften der Erstellung eines umfangreichen Datenmonitorings, das seitdem regelmäßig und professionell weiterentwickelt wird und zu einer soliden Basis für die Gleichstellungsarbeit geworden ist. In Zusammenarbeit mit dem Statistikreferat der FAU werden jedes Jahr zu festgelegten Stichtagen Daten zum Frauenanteil auf verschiedenen Qualifikationsstufen ausgewertet und auf der Homepage der FAU universitätsintern veröffentlicht. Dieses Monitoring macht den Erfolg der universitären Gleichstellungspolitik quantitativ messbar und hilft dabei, Maßnahmen passgenau weiterzuentwickeln.

Verbesserung der Koordination

Die Jahre 2008–2012 führten außerdem zu einer weiteren Professionalisierung und Optimierung der internen Umsetzungs- und Kommunikationsprozesse. Eine Projektkoordinatorin organisiert seitdem während des Zielvereinbarungszeitraums die strategische Umsetzung der verschiedenen Maßnahmen an den Fakultäten und das Controlling und steuert den Kommunikationsfluss zwischen den verschiedenen Ebenen. Für jede Fakultät wurden zudem individuelle Leitfäden erstellt mit detaillierten Hinweisen zu Antragstellung und Durchführung der Maßnahmen.

Vereinbarkeit von Studium, Beruf und Familie

Die FAU entwickelt im Sinne der Chancengleichheit von Anfang an als Teil der Zielvereinbarungen systematisch Strategien um die Vereinbarkeit von Studium, Beruf und Familie zu gewährleisten. Der Auf- und Ausbau des Angebots- und Beratungsspektrums des Familienservice der FAU gehört zu den erfolgreichsten Projekten, wie zum Beispiel die Einrichtung von universitären Kinderbetreuungsplätzen an allen Standorten der FAU.

Die zweite Zielvereinbarungsrunde 2013–2017

Ab dem Jahr 2011 begannen die Verhandlungen für die zweite Zielvereinbarungsrunde 2013–2017. Hier sollten die angestrebten Frauenanteile auf den Karrierestufen des Studiums (MINT-Fächer), der Promotion, der Habilitation sowie der W2- und W3-Professur für das Zieljahr 2017 fakultäts- bzw. fachspezifisch formuliert werden. Den Ausgangspunkt für die

Berechnung der Zielzahlen bildete der Vergleich der Frauenanteile auf den jeweilgen Karrierestufen mit denen der vorhergehenden Runden.

In der nun anstehenden Runde sollten die Maßnahmen noch stärker fokussiert werden, um insbesondere potenzialreichen Nachwuchswissenschaftlerinnen geeignete Rahmenbedingungen zur Karriereentwicklung zu bieten und frühzeitig Karriereziele und -wege innerhalb der Universität aufzuzeigen. Neben den schon bisher in den Zielvereinbarungen verankerten Maßnahmen – wie z.B. die Förderung der Vereinbarkeit von Studium, Wissenschaft und Familie, das Headhunting von Professorinnen, die Vergabe von Stipendien an Nachwuchswissenschaftlerinnen oder die kontinuierliche Weiterentwicklung der in allen Fakultäten erfolgreich laufenden Mentoring-Programme – kommen nun als relevante neue Maßnahmen die Erhöhung des Frauenanteils an qualifizierten Mittelbaustellen, der finanzielle Ausgleich des Ausfalls von Frauen durch Mutterschutz- und Elternzeit, die Verpflichtung zur Umsetzung des Berufungsleitfadens der FAU sowie die institutionelle Verankerung der Genderforschung und -lehre hinzu.

Die dritte Zielvereinbarungsrunde 2018–2022

Grundlage der jetzt einsetzenden Diskussionsprozesse waren in dieser Runde wiederum umfangreiche quantitative und qualitative Erfahrungsberichte. Nach intensiven Verhandlungen wurde am 8. November 2017 die dritte Zielvereinbarungsrunde 2018–2022 vom Präsidenten der FAU, Prof. Dr. Joachim Hornegger, den Dekanen der fünf Fakultäten und dem Leiter des Universitätsklinikums unterzeichnet. Das fakultätsspezifische Spektrum der aktuellen Zielvereinbarungsrunde setzt mit einer Kombination aus weiterentwickelten bewährten Maßnahmen und neu konzipierten Angeboten neue Impulse. So wird etwa die aktuell geforderte internationale Karriereorientierung von Wissenschaftlerinnen durch die Etablierung von International Visiting Scholarships an der Technischen und an der Naturwissenschaftlichen Fakultät gefördert. Auch wurde im Universitätsklinikum eine Stabsstelle Beruf und Familie eingerichtet.

Gemeinsames Ziel bleibt auch in den kommenden fünf Jahren die Steigerung des Anteils von Frauen vor allem ab der Qualifikationsstufe der Promotion und die Gewinnung von hochkarätigen Professorinnen, insbesondere in den MINT-Fächern. Begleitet werden die Einzelmaßnahmen durch fakultätsübergreifende Zielsetzungen, die erstmals im Rahmen eines Dachpapiers formuliert wurden.

Neben der Optimierung der Vereinbarkeit von Familie und Wissenschaft, der personellen und strukturellen Unterstützung der Frauenbeauftragten und der frühzeitigen Karriereförderung des weiblichen Nachwuchses wurden hier auch die verstärkte Verankerung der Genderforschung und die Weiterentwicklung innovativer Lehrkonzepte unter Berücksichtigung des Genderbezugs als Handlungsfelder identifiziert.

Mit der aktuellen Zielvereinbarungsrunde 2018–2022 leistet die FAU weiterhin einen aktiven Beitrag zur Erhöhung des Frauenanteils im akademischen Bereich und zur Stärkung der Qualifikationspotenziale von Wissenschaftlerinnen. Die Erfahrung der letzten 15 Jahre hat gezeigt, dass das Instrument der Zielvereinbarung nicht nur eine systematische und universitätsweit koordinierte Gleichstellungsarbeit fördert, sondern zugleich bei den Mitgliedern der FAU in regelmäßigen Abständen eine breite Reflexion sowohl über den aktuellen Stand der Gleichstellung in allen Fakultäten und Fachbereichen also auch über die Effizienz von Fördermaßnahmen in Gang setzt.

MAGDA LUTHAY

*Im Bild (v. l.) Prof. Dr. Frank Duzaar, Dekan der naturwissenschaftlichen Fakultät, Prof. Dr. Rainer Trinczek, Dekan der Philosophischen Fakultät und Fachbereich Theologie, Prof. Dr. Jürgen Schüttler, Dekan der Medizinischen Fakultät, Prof. Dr. Antje Kley, Vizepräsidentin für Lehrerinnen- und Lehrerbildung und Chancengleichheit, Prof. Dr. Reinhard Lerch, Dekan der Technischen Fakultät, Prof. Dr. Hans Kudlich, Dekan der Rechts- und Wirtschaftswissenschaftlichen Faktultät, sowie Prof. Dr. Joachim Hornegger, Präsident der FAU.
Foto: FAU/Dr. Susanne Langer*

3.3 ARIADNE Mentoring-Programme der FAU

Vom Experiment zum Best-Practice-Modell für Gleichstellung in der Wissenschaft

Mentoring-Programme gehören heute zu den Standardinstrumenten der Gleichstellungsarbeit im Hochschulkontext. Als vor bald zwanzig Jahren erste Hochschulen das Modell aus der Industrie adaptierten, um es als Gleichstellungsmaßnahme einzusetzen, war das jedoch noch ein echtes Experiment: Niemand wusste, ob Mentoring als Frauenförderinstrument überhaupt taugt und wie Mentoring an der Hochschule sinnvoll eingesetzt werden kann. Was muss ein Mentoring-Programm für Nachwuchswissenschaftlerinnen bieten und wie muss es ausgestaltet sein, um laufbahninteressierte Frauen in ihrem akademischen Werdegang tatsächlich zu fördern? Um diese Fragen zu beantworten, fehlte es damals noch ganz und gar an Erfahrung.

> „Insgesamt freut es mich, eine stetige Entwicklung meiner Person zu einer Wissenschaftlerin beobachten zu können. Ich bin mir sicher, dass ich die im Rahmen der Workshops erlernten Fähigkeiten und Kompetenzen auch in meiner zukünftigen beruflichen Karriere in der Wissenschaft voll einsetzen kann. Das Mentoring-Programm war in meinen Augen in vielfältiger Weise hervorragend."
> (ARIADNEreWi, Mentee, 2014/2015)

ARIADNE*tech* – ein Pilotversuch

An der FAU war es das *Büro der Frauenbeauftragten*, das 2003 gemeinsam mit einer studentischen Hilfskraft und den Frauenbeauftragten der Technischen Fakultät das erste ARIADNE Mentoring-Programm initiierte. Die Idee war zunächst, Studentinnen der technischen Fächer durch Mentoring-Beratung in Studium und Berufswahl zu unterstützen. Am Ende des Matching-Prozesses starteten 31 Tandems, die für zwölf Monate zusammenarbeiten sollten. In einer Pressemitteilung[74] der FAU aus dem Jahr 2004 ist zu lesen, dass die beiden Frauenbeauftragten der Technischen Fakultät, Gabriele Spenger und Kristin Paetzold, „den ‚perfekt funktionierenden Seilschaften' unter Männern in ingenieur- und naturwissenschaftlichen Berufsfeldern ein weibliches Pendant entgegen setzen" wollten.

Die Beratung durch eine laufbahn- und führungserfahrene Person sollte mit Strukturen vertraut machen, Aufstiegschancen erkennen lassen, Kontakte vermitteln und Einblicke in den Arbeitsalltag gewähren. Bemerkenswert ist, dass in jener Pressemitteilung von 2004 bereits von der Ausweitung von ARIADNE auf andere Fakultäten die Rede ist. Die Evaluationsergebnisse und Rückmeldungen von Mentees, Mentorinnen und Mentoren hatten die Erwartungen und den Nutzen der Idee bestätigt: Wie der abgespulte Faden der Ariadne in der griechischen Mythologie Theseus den Ausweg aus dem verhängnisvollen Labyrinth gewiesen hatte, konnte auch ARIADNE*tech* Studentinnen der Technischen Fakultät

(v. l.) Kristin Paetzold, Gabriele Spenger. Foto: FAU/ SG Öff

---

74 http://www.presse.uni-erlangen.de/infocenter/presse/pressemitteilungen/nachrichten_2004/04/3600_ariadne.shtml

Orientierung bei ihren Fragen zu Studium und beruflicher/akademischer Laufbahn geben und sie dadurch in ihrem Werdegang fördern.

> *„Die Gespräche mit meinem Mentor haben mir bei sehr entscheidenden Fragen meiner wissenschaftlichen Laufbahn geholfen, Klarheit über meine Situation und meine Handlungsoptionen zu gewinnen. Zudem war es ein sehr beruhigendes Gefühl, in ausgesprochen unsicheren Zeiten einen neutralen Ansprechpartner zu haben, mit dem ich offen reden kann." (ARIADNEphil, Mentee, 2014/2015)*

ARIADNE*tech* setzt sich durch

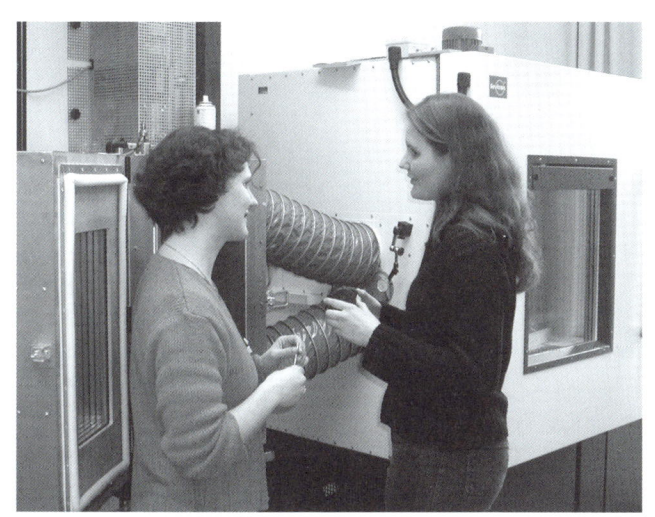

Betreuung von Studentinnen durch Mentorinnen und Mentoren bildet das Herzstück von „Ariadne". Foto: FAU/SG Öff

Auch wenn die Evaluationsergebnisse sehr ermutigend waren: Es war nicht mehr als ein erster Versuch. Für einen nachhaltigen Erfolg und vor allen Dingen, um Mentoring als zukunftsweisende Gleichstellungsmaßnahme zu etablieren – war noch mehr nötig: Es galt, das Programm konzeptionell weiterzuentwickeln, Evaluationsergebnisse zu verarbeiten, Matching-Prozesse zu optimieren, Qualitätssicherungsinstrumente zu entwickeln und auch ein stimmiges Begleitprogramm mit Seminaren zur überfachlichen Kompetenzentwicklung für die Mentees zusammenzustellen. Es waren also zusätzliche Ressourcen nötig. Und die standen mit der Bewilligung einer halben BAT IIa-Stelle aus Mitteln des *Hochschul- und Wissenschaftsprogramm*s (HWP) der Bund-Länder-Kommission zur Verfügung, die mit der Diplom-Psychologin Franziska Kluttig besetzt wurde. Bereits als studentische Hilfskraft hatte Franziska Kluttig die Projektanfänge von ARIADNE*tech* mit unterstützt. Ab dem zweiten Programmdurchgang war sie nun die verantwortliche Koordinatorin.

Ihr Augenmerk galt aber nicht nur der fachlichen Steuerung des Programmangebots und seiner konsequenten Professionalisierung. Kluttig verstand Mentoring von Anfang an auch als Teil der Organisationsentwicklung: Durch die Beteiligten entstehen neue Netzwerke, Austauschprozesse, Transfers und Verknüpfungen innerhalb der Organisation. Auch fördert Mentoring die Mentees in ihrer wissenschaftlichen Identitätsbildung und qualifiziert sie für Führungsaufgaben innerhalb der Organisation. Die Mentorinnen und Mentoren erweitern systematisch ihre Beratungs- und Genderkompetenz, die sie der Organisation zur Verfügung stellen können. Mentoring trägt außerdem zum organisationalen Lernen bei, weil es im Sinne von Gendersensibilität auf die Unterrepräsentanz von Frauen in bestimmten Fächern und auf bestimmten Qualifikationsstufen aufmerksam macht und strukturelle Hindernisse für den weiblichen Wissenschaftsnachwuchs aufzeigt.

Als 2005 erstmals der Gleichstellungspreis an der FAU vergeben wird, fällt die Wahl der Jury auf drei Gleichstellungsprojekte an der Technischen Fakultät, darunter das

Franzika Kluttig leitet das Ariadne-Programm an der Uni Erlangen-Nürnberg, Nürnberger Nachrichten v. 16. Juni 2011
Foto: Klaus-Dieter Schreiter

ARIADNE*tech* Mentoring-Programm. Die Preisverleihung konnte als Empfehlung verstanden werden, ARIADNE auch auf andere Fakultäten auszuweiten, um dort ebenfalls Fortschritte in der Gleichstellung zu erzielen. Bevor jedoch 2008 zwei weitere ARIADNE-Programme hinzukamen, wurde ARIADNE*tech* im dritten Programmdurchgang (2005 / 2006) zu ARIADNE*TechNat*. Nun konnten sich auch Studentinnen der Naturwissenschaftlichen Fakultät I für das Programm bewerben und von der Mentoring-Idee profitieren.

> „Mein Hauptziel, mehr Klarheit über meine Karriereoptionen an der Universität nach der Promotion zu bekommen, hat sich klar erfüllt." (ARIADNEnat, Mentee, 2015 / 2016)

ARIADNE*technat* bekommt Schwestern

2008 war genug Erfahrung aufgeschichtet, um ARIADNE-Mentoring auch an anderen Fakultäten anzubieten. Dazu hatte auch beigetragen, dass Franziska Kluttig sich im neu gegründeten Fachverband für Mentoring in der Wissenschaft *Forum Mentoring e.V.* engagiert und das bundesweite Netzwerk, den fachlichen Austausch und die neuen Impulse für ARIADNE nutzbar gemacht hatte.

Sowohl die Philosophische als auch die Medizinische Fakultät sollten 2008 eigene Mentoring-Programme erhalten: ARIADNE*phil* und ARIADNE*med*. Zwischenzeitlich war im Hintergrund etwas sehr Beachtliches geschehen: In *Zielvereinbarungen zur Erhöhung des Frauenanteils in der Wissenschaft* hatten Universitätsleitung, Fakultäten und Universitätsklinikum gleichstellungspolitische Ziele, konkrete Maßnahmenkataloge und deren Finanzierung beschlossen. Die Gleichstellungsarbeit an der FAU war damit auf eine völlig neue Grundlage gestellt und die Finanzierung von drei Mentoring-Programmen einschließlich Personal- und Sachmittel für fünf Jahre gesichert.

2014 schließlich war es auch an der Rechts- und Wirtschaftswissenschaftlichen Fakultät so weit: Auch sie bekam mit ARIADNE*ReWi* ein eigenes, vollausgestattetes Mentoring-Programm.

ARIADNE heute

Heute fördern vier ARIADNE-Programme Nachwuchswissenschaftlerinnen an allen fünf Fakultäten – je nach Programm(linie) von der Masterstudentin im Übergang zur Promotion bis zur Habilitandin. Und auch die entscheidenden konzeptionellen Fragen der Aufbauzeit sind beantwortet:

Schloss ARIADNE*tech* zunächst die Industrie als Karrierepfad zumindest nicht aus, so ist das Förderziel von ARIADNE heute ganz eindeutig die Förderung akademischer Laufbahnen von Frauen, um den Professorinnenanteil zu erhöhen. So steht es auch in den *Zielvereinbarungen zur Erhöhung des Frauenanteils in der Wissenschaft*, über die die ARIADNE-Programme finanziert sind.

Eine andere wichtige Frage war, wer die Mentees beraten sollte: nur Frauen oder auch Männer? ARIADNE setzt hier auf Genderkompetenz statt Parallelsystem und vermittelt den Mentees laufbahnerfahrene Frauen und Männer als Mentorin bzw. Mentor. Dahinter steckt die Überzeugung, dass die Mentees sowohl von weiblichen als auch von männlichen Erfahrungshintergründen profitieren. Diese

Mentoring-Form sensibilisiert auch stärker für die unterschiedlichen Lebens- und Berufsperspektiven der beiden Geschlechter.

Zum Markenzeichen ist schließlich die Fakultätsspezifik der einzelnen ARIADNE-Programme geworden. So liegt die besondere Förderleistung in der konsequenten Ausrichtung der Seminarangebote an den unterschiedlichen Fachkulturen und Laufbahnbedingungen der jeweiligen Fakultät.

Und noch eine Frage war zu beantworten: Wie lässt sich die Qualität des Programmangebotes nachhaltig sichern? Hier sorgen regelmäßige Evaluationen dafür, dass die Programme beständig auf der Höhe der Zeit und bedarfsgerecht sind. Die ARIADNE-Programme sind selbstverständlich Mitglied im *Forum Mentoring e.V.* und arbeiten streng nach den Qualitätsstandards, die der bundesweite Fachverband für gute Mentoring-Praxis formuliert hat. Trotz konzeptioneller Anpassung, Weiterentwicklung und Optimierung ist das Grundformat mit der Kombination aus individueller Mentoring-Beratung, Kompetenzseminaren und Vernetzung bis heute Standard der ARIADNE-Programme geblieben. Dabei berät eine laufbahnerfahrene Person eine Nachwuchswissenschaftlerin 9 bis 18 Monate lang individuell in Fragen der Karriereplanung und bei der Umsetzung konkreter Karriereschritte.

Die Mentee profitiert hier von dem Erfahrungsvorsprung und lernt auch die ungeschriebenen Regeln des Wissenschaftsbetriebs kennen.

Kombiniert ist das Beratungsangebot mit Seminaren zur persönlichen und überfachlichen Kompetenzentwicklung. Die Einbindung in das Mentoring-Programm begünstigt zudem den Auf- und Ausbau von tragfähigen Netzwerken sowie die nachhaltige Verankerung der Wissenschaftlerinnen im Wissenschaftssystem.

ARIADNE: Eine Bilanz

Seit 2003 konnten an der FAU mehr als 500 Nachwuchswissenschaftlerinnen aller fünf Fakultäten durch ARIADNE gefördert werden.

Einen Eindruck von der Förderleistung von ARIADNE vermitteln beispielhaft die Zahlen zum ARIADNE*med*-Programm, die im Frühjahr 2018 anlässlich seines zehnjährigen Bestehens erhoben wurden:

Durch ARIADNE*med* konnten seit 2008 130 Nachwuchswissenschaftlerinnen (Ärztinnen, Naturwissenschaftlerinnen und klinisch tätige Psychologinnen) gefördert werden. Bereits

Copyright: FAU/Büro für Gender und Diversity

ein Viertel davon ist heute habilitiert. Rechnet man noch die eröffneten Habilitationsverfahren hinzu, ergibt sich eine Quote von 40 Prozent. Lediglich zwei ARIADNE*med*-Mentees haben in den vergangenen zehn Jahren ein Habilitationsverfahren abgebrochen.

Fünf der ehemaligen ARIADNE*med*-Mentees sind heute Professorinnen. Bedenkt man außerdem, dass es sich um ein vorläufiges Ergebnis handelt und wissenschaftliche Laufbahnen sehr langwierig sind, schiebt ein beachtliches Potenzial an Nachwuchswissenschaftlerinnen nach, das in der Zukunft für Berufungen und akademische Führungspositionen bereitsteht.

> „Durch die Programmteilnahme hat sich meine weitere berufliche Laufbahn für mich deutlicher gemacht, ich kenne Wege und Möglichkeiten, weiß jetzt, was alles dazugehört, um voran zu kommen und habe das Selbstbewusstsein gewonnen, dass ich mithalten kann."
> (ARIADNEmed, Mentee, 2014/2015)

ARIADNE: Rückblick und Perspektive

Die positive Entwicklung der ARIADNE-Programme ist keine zwangsläufige Erfolgsgeschichte gewesen. Zwar war es zu Beginn des Jahrtausends höchste Zeit, die Anstrengungen für mehr Gleichstellung in Wissenschaft und Hochschule zu verstärken: Noch immer waren die strukturellen Hindernisse und Nachteile von Wissenschaftlerinnen manifest, das Wissenschaftssystem relativ unempfindlich gegenüber Gleichstellungsansprüchen und die erzielten Fortschritte sparsam dosiert. Der Erfolg von ARIADNE erklärt sich aber nicht allein durch günstige Zeitumstände, sondern geht stark auf das persönliche Engagement einzelner Personen und ihr Geschick zurück, Entwicklungen aufzunehmen, Ideen umzusetzen, andere zu überzeugen und Kooperationen zu fördern. Ganz entscheidende Voraussetzungen für den nachhaltigen Erfolg der ARIADNE-Programme waren zudem der organisatorische Rückhalt durch das *Büro der Frauenbeauftragten* (heute: *Büro für Gender und Diversity*) sowie die stabile Finanzierung durch die *Zielvereinbarungen*.

Bereits 2010 hatte die *Deutsche Forschungsgemeinschaft* die ersten ARIADNE-Programme in den Instrumentenkasten für vorbildliche Gleichstellungsmaßnahmen in der Wissenschaft aufgenommen. Und schon ein Jahr nach dem Start des ARIADNE*ReWi*-Programms war auch diese ARIADNE-Linie im Instrumentenkasten gelistet, weil es, so die Begründung der *DFG,* bundesweit das einzige Mentoring-Programm war, das sich spezifisch an Wirtschaftswissenschaftlerinnen richtete und ein fokussiertes Seminarprogramm bot.

Das Erfolgsmodell ARIADNE und seine Förderleistung sind heute aus der Gleichstellungsarbeit der FAU nicht mehr wegzudenken. Dass das absehbar so bleiben wird, zeigt die von Jahr zu Jahr zunehmende Nachfrage seitens der Nachwuchswissenschaftlerinnen und ihr Interesse an dem Angebot der ARIADNE Mentoring-Programme und an einer akademischen Laufbahn.

Micaela Zirngibl

Mit herzlichem Dank an Dr. Sabina Enzelberger und an Dr. Franziska Kluttig für die Unterstützung der Recherchearbeiten zu diesem Beitrag.

3.4 Emmy-Noether-Vorlesungen

Die Gründung der Veranstaltungsreihe „Emmy-Noether-Vorlesungen" wurde im Oktober 2004 in der AG Chancengleichheit erstmals angeregt und am Beginn des Jahres 2005 beschlossen. Die Vorlesung ist als ein Forum gedacht, auf dem die Leistungen und Kompetenzen von Frauen aus allen Fachbereichen der Öffentlichkeit vorgestellt werden.

Die Namensgebung der Veranstaltung zielt darauf, Emmy Noether in ihrer Bedeutung als führende Mathematikerin ihrer Zeit zu würdigen und mit dieser Würdigung zugleich eine späte „Wiedergutmachung" für die herausragende Wissenschaftlerin zu versuchen, deren Karriere zunächst allein aufgrund ihres Geschlechts verhindert wurde und die wenige Monate nach der Machtübernahme der Nationalsozialisten aufgrund ihrer „nichtarischen Abstimmung" ihre Lehrbefugnis verlor. Als Vortragstermin wurde ein Tag im Umkreis des 5. Juni gewählt, an dem sich Emmy Noether 1919 in Göttingen habilitiert hatte.

Die erste öffentliche Emmy-Noether-Vorlesung fand unter großem Publikumszuspruch am 1. Juni 2005 in der Aula des Schlosses statt. Es sprach Frau Prof. Dr. Gisela Anton, Inhaberin des Lehrstuhls für Experimentalphysik, zum Thema „Ein Blick in den Weltraum mit dem Neutrinoteleskop ANTARES". Zur Begrüßung und Einführung sprach die Prorektorin und gab einen Einblick in das Leben Emmy Noethers:

„Beim Empfang der neuen Arbeit von Frl. Noether empfand ich es wieder als grosse Ungerechtigkeit, dass man ihr die venia legendi vorenthält. Ich wäre sehr dafür, dass wir beim Ministerium einen energischen Schritt unternähmen." Es war kein Geringerer als Albert Einstein, der diese Worte am 27. Dezember 1918 an den Mathematiker Felix Klein in Göttingen schrieb und damit die bereits drei Jahre währenden und bisher vergeblichen Bemühungen um die Zulassung von Frau Dr. Emmy Noether zum Habilitationsverfahren endlich zu einem guten und vor allem angemessenen Ende geführt sehen wollte.

Wenige Monate später war es dann tatsächlich so weit: die vorerst letzte Bastion der akademischen Diskriminierung der Frauen fiel, und Emmy Noether, die ebenso geniale wie produktive Mathematikerin, die seit ihrer 1907 erfolgten Promotion das Leben einer Privatgelehrten zu führen gezwungen war, weil – wie es ein Erlaß sagte – „Frauen nicht habilitiert werden sollen", erhält am 4. (oder 5.) Juni 1919, dem Tag ihrer Antrittsvorlesung, die Lehrbefugnis. ...

Emmy Noether wurde am 23. März 1882 in Erlangen, in der Hauptstraße 23, geboren, nachdem ihr Vater Max Noether zum 1. April 1875 als außerordentlicher Professor für Mathematik an die Erlanger Philosophische Fakultät berufen worden war. Sie besuchte zunächst für acht Jahre die „Höhere Töchterschule" in der Friedrichstraße, die Vorläuferin des Marie-Therese-Gymnasiums, und legte 1900 die bayerischen Staatsprüfungen für Lehrerinnen der französischen und englischen Sprache in

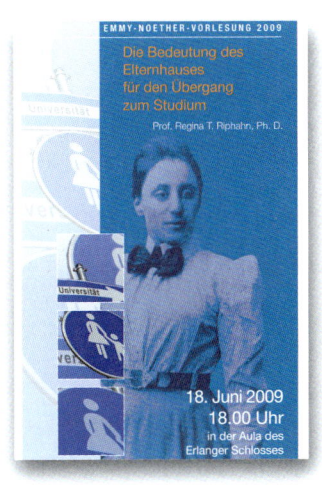

allen Teilen mit „sehr gut" ab. In den Jahren 1900 bis 1902 darf sie als sogenannte „Hörerin" an der hiesigen Universität studieren und besucht Vorlesungen in Mathematik, Romanistik und Geschichte. Daneben bereitet sie sich auf das Abitur vor, das sie am 14. Juli 1903 am Kgl. Realgymnasium in Nürnberg erfolgreich besteht.

Zum Wintersemester 1903/04 geht sie nach Göttingen und studiert dort in der damaligen Hochburg der Mathematik, als Gasthörerin unter anderem bei Felix Klein und David Hilbert. Eine Krankheit zwingt sie jedoch schon nach einem Semester zur Rückkehr nach Erlangen, wo sie sich nach ihrer Genesung zum Wintersemester 1904/05 nunmehr als ordentliche Studentin der Mathematik immatrikulieren kann, nachdem sich im Jahr zuvor die Tore der bayerischen Universitäten für Frauen geöffnet hatten. Zu diesem Zeitpunkt studieren vier Frauen an der fränkischen alma mater, im Sommersemester 1906 ist Emmy Noether die einzige weibliche Studierende. Nach nur drei Jahren schließt sie das Studium mit der Promotion zum Dr. phil. ab und geht damit als erste vollimmatrikulierte Erlanger Doktorin in die Erlanger Universitätsgeschichte ein. Die als Dissertation eingereichte Arbeit „Über die Bildung des Formensystems der ternären biquadratischen Form" wird mit der höchsten Note „summa cum laude" bewertet. Sie selbst bezeichnet die Arbeit später selbstkritisch als „Rechnerei", „Formelgestrüpp" und „Mist".

Wäre Emmy Noether männlichen Geschlechts gewesen, so hätte sie danach geradlinig den Weg zur Habilitation beschreiten können. Doch da diese Möglichkeit den Frauen zu dieser Zeit noch versperrt war, blieb sie in Erlangen und arbeitete ohne Anstellung am hiesigen Mathema-

tischen Institut, und dies offenkundig mit Erfolg; denn rasch wird die wissenschaftliche Welt auf sie aufmerksam: Schon 1908 wird sie in den „Circulo matematico di Palermo", die älteste italienische Mathematiker-Gesellschaft gewählt, ein Jahr später wird ihr die Mitgliedschaft in der Deutschen Mathematiker-Vereinigung angetragen und zugleich erhält sie die Einladung, auf deren Tagung einen Vortrag zu halten – es ist der erste Vortrag einer Frau in dieser Gesellschaft.

1915 folgt Emmy Noether einer Einladung von Felix Klein und David Hilbert nach Göttingen. Dort forscht sie und diskutiert, hält Vorträge und beteiligt sich – unter dem Namen von Hilbert – an der Lehre. Ihre Leistungen beeindrucken ihre Umgebung so sehr, dass man ihr dringend rät, trotz des erwähnten Erlasses einen Antrag auf Habilitation zu stellen, den ihre Lehrer mit ausführlichen Gutachten, die insbesondere ihre herausragende Kreativität und Produktivität hervorheben, begleiten. Der Antrag scheitert. Auch der Zusatzantrag ihrer Betreuer, im Hinblick auf die außergewöhnliche Begabung der Kandidatin eine Ausnahme zu gewähren, wird abgelehnt. Hilbert kommentiert diese Ablehnung mit dem Hinweis, er könne nicht einsehen, dass das Geschlecht ein triftiges Argument gegen Noethers Zulassung zur Habilitation sei. Es handele sich schließlich um eine Universität und nicht um eine „Badeanstalt"!

Die Weimarer Verfassung bringt schließlich die ersehnte Erlaubnis, und Emmy Noether wird 1919 als erste Frau in Göttingen und als eine der ersten Frauen in Deutschland Privatdozentin. Aber immer noch ist sie ohne Anstellung und Gehalt. Dennoch werden die nächsten Jahre eine wissenschaftlich äußerst reiche Zeit, mit bahnbrechenden Publikationen, die internationales Aufsehen erregen. Eine erste Anerkennung dafür ist die 1922 erfolgende Ernennung zur außerordentlichen Professorin, ein Jahr später erhielt sie einen besoldeten Lehrauftrag für Algebra und damit erstmals, mit 41 Jahren, eine Vergütung für ihre Arbeit. Kurze Unterbrechungen erfährt ihre Arbeit in Göttingen durch Gastprofessuren 1928/29 in Moskau und 1930 in Frankfurt am Main. Den Höhepunkt ihres Ruhms erreicht sie 1932: Zusammen mit dem Hamburger Mathematiker Emil Artin erhält sie den renommierten Ackermann-Teubner-Gedächtnispreis zur Förderung der Mathema-

tischen Wissenschaften und hält im selben Jahr als erste Frau auf dem Internationalen Mathematiker-Kongress in Zürich einen der Hauptvorträge.

Doch schon wenige Monate später folgte die Peripetie ihres Schicksals. Nach der Machtübernahme der Nationalsozialisten wurde Emmy Noether am 25. April 1933 „beurlaubt", und am 13. September wurde ihr mit Hinweis auf ihre „nichtarische Abstammung" endgültig die Lehrbefugnis an der Universität Göttingen entzogen. Daraufhin emigrierte sie in die USA und übernahm eine Gastprofessur am renommierten Frauencollege Bryn Mawr in Pennsylvania. Daneben lehrte sie auch am Institute for Advanced Studies in Princeton, wo bereits neben Albert Einstein weitere bedeutende Deutsche Wissenschaftler Zuflucht vor dem Nazi-Regime gefunden hatten. Der Beginn einer zweiten Karriere schien sich anzubahnen. Doch dieses Mal schlug das Schicksal in Form einer Krankheit zu: Im Frühjahr 1935 musste sich Emmy Noether einer Operation unterziehen an deren Folgen sie – für alle unerwartet – am 14. April 1935 starb.

Die mathematische Fachwelt verlor mit Emmy Noether eine der ganz Großen ihres Faches, die „Mutter der modernen Algebra". Für die Frauen der Erlanger Universität ist ihre Unbeirrtheit, mit der sie ihren Weg trotz der Hindernisse ging, Ermutigung. Zugleich ist aber ihre wissenschaftliche Biographie, in der die Kategorie „Geschlecht" eine bestimmende Rolle spielte, die Aufforderung an uns, dafür zu kämpfen, dass Diskriminierungen der Art, wie sie Emmy Noether erfuhr, in der Wissenschaft keinen Platz mehr haben.

Das besondere Schicksal Emmy Noethers ist also der Hintergrund der gleichnamigen Vortragsreihe und gibt ihr den ihr eigenen Sinn. Die Vorlesungen von herausragenden Wissenschaftlerinnen sollen öffentlich vor einem größeren Publikum bezeugen, wie ungerecht, um das eingangs zitierte Wort Albert Einsteins aufzugreifen, eine Welt ist, in der Frauen trotz ihrer Leistungen allein aufgrund ihres Geschlechts ausgeschlossen werden.

Angesichts der bis auf den letzten Platz besetzten Aula und der überaus positiven Resonanz der ersten Vorlesung von Frau Professor Anton beschloss die AG Chancengleichheit noch im gleichen Jahr, die Reihe zu einer festen Einrichtung

Prof. Dr. Dr. hc Ursula Lehr. Foto: Copyright: BAGSO

zu machen, in der im Wechsel jeweils eine Wissenschaftlerin aus der FAU und eine externe Wissenschaftlerin eingeladen werden sollte.

Infolgedessen sprach am 31. Mai 2006 als erste auswärtige Referentin Frau Prof. Dr. Dr. h.c. Ursula Lehr, die Pionierin der Gerontologie in Deutschland, die seit 1986 den bundesweit ersten Lehrstuhl für Gerontologie bekleidete und das damit verbundene neu gegründete Institut für Gerontologie leitete. 1988 bis 1991 war sie Bundesministerin für Jugend, Familie, Frauen und Gesundheit. Frau Lehr sprach in Erlangen zum Thema „Alt und jung in Zeiten des demographischen Wandels".

Im Jahre 2007 hielt Frau Prof. Dr. Christine Lubkoll, seit 2002 Inhaberin des Erlanger Lehrstuhls für Neuere deutsche Literaturgeschichte mit historischem Schwerpunkt, die Emmy-Noether-Vorlesung zum Thema „'Fragmente einer Sprache der Liebe'? Sprachutopie und Diskurskritik in Ingeborg Bachmanns Roman ‚Malina'".

Im darauf folgenden Jahr 2008 wurde vom ursprünglichen Plan, dass in dieser Vortragsreihe nur Frauen eingeladen werden sollten, abgewichen, weil im „Jahr der Mathematik" dem Publikum das mathematische Werk der Namensgeberin näher gebracht werden sollte. Der hierfür wohl am besten geeignete Referent war Prof. Dr. Knut Radbruch, der von 1971 bis 2001 Mathematik und ihre Didaktik an der Technischen

3.4 Emmy-Noether-Vorlesungen

Universität Kaiserslautern lehrte. Sein Vortrag am 4. Juni 2008 trug den Titel „Emmy Noether – Mathematikerin mit hellem Blick in dunkler Zeit".

Der nächste Vortrag fand am 18. Juni 2009 statt und wurde gehalten von Frau Prof. Regina T. Riphahn, Ph.D., die seit April 2005 den Lehrstuhl für Statistik und empirische Wirtschaftsforschung am Fachbereich Wirtschaftswissenschaften der Wirtschafts- und Sozialwissenschaftlichen Fakultät der FAU innehat. Sie sprach über „Die Bedeutung des Elternhauses für den Übergang zum Studium".

Für die Veranstaltung im Jahr 2010 konnte wiederum eine auswärtige prominente Persönlichkeit für die Emmy-Noether-Vorlesung gewonnen werden: Jutta Limbach, Professorin der Rechtswissenschaften, von 1994 bis 2002 Präsidentin des Bundesverfassungsgerichts und anschließend bis 2008 Präsidentin des Goethe-Instituts hielt ihren Vortrag zum Thema „Ehe und Familie – Ideal und Wirklichkeit".

Es folgte im Jahr 2011 Frau Prof. Dr. Martina de Zwaan. Frau de Zwaan war von 2003 bis 2011 Leiterin der Psychosomatischen und Psychotherapeutischen Abteilung am Klinikum der Friedrich-Alexander-Universität Erlangen-Nürnberg und ist seit 2011 Direktorin der Klinik für Psychosomatik und Psychotherapie der Medizinischen Hochschule Hannover. Ihre Vorlesung trug den Titel „Diagnostik und Therapie der Essstörungen: eine psychosomatische Herausforderung".

Die Emmy-Noether-Vorlesung am 6. Juni 2012 hielt Frau Prof. Dr. Christine Silberhorn, die bis 2011 Leiterin der Max-Planck-Forschungsgruppe „Integrierte Quantenoptik" am Max-Planck-Institut für die Physik des Lichts in Erlangen war und danach nach Paderborn als Direktorin des Paderborn Centre for Advanced Studies und Inhaberin des Lehrstuhls für Integrierte Quantenoptik berufen wurde. Im April 2011 wurde sie als damals jüngste Preisträgerin mit dem bedeutendsten deutschen Forschungspreis, dem renommierten Leibniz-Preis, ausgezeichnet. Das Thema ihrer Vorlesung in Erlangen lautete „Quantenlicht als Informationsträger: eine neue Technologie zur Kommunikation und Informationsverarbeitung".

(v. l.) Prof. Dr. Karl-Dieter Grüske, Prof. Dr. Dr. h.c. mult. Jutta Limbach, Dr. Sabina Enzelberger, Nürnberger Nachrichten v. 10. Juli 2010.
Foto: Klaus-Dieter Schreiter

Am 6. Juni 2013 sprach Frau Prof. Dr. Maha El Kaisy-Friemuth über „Die Entwicklung der Stellung der Frau im Islam". Frau Kaisy-Friemuth, die ihre Ausbildung in Kairo begann und später in Großbritannien, Irland und Holland unterrichtete, wurde 2012 auf den Erlanger Lehrstuhl für Islamisch-Religiöse Studien mit praktischem Schwerpunkt am Department Islamisch-Religiöse Studien berufen, dem einzigen dieser Art in Bayern, das im September 2012 mit vier Lehrstühlen eröffnet wurde.

Die 10. Emmy-Noether-Vorlesung fand am 25. Juni 2014 statt und trug den Titel „Shakespeares Hamlet und die Frauen: Rezeptionsgeschichte als Emanzipationsgeschichte". Die Referentin war Frau Prof. em. Dr. Ina Schabert, ehemalige Vizepräsidentin und Professorin für Englische Literaturwissenschaft an der Ludwig-Maximilians-Universität München.

Die Referentin des Jahres 2015 war Frau Prof. Dr.-Ing. habil. Marion Merklein, die seit 2008 den Lehrstuhl für Fertigungstechnologie an der Friedrich-Alexander-Universität innehat. Frau Merklein war mit ihrer Berufung die erste Professorin für Maschinenbau an der Technischen Fakultät der FAU, sie wurde im Oktober 2011 Dekanin ihrer Fakultät und erhielt 2013 den Leibniz-Preis. Ihr Vortrag zum Thema „Umformtechnik im Wandel der Zeit" fand am 16. Juni 2015 statt.

Intensiver Austausch über die Vorlesungsinhalte. Foto: Privat

Die Emmy-Noether-Vorlesung des Jahres 2016 fand ausnahmsweise nicht zum gewohnten Termin, sondern am 15. Dezember am in Nürnberg angesiedelten Fachbereich Wirtschaftswissenschaften statt. Als Gastrednerin war Frau Prof. Dr. Isabel Schnabel eingeladen, die seit 2015 an der Rheinischen Friedrich-Wilhelms-Universität Bonn Professorin für Finanzmarktökonomie ist. Daneben ist sie seit 2014 Mitglied des Sachverständigenrats zur Begutachtung der gesamtwirtschaftlichen Folgen (die sog. „Fünf Wirtschaftsweisen"), bereits seit 2007 Research Affiliate am Max-Planck-Institut zur Erforschung von Gemeinschaftsgütern in Bonn und seit 2015 Research Fellow des Centre for Economic Policy Research im Bereich Financial Economics. Frau Schnabel sprach zum Thema: „Zeit für Reformen in Deutschland und Europa – Das Jahresgutachten 2016/17".

Für die Emmy-Noether-Vorlesungen der Jahre 2017 und 2018 wurde der eingespielte Wechsel von Erlanger und auswärtiger Rednerin aus organisatorischen Gründen durchbrochen. Für 2017 wurde Prof. Dr. Heike Kahlert eingeladen, die seit 2014 Inhaberin des Lehrstuhls für Soziologie/Soziale

Prof. em. Dr. Ina Schabert. Foto: Privat

3.4 Emmy-Noether-Vorlesungen

Anregende Gespräche nach der Vorlesung. Foto: Privat

Ungleichheit und Geschlecht an der Ruhr-Universität Bochum ist. Sie hielt am 22. Juni 2017 einen Vortrag über „Wissenschaft als Lebensform? Karrierenormen kritisch betrachtet".

Am 7. Juni 2018 setzte Prof. Dr. h.c. Jutta Allmendinger, Ph. D., die Vorlesungsreihe fort. Die renommierte Soziologin und Präsidentin des Wissenschaftszentrums Berlin für Sozialforschung, Professorin für Bildungssoziologie und Arbeitsmarktforschung an der HU Berlin sowie Honorarprofessorin für Soziologie an der FU Berlin untersuchte in ihrem Vortrag zum Thema „Sind die Besten wirklich die Besten? Wettbewerb und Chancengleichheit" Antworten auf die Frage, warum Frauen nach wie vor bei der Vergabe von hochrangigen Wissenschaftspreisen unterrepräsentiert sind.

RENATE WITTERN-STERZEL

3.5 Familienfreundliche Universität

Familienleben und wissenschaftliche Beschäftigung wurden lange Zeit als diametrale Gegensätze betrachtet. Ich erinnere mich noch gut an den Satz von Prof. Dr. Klaus Obermayer in einer Vorlesung zum Öffentlichen Recht in den frühen 70er Jahren des letzten Jahrhunderts: „Wer Wissenschaft betreiben will, muss einsam sein!" Diese Betrachtungsweise hat sich erst geändert, als die Wissenschaftsorganisationen begannen, sich des Themas Gleichstellung und damit verbunden der Familienfreundlichkeit[75] anzunehmen.

In ihrer „Entschließung des 161. Plenums der Westdeutschen Rektorenkonferenz" vom 25. Juni 1990 haben die Rektoren und Präsidenten der deutschen Hochschulen erstmals das Thema „Förderung von Frauen in den Hochschulen" aufgegriffen. Gestützt auf § 2 Abs. 2 des Hochschulrahmengesetzes (HRG) in der damals geltenden Fassung waren die Hochschulen verpflichtet, „bei der Wahrnehmung ihrer Aufgaben auf die Beseitigung der für Wissenschaftlerinnen bestehenden Nachteile" hinzuwirken. Das Bayerische Hochschulgesetz in der Fassung vom 1. Oktober 1988 hat dies weitgehend wortgleich übernommen.

Grundlage der in der Entschließung aufgeführten Maßnahmen bildete damals der Plenarbeschluss vom 4. Juli 1988 über „Die Zukunft der Hochschulen", in dem grundsätzlich die Erhöhung der Anzahl von Frauen in allen Qualifikationsstufen gefordert wurde. Die Begründung hierfür beruhte allerdings nicht in erster Linie auf der Erkenntnis, dass die Frauen ein Recht auf Teilhabe an der Universität hätten, sondern folgte noch ganz der damals weit verbreiteten Ansicht, dass Gleichstellungsmaßnahmen vor allem unter dem Gesichtspunkt der Nützlichkeit zu stehen hätten; in diesem Fall fürchtete die WRK nämlich, dass den Universitäten angesichts des Geburtenrückgangs künftig das nötige männliche Begabungspotential fehlen würde. Die Frauen sollten also gefördert werden, um die Lücken zu füllen. Eine Quotenregelung lehnte die WRK allerdings kategorisch ab.[76]

Vor diesem Hintergrund beschloss die WRK, die notwendigen Schritte zu konkretisieren und Vorschläge zur Umsetzung der Forderung nach Erhöhung des Frauenanteils zu machen. Diese stützten sich auf eine eigene Umfrage zum Thema „Situation der Frauen in den WRK-Mitgliedshochschulen", aber auch auf den Bericht „Zur Förderung von Frauen im Bereich der Wissenschaft" der Bund-Länder-Kommission für Bildungsplanung und Forschungsförderung (BLK) vom 2. Oktober 1989. Die Umfrage machte einen akuten Mangel an Kinderbetreuungsmöglichkeiten an den Hochschulen sichtbar. Daher appellierte die WRK an Bund und Länder, dass sie zum einen Frauen in der Promotions- und Habilitationsphase mit Kinderbetreuungszuschlägen finanziell unterstützen sollten und dass zum andern Mittel für neu zu schaffende Einrichtungen zur Kinderbetreuung bereitgestellt werden sollten, die den besonderen Bedürfnissen von Wissenschaftlerinnen angepasst wären.[77]

Bemerkenswerterweise hatte die BLK sich in dem genannten Bericht zwar auch mit dem „Ausgleich von Nachteilen, die durch die Betreuung und Erziehung von Kindern entstehen", befasst und als Lösung des Problems u.a. Teilzeitbeschäftigung, Verlängerung von Zeitverträgen, flexible Altersgrenzen bei Einstellungen und flexible Arbeitszeiten empfohlen,[78] aber das Thema Kinderbetreuung klammerte sie bewusst aus. Obwohl sie die Reichweite des Problems klar erkannt und auch benannt hatte, ging sie in ihrem Bericht nicht näher darauf ein, „weil die Frage der Kinderbetreuung überwiegend nicht in die Kompetenz der Wissenschaftsverwaltung fällt und eine Lösung nur in einem größeren Rahmen möglich ist."[79] Dass diese Einschätzung der Kompetenz der Wissenschaftsverwaltung von der späteren Entwicklung widerlegt wurde, zeigen die zahlreichen Kinderbetreuungseinrichtungen, die seitdem an den Hochschulen geschaffen wurden.

Eine knappe Dekade später klangen die Empfehlungen von Seiten der Regierungschefs des Bundes und der Länder und des Wissenschaftsrats erheblich nachdrücklicher, und vor

---

75 Eine Übersicht über familienfreundliche Maßnahmen (family-friendly policies) bietet Babies and Bosses, S. 13.
76 WRK, 1990, S. 4f.
77 Ebd., S. 6.
78 BLK, S. 7f.
79 BLK, 1989, S. 16.

allem wurden die Frauen nun nicht mehr, wie noch wenige Jahre zuvor, als „wissenschaftliche Reservearmee" instrumentalisiert. So betonte der Wissenschaftsrat bereits in der Präambel seiner „Empfehlungen zur Chancengleichheit von Frauen in Wissenschaft und Forschung" vom 15. Mai 1998 die besondere Verantwortung der staatlich finanzierten Hochschulen „für die Umsetzung des Verfassungsgrundsatzes der Gleichstellung von Frauen und Männern"[80] und sah sie in der Pflicht, „für ihre Angehörigen Kinderbetreuungsmöglichkeiten quantitativ und qualitativ auszubauen und dabei den besonderen Anforderungen aufgrund der Zeitstrukturen von Studium, Lehre und Forschung Rechnung" zu tragen.[81] Mit gleichem Wortlaut nahmen auch die Regierungschefs von Bund und Ländern zwei Monate später die Universitäten in die Pflicht und forderten nachdrücklich, „die notwendigen Rahmenbedingungen zur Vereinbarkeit von wissenschaftlicher Arbeit und Kindererziehung zu verbessern."[82]

Am 8. Juli 2003 wurde die Kinderbetreuung in der „Empfehlung des 200. Plenums der Hochschulrektorenkonferenz" dann zum zentralen Thema. Da die Erfahrung der vergangenen Jahre gelehrt hatte, dass die Regelbetreuung in Kindergärten der Kommunen den besonderen Bedingungen der wissenschaftlichen Arbeit nicht gerecht wurde, hatten in der Zwischenzeit einzelne Hochschulen mithilfe von Elterninitiativen und mit Unterstützung der Studentenwerke eigene Einrichtungen geschaffen, die flexibel auf die Bedürfnisse wissenschaftlich arbeitender Eltern reagieren konnten. Diese Anregungen sollten auch andere Hochschulen nach Auffassung der Hochschulrektorenkonferenz aufgreifen, sich um Kooperationen zur Schaffung von Betreuungsangeboten bemühen sowie „mit den Betroffenen aktiv nach anderen kreativen Lösungen suchen".[83]

Die Hochschulrektoren machten den Universitäten außerdem eine Reihe von Vorschlägen, wie sie das Problem der Kinderbetreuung lösen könnten; hierzu gehörten beispielsweise die Einrichtung eines Familienservice, die Möglichkeit, die Kinder bei Betreuungslücken an den Arbeitsplatz mitzubringen, Veranstaltungen zur Enttabuisierung des Themas, die Finanzierung einschlägiger Forschungsprojekte, die Unterstützung von Netzwerken zum Austausch von Erfahrungen sowie schließlich das Angebot von Gästewohnungen für Wohngemeinschaften von Wissenschaftlerinnen mit Kindern.

Die bemerkenswerte Vielzahl und Vielfalt der Überlegungen und Vorschläge, die die Hochschulrektoren und -rektorinnen hier niedergelegt haben, um Handreichungen für die Überwindung des nach wie vor dominierenden Hindernisses für die Erreichung der Chancengleichheit zu geben, zeigt eindrücklich, dass diese Problematik im neuen Jahrtausend in den Universitäten angekommen war. Dieser Eindruck wird bestätigt durch den Beschluss des 209. Plenums der HRK zum Thema „Frauen fördern – Empfehlung zur Verwirklichung von Chancengleichheit im Hochschulbereich", das am 14. November 2006 stattfand. Die HRK wies in ihrer Analyse der Arbeitsbedingungen in der Wissenschaft auf die zeitliche Parallelität von karriererelevanter Qualifizierung und Familiengründung hin, und sah in dem „Mangel an Kinderbetreuungseinrichtungen mit flexiblen Angeboten in der Nähe von Hochschulen" ein ausschlaggebendes Karrierehindernis, das zwar auch für Männer gelte, in höherem Ausmaß aber für Frauen.[84]

Zudem wurden die Hochschulen in den Empfehlungen dazu aufgefordert, familienbezogene Fragen (neben der Kinderbetreuung wurde hier auch „dual career" angesprochen) in die Berufungsverhandlungen einzubeziehen, die – streng vom wissenschaftsbezogenen Teil des Berufungsverfahrens getrennt – mit den Hochschulleitungen zu führen seien: „Der einzelne Fachbereich ist mit diesen Fragen überfordert. Eine Hochschule, die sich der Politik der Chancengleichheit verpflichtet fühlt, sollte dagegen unterstützend tätig werden können."[85]

Im Jahr 2007 führten die zu geringen Fortschritte in der Chancengleichheit an den Hochschulen zu weiteren „Empfehlungen zur Chancengleichheit von Wissenschaftlerinnen und Wissenschaftlern" von Seiten des Wissenschaftsrats. In ihnen wurde die Betreuungsfrage in den weiteren Kontext der zu-

---

80 Wissenschaftsrat, 1998, S. 4.
81 Ebd., S. 8.
82 BLK, 1998, S. 4.
83 https://www.hrk.de/positionen/beschluss/detail/zur-familienfreundlichen-gestaltung-der-hochschule/
84 HRK, 2006, S. 27.
85 Ebd., S. 34.

nehmenden Internationalisierung der Wissenschaftslandschaft gestellt. Der Wissenschaftsrat verwies in diesem Zusammenhang kritisch auf die historisch gewachsene „spezielle Ausprägung des Mutterbilds in der deutschen Gesellschaft": „In keinem anderen westlichen Land" müssten sich „Frauen, die Berufstätigkeit und Familie miteinander vereinbaren wollen, mit vergleichbaren Anforderungen und Vorurteilen auseinandersetzen, die im Negativbild der ‚Rabenmutter' gipfeln. Dieses einengende Rollenbild, das sich als besonders zäh und langlebig erweist," habe „nicht zuletzt durch den Mutterkult des Nationalsozialismus eine gesellschaftliche Verankerung" erfahren. Weiterhin ist zu lesen: „In den Vereinigten Staaten, aber auch in den meisten europäischen Ländern ist die außerfamiliäre Betreuung der Kinder wesentlich umfassender geregelt und bedarfsgerechter – auch im Sinne der Kinder – organisiert. Die Berufstätigkeit von Frauen" besitze „eine ganz andere gesellschaftliche Akzeptanz" und gehöre „zum Teil schon seit Jahrzehnten zur Normalität des sozialen Lebens, für die das Schulsystem mit Vorschulen und Ganztagsbetreuung den nötigen organisatorischen Rahmen schafft. In der Bundesrepublik kommen nur langsam und zögerlich Lösungen für diese gesellschaftlichen Teilbereiche zustande."[86]

Bei der Frage nach den näheren Ursachen für die unbefriedigende Entwicklung der Beteiligung von Frauen am Wissenschaftsbetrieb wurde dann im Folgenden der nach wie vor nicht zufriedenstellend gelösten Frage der Kinderbetreuung und insbesondere der höheren Beanspruchung der Frauen durch Familienpflichten die entscheidende Bedeutung zugemessen. Dass dies nicht so sein müsse, zeige jedoch ein Blick in die skandinavischen Länder, wo deutlich mehr Frauen den Weg in die Wissenschaft einschlügen.[87]

Ein gewichtiges Wort in dieser Frage hat seit der Jahrtausendwende auch die DFG mitgesprochen: „Wettbewerbsfähig und zukunftsorientiert Gleichstellung zu sichern bedeutet, in den Mitgliedseinrichtungen der DFG für die Vereinbarkeit von Familie und wissenschaftlicher Karriere für Männer und Frauen aktiv Sorge zu tragen, veralteten Rollenstereotypen entgegen zu wirken und individuelle Lebensentwurfsgestaltungen zu berücksichtigen."[88] Deshalb hat die Deutsche Forschungsgemeinschaft für alle Förderverfahren die familienfreundlichere Gestaltung des Arbeitsplatzes in den Katalog ihrer Gleichstellungsmaßnahmen aufgenommen.[89] Die Prüfung, ob im gegebenen Fall Kinderbetreuungseinrichtungen vorhanden sind, ist zwischenzeitlich zum festen Bestandteil von Begutachtungsverfahren geworden.[90] Der Präsident der DFG hat dazu schon bei der Jahresversammlung 2006 deutliche Worte gefunden: „Manche Leute glauben noch immer, es reiche, einer Wissenschaftlerin ein paar Euro für die Kinderbetreuung zur Verfügung zu stellen". Ausländische Gutachter bei der Exzellenzinitiative hätten „ob solcher Naivität nur den Kopf geschüttelt."[91]

Betrachten wir nun die spezifische Entwicklung der Familienfreundlichkeit an unserer Universität etwas näher.

Die Entwicklung an der FAU

Am 1. Juni 2016 wurde der Code of Conduct „Familienfreundliche FAU" verabschiedet. In der Präambel ist zu lesen „In ihrem Bestreben, exzellente Leistungen in Forschung und Lehre zu ermöglichen, und in Wahrnehmung ihrer gesellschaftlichen Verantwortung fördert die Friedrich-Alexander-Universität Erlangen-Nürnberg (FAU) systematisch die Balance zwischen Wissenschaft, Studium, Beruf und Familie. Alle Mitglieder der Universität sollen wissenschaftliche Karriere, Studium und Beruf mit ihrer Rolle in der Familie vereinbaren können."

Eine entscheidende Rolle hinsichtlich der Umsetzung dieser Zielsetzung kommt dem im Jahr 2007 eingerichteten Familienservice der FAU und des Universitätsklinikums zu. Seine Aufgabe ist die Koordination und Vernetzung der vielfältigen Angebote für Studierende, Beschäftigte und deren Angehörige.

Hinsichtlich der einzelnen Stationen des Weges zur familienfreundlichen FAU sind insbesondere folgende relevanten Aspekte näher zu beleuchten.

---

86 Wissenschaftsrat, 2007, S. 8f.
87 Ebd., S. 20.
88 DFG, 2008.
89 https://www.dfg.de/download/pdf/dfg_im_profil/geschaeftsstelle/publikationen/flyer_gleichstellung_wissenschaft.pdf
90 https://www.dfg.de/foerderung/grundlagen_rahmenbedingungen/chancengleichheit/massnahmen/antragsverfahren/index.html
91 DFG, 2006, S. 17.

Kinderbetreuung an der FAU

Richtet man den Blick auf die Entwicklung der Kinderbetreuungseinrichtungen an der Friedrich-Alexander-Universität Erlangen-Nürnberg, so stellt man fest, dass neben den öffentlich eher wahrgenommenen Erfolgen auch medial weniger kommunizierte Misserfolge zu verzeichnen sind. Die noch größere Überraschung ist aber wohl, dass die Geschichte der Kinderbetreuung an der FAU nach den Akten der Zentralen Universitätsverwaltung viel früher beginnt, als man das vermuten würde:

Schon lange bevor auf Bundesebene das Thema Kinderbetreuung aufgegriffen wurde[92], gab es in Erlangen eine Initiative zur Schaffung entsprechender Kapazitäten.

Der Allgemeine Studentenausschuß (AStA – es gab ihn damals auch in Bayern) wandte sich am 1. Juli 1968 an das Bayerische Staatsministerium für Unterricht und Kultus[93] mit der sehr detailliert begründeten Bitte, dem Studentenwerk Mittel für den Betrieb einer dringend benötigten Kinderkrippe für die Kinder von Studentinnen durch einen bereits gegründeten Verein „Universitätskindertagesstätte e. V."[94] zur Verfügung zu stellen. Bereits zwei Tage später machte sich der damalige Rektor Prof. Dr. Johannes Herrmann das Anliegen der Studierenden zu eigen und trug es seinerseits mit Schreiben vom 3. Juli 1968[95] dem Staatsministerium vor. Er verwies darauf, dass es an der Universität Erlangen-Nürnberg „rund 300 Studentinnen, die Kinder im Alter bis zu 4 Jahren zu versorgen haben", gebe und erklärte „die Errichtung von „Kinderkrippen" für Studentenkinder … für vordringlich". Der damalige Bayerische Staatsminister für Unterricht und Kultus, Dr. Ludwig Huber, antwortete am 26. September 1968[96] und stellte einleitend fest: „Das sachliche Bedürfnis für die Errichtung studentischer Kinderkrippen in Universitätsnähe wird von mir grundsätzlich anerkannt." Anschließend wurden allerdings einige Gründe aufgeführt, weshalb dem Anliegen der Universität nicht entsprochen werden konnte. Obwohl das Anliegen von allen Seiten unterstützt wurde und der AStA sogar den damaligen Bundesfamilienminister Bruno Heck angeschrieben hatte[97], war der Initiative vorerst kein nachweisbarer Erfolg beschieden. Es dauerte immerhin bis zur Neufassung des Bayerischen Hochschulgesetzes von 1988, ehe in die Aufgaben der Studentenwerke „die Einrichtung von Kinderbetreuungsstätten" aufgenommen wurde.[98]

Die „Kuschelecke"

Den ersten erfolgreichen Anlauf für eine eigene Kinderbetreuungseinrichtung an der FAU gab es dann nicht wegen der Studierenden, sondern wegen der Pflegekräfte des Klinikums. Zu Zeiten eines gravierenden Pflegenotstands reifte die Erkenntnis, dass ein Weg zur (Wieder-)Gewinnung von Pflegekräften das Angebot von Kinderbetreuungsplätzen sein könnte. Nach intensiven und nicht einfachen Verhandlungen und Planungsarbeiten mit den Aufsichtsbehörden und dem Staatlichen Bauamt (bedarf es für eine Kinderkrippe mit 12 Plätzen wirklich einer Topfspülanlage mit Kosten von etwa 30.000 DM?) konnte Ende Dezember 1990 die mit nachhaltiger Unterstützung des seinerzeitigen Erlanger Landtagsabgeordneten und Leiters der Bayerischen Staatskanzlei Dr. Wilhelm Vorndran entstandene erste Kinderkrippe der Universität in der Östlichen Stadtmauerstraße 20 in Betrieb genommen werden.

Die Kosten der Kleinen Baumaßnahme von 121.000 DM, mit deren Hilfe aus fünf Zimmern im Schwesternwohnheim eine Kinderkrippe mit Küche und Sanitäranlagen entstand, wurden ebenso aus dem Haushalt des Universitätsklinikums finanziert wie die Ersteinrichtung. Die Eltern mussten sich mit monatlich 120 DM und 30 DM Verpflegungspauschale an den wesentlich höheren Betriebskosten beteiligen. Träger war der Freistaat Bayern, Betreiberin zunächst die Universität

---

92 Für die Universitäten sei beispielhaft hingewiesen auf den Rahmenplan zur Frauenförderung an der Universität Bielefeld, Ziff. 4.4 „Die Universität Bielefeld fördert aktiv die Bemühungen um eine ausreichende Bereitstellung von Kinderbetreuungsplätzen. Sie erwartet von allen Mitgliedern und Angehörigen Vorschläge zur modellhaften, universitätsinternen Lösung der Kinderbetreuungsproblematik." Mitteilungsblatt Bielefeld, 1991, Nr. 6, S. 155 (157).

93 ZUV, Akt 232-26, Blätter 4–6.

94 Mitglieder des Vereins waren nach Angabe auf S. 2 des Schreibens „die Eltern der Kinder, die Stadt Erlangen, das Studentenwerk Erlangen / Nürnberg, der AStA und der evangelische und katholische Studentenpfarrer".

95 ZUV, Akt 232-26, Blätter 1–3.

96 Ebd., Blätter 17–19.

97 Ebd., Blatt 7.

98 Art. 99 Abs. 1 BayHSchG.

selbst.[99] Dass das Modell erfolgreich war, zeigte sich sehr schnell an der Genehmigung der Erweiterung um 20 auf 32 Plätze zum Jahreswechsel 1992/93[100]. Umgesetzt werden konnte diese allerdings erst, als der Deutsche Paritätische Wohlfahrtsverband im März 1994 die Trägerschaft für die Kinderkrippe übernahm.[101]

Auch wenn die Priorität angesichts der Entstehungsgeschichte naturgemäß bei den Kindern von Angehörigen des Pflegedienstes lag, bestand im Rahmen freier Kapazitäten auch die Möglichkeit, Kinder des ärztlich-wissenschaftlichen Personals aufzunehmen. Nach einer schwierigen Phase zur Jahrtausendwende – es wurde sogar die Einstellung der Einrichtung erwogen – haben sich die Verhältnisse stabilisiert, und die Kinderkrippe „Kuschelecke" in der Östlichen Stadtmauerstraße 20 ist heute mit 36 Plätzen in 3 Gruppen nach wie vor Bestandteil des Kinderbetreuungsangebotes von Universität und Klinikum in Trägerschaft der „Gemeinnützige Paritätische Kindertagesbetreuung GmbH Nordbayern".

Neubau von Kinderbetreuungseinrichtungen auf dem Nordgelände

Die Erfolgsgeschichte fand aber erst mit erheblicher Verzögerung eine Fortsetzung: Am 17. Juli 1992 stellte die Pflegedirektion des Klinikums einen „Bauantrag für den Neubau einer Kinderkrippe und eines Kindergartens auf dem Nordgelände für Kinder von Pflegepersonal" für 60 Kinderkrippenplätze und 75 Kindergartenplätze.[102] Nach dessen Behandlung in der Interministeriellen Baukommission und entsprechender Überarbeitung, die zu einer Flächen- und Kostenreduzierung führte, wurde die Maßnahme zum 24. Rahmenplan für den Hochschulbau angemeldet und in die Finanzplanung 1995–1998 aufgenommen. Der Personalrat der Universität stimmte in seiner Stellungnahme sogar der Ausweitung des berechtigten Personenkreises über das Pflegepersonal hinaus zu.

Obwohl die Staatsregierung bereits am 24. Januar 1992 beschlossen hatte, „ein Programm zur Förderung der Errichtung von Kinderbetreuungseinrichtungen anzustreben", wurde nach mehreren schwierigen Standortdiskussionen („Parkhaus versus Kinderbetreuung") die geplante Maßnahme mit Beschluss des Senats der Universität vom 28. Mai 1997 zunächst zurückgestellt; fast fünf Jahre später wurde auf Beschluss einer großen Baubesprechung am 28. Januar 2002 der dafür bereits eingerichtete Haushaltstitel[103] wieder gestrichen. Im Jahr 2013 hat das Universitätsklinikum dann eine weitere, dreigruppige Kinderkrippe an der Palmsanlage errichtet, die unter der Trägerschaft der Johanniter-Unfall-Hilfe e. V. steht. Sie stellt Plätze für 42 Kinder zur Verfügung, die bevorzugt von Mitarbeiterinnen und Mitarbeitern des Universitätsklinikums genutzt werden.[104]

Kinderkrippe im Neubau der Wirtschafts- und Sozialwissenschaften in Nürnberg

Auch der Ausbau der Kinderbetreuung an der FAU war zunächst keine kurzfristige Erfolgsgeschichte: gerade am Standort Nürnberg, der seine Entfernung vom Erlanger „Schloss", dem Sitz der Universitätsleitung und -verwaltung, häufig auch als Abstand vom universitären Interesse empfindet, sind die Bemühungen um die Einrichtung einer Kinderkrippe und eines Kindergartens – hoffentlich nicht endgültig – gescheitert:

Es begann mit der Initiative der Frauenbeauftragten der damaligen Wirtschafts- und Sozialwissenschaftlichen Fakultät, der „WiSo", Deniz Schobert, die in einem Raum des 2. Bauabschnitts in der Langen Gasse eine Kinderkrippe einzurichten plante. Die Begehung mit dem Staatlichen Bauamt und weiteren Experten ergab allerdings, dass der Raum für den beabsichtigten Zweck nicht geeignet war, weil die zahlreichen Anforderungen an Räume für Kinderbetreuung entweder nicht oder nur mit unvertretbarem Aufwand hätten erfüllt werden können.

Daraufhin richtete sich der Blick auf eine Fläche, die beim Architektenwettbewerb für den 2. Bauabschnitt als bebaubar ausgewiesen worden war. Das Bauamt fertigte sehr zügig einen Plan für ein kostengünstig zu errichtendes Gebäude an, und die Stadt Nürnberg erklärte ihre Bereitschaft, den unmittelbar hinter dem Gelände liegenden städtischen Spielplatz als für den Kindergarten notwendige Freifläche zur Verfügung zu stellen.

---

99 FAU UniKurier 83, 3. März 1991, S. 22.
100 Ebd. 88, Januar 1993, S. 16.
101 FAU UniKurier Aktuell, Nr. 1, Mai 1994, S. 7.
102 ZUV, Akt 700-55/7.
103 Kap. 1520 Tit. 732 25-29. Rahmenplan Kev B 1319 769.
104 https://www.kita-bayern.de/er/krippe-palmsanlage/index.html.

Aber: der „Segen", sprich die Bereitschaft zum Verzicht auf einen „haushalts- und verfassungskonformen" Erbbauzins für die benötigte Fläche, der erst die Finanzierbarkeit der Betreuungsplätze für die Eltern sichergestellt hätte, war aus München nicht zu bekommen. Das Staatsministerium der Finanzen lehnte einen entsprechenden Antrag mit der Begründung ab, dass es sich bei der Schaffung bedarfsgerechter Kinderbetreuungsplätze um eine originäre Kommunalaufgabe handle, für die der Freistaat Bayern und der Bund erhebliche Mittel zur Verfügung stellten, weil der Ausbau der Kinderbetreuung zudem eines der vorrangigen Ziele der Bayerischen Staatsregierung sei: „Es besteht im konkreten Fall insofern kein zwingendes Interesse des allgemeinen öffentlichen Wohls an einer unentgeltlichen Überlassung von staatseigenen Grundstücken im Erbbaurecht."[105]

Besonders interessant an dieser Absage war die Tatsache, dass sie genau an dem Tag eintraf, an dem die Bundeskanzlerin öffentlich verkündete, dass zur Verbesserung der Chancengleichheit mehr für die Kinderbetreuung getan werden müsse. Auch die Einschaltung verschiedener Mitglieder des Bayerischen Landtags und der Staatsregierung, der Hinweis des Oberbürgermeisters der Stadt Nürnberg, dass sie „bei der Bereitstellung von Grundstücken aus eigenem Besitz so (verfahre), dass sie anfallende Erbpachtzinsen auf dem Weg der Bezuschussung übernimmt"[106], sowie die Tatsache, dass im Doppelhaushalt 2009 / 2010 des Freistaats Bayern im Haushaltskapitel der TU München ein Vermerk enthalten war, der einen Parallelfall genehmigte,[107] führten zu keiner positiven Entscheidung, was zur Folge hatte, dass das Projekt noch nicht realisiert werden konnte. Immerhin wurde es noch nicht endgültig aufgegeben, und die umfangreichen Renovierungsmaßnahmen im Bereich Lange Gasse 20 werden vielleicht eine Möglichkeit bieten, das Vorhaben einer universitätsnahen Kinderbetreuungseinrichtung für die Rechts- und Wirtschafts- und Sozialwissenschaften doch noch umzusetzen.

Kinderkrippe „Kleiner Stern" am Röthelheimpark

In Erlangen war die Entwicklung erfolgreicher: Nach Vorgesprächen mit der Stadt Erlangen, dem Kreisverband Erlangen-Höchstadt der Arbeiterwohlfahrt e.V. (AWO) sowie dem Paritätischen Wohlfahrtsverband (DPWV) zu Beginn des Jahres 2005 mit dem Ziel, Kinderkrippenplätze für die Mitarbeiter und Mitarbeiterinnen der FAU vorzuhalten, wurde ein Modell entwickelt, mit dem die Universität bei der AWO Kontingentplätze in einer von der AWO zu errichtenden Betreuungseinrichtung erwerben konnte. Die Plätze sollten ohne städtische und staatliche Zuschüsse errichtet werden, damit Kinder unabhängig vom Wohnort aufgenommen werden konnten.

Die Universität schloss mit der AWO einen Dienstleistungsvertrag über zehn Jahre ab. Mit einer Eilentscheidung des Oberbürgermeisters der Stadt Erlangen am 2. September 2005 wurde dem Verkauf des städtischen Grundstücks an die AWO zugestimmt. Daraufhin konnten die Bauarbeiten für die Räume für zwei Gruppen mit je zwölf Kindern beginnen. Errichtet wurde ein Gebäude vom Typ „Kiddy Cube" im modularen Baukastenprinzip. Dies hatte den Vorzug kurzer Bauzeit, niedriger Kosten, flexibler Nutzung und der Möglichkeit zur Erweiterung. Nachdem der Bayerische Landtag mit Beschluss vom 20. Juli 2005 festgelegt hatte, dass bei der Finanzierung von Kinderbetreuungseinrichtungen an Hochschulen Drittmittel flexibler eingesetzt werden können, war eine Finanzierung aus Overheadmitteln möglich. Die FAU war damit die erste bayerische Universität, die ihren Mitarbeiterinnen und Mitarbeitern Kinderkrippenplätze anbieten konnte, die ausschließlich aus eigenen Mitteln finanziert waren. Die Kinderkrippe Kleiner Stern wurde am 22. Juli 2006 in Anwesenheit der Universitätsfrauenbeauftragten Prof. Dr. Martina de Zwaan, des Erlanger Oberbürgermeisters Dr. Siegfried Balleis, der Geschäftsführerin der AWO Erlangen-Höchstadt Jutta Helm, der Leiterin des Büros der Frauenbeauftragten Dr. Sabina Enzelberger und des Autors feierlich eröffnet.

Angesichts der großen Nachfrage nach Betreuungsangeboten wurden für die seitdem von der AWO vorgenommenen Erweiterungen der Kinderkrippe im November 2007 und im September 2010 weitere Dienstleistungsverträge über Kontingentplätze im Kleinen Stern geschlossen. Derzeit bietet das Kinderhaus Kleiner Stern sieben Krippengruppen (6 Monate bis 3 Jahre) mit je zwölf Ganztagsplätzen (plus zwei Notplätzen) und mit 25 Plätzen für Kinder im Kindergartenalter (ca. 2,5 bis 6 Jahren); Kontingentplätze gibt es für die Universität, das Universitätsklinikum und die Firma Siemens.

---

105 Schreiben des Staatsministeriums der Finanzen vom 9. April 2008, ZUV, Akt 700-36.3.1 III.
106 Schreiben des Oberbürgermeisters der Stadt Nürnberg vom 1. August 2008, ZUV, Akt 700-36.3.1 III.
107 Freistaat Bayern, Haushaltsplan 2009 / 10 Einzelplan 15, Kapitel 15 12 Technische Universität München, Einnahmeverzichte S. 175.

Einweihungsfeier „Kleiner Stern", Begrüßung durch Kanzler Thomas A.H. Schöck, und Frau Jutta Helm (AWO).
Foto: Privat

Neubau Kinderkrippe Südgelände „Pfauennest"

Nachdem sich die Verhältnisse hinsichtlich der Finanzierung von Kinderbetreuungseinrichtungen durch die Universität „eingespielt" hatten, konnte im Jahr 2013 mit Mitteln aus dem Sonderinvestitionsprogramm des Bundes „Kinderbetreuungsfinanzierung 2008–2013"[108], mit Unterstützung der Stadt Erlangen und unter Nutzung von Gleichstellungsmitteln aus den DFG-Sonderforschungsbereichen auf dem Südgelände neben dem Physikalischen Institut eine Kinderkrippe mit 36 Plätzen in drei Gruppen errichtet werden. Sie wird vom Regionalverband Mittelfranken des Johanniter-Unfall-Hilfe e.V. betrieben und wurde am 6. Juni 2014 eingeweiht.

Wie erfolgreich das Angebot ist und wie nachhaltig hoch der Bedarf an Kinderbetreuungsplätzen in Erlangen ist, lässt sich daran ablesen, dass aus dem 4. Sonderinvestitionsprogramm des Bundes „Kinderbetreuungsfinanzierung 2017–2020"[109] bereits eine ergänzende Erweiterung mit 12 Kinderkrippen- und 50 Kindergartenplätzen geplant ist.

Zwischenzeitlich bietet der Familienservice der FAU und des Universitätsklinikums für das jeweilige Personal reguläre universitäre Kinderbetreuungsplätze an allen Standorten der Universität an, in Nürnberg auch in Kooperation mit der Technischen Hochschule Georg Simon Ohm. Aktuell liegt die Zahl der Plätze für Mitarbeiterinnen und Mitarbeiter bei 106. Für Studierende stehen weitere 74 Plätze bereit, die das Studentenwerk Erlangen-Nürnberg organisiert. Für die neue Studentenwohnanlage Avenariusstrasse in der Nürnberger Nordstadt mit 400 Wohnplätzen ist auch eine Kita vorgesehen.[110]

Babysitting

Als Ergänzung zu den beschriebenen regulären Kinderbetreuungsangeboten besteht außerdem die Möglichkeit, sowohl bei außergewöhnlichen beruflichen oder studienbedingten Anlässen die Kinder der Mitarbeiterinnen und Mitarbeiter oder der Studierenden durch Babysitter im eigenen Zuhause oder im Rahmen von Tagungen in den Räumlichkeiten der FAU betreuen zu lassen.

Ferienbetreuung

Der Familienservice der FAU und des Universitätsklinikums bietet an allen Standorten der Universität in der Metropolregion in den Schulferien eine verlässliche altersgruppenspezifische Ferienbetreuung für die Kinder von Mitarbeitenden und Studierenden an.

Elder Care

Im Jahr 2006 wurde das Notfallprojekt „Delfin" für pflegebedürftige Angehörige ins Leben gerufen. Im Falle, dass Mitarbeiterinnen und Mitarbeiter aus beruflichen Gründen ihre Angehörigen nicht betreuen können, springt das Delfin-Team ein. In den letzten Jahren wurde die Angehörigenpflege neben der Kinder-

---

108 Bekanntmachung des Bayerischen Staatsministeriums für Arbeit und Sozialordnung, Familie und Frauen über die Richtlinie zur Förderung von Investitionen im Rahmen des Investitionsprogramms „Kinderbetreuungsfinanzierung" vom 13. Februar 2008 (AllMBl. S. 144), die zuletzt durch Bekanntmachung vom 7. Dezember 2016 (AllMBl. S. 2221) geändert worden ist.

109 Bekanntmachung des Bayerischen Staatsministeriums für Arbeit und Soziales, Familie und Integration vom 8. August 2017, Az. II4/6511-1/422, AllMBl. 2017/08 S. 332 vom 08.08.2017.

110 Studentenwerksblitz April 2019.

betreuung ein zentraler Schwerpunkt des Familienservice. Angeboten werden auch Informationsveranstaltungen und Fachvorträge rund um das Thema „Elder Care". Zudem haben die Mitarbeitenden des Familienservice die Ausbildung zum „betrieblichen Pflegelotsen" mit dem Ziel absolviert, als universitätsinterne Kontaktpersonen im Rahmen kostenloser kollegialer Beratung eine erste Orientierung im „Pflege-Dschungel" zu geben.

Förderverein Familie und Wissenschaft e. V.

Nicht zuletzt muss in diesem Zusammenhang auch noch der von der AG Chancengleichheit im Jahr 2005 initiierte „Förderverein Familie und Wissenschaft" der FAU erwähnt werden. Er wurde mit dem Ziel gegründet, die Vereinbarkeit von Familie und Wissenschaft auf unbürokratische Weise zu fördern. Der Verein wurde 2018 aufgelöst, weil die von ihm verfolgten Zwecke inzwischen vom Familienservice der FAU übernommen werden konnten.

Alle diese umfassenden spezifischen, die Familienfreundlichkeit in besonderer Weise fördernden Angebote haben die FAU in den letzten Jahren in bundesweiten Wettbewerben[111], beim „audit familienfreundliche hochschule" oder bei der Aufnahme in den Best Practice Club „Familie in der Hochschule", stets gut abschneiden lassen. Dies ist vor allem das Verdienst der langjährigen Mitarbeiterinnen und Mitarbeiter des Familienservice der FAU, Heidrun Stollberg und Christian Müller-Thomas.

Der Aufbau der Dual Career-Unterstützung[112]

Das bis zum Ende der sechziger Jahre des letzten Jahrhunderts vorherrschende Familienmodell „Vater arbeitet, Mutter ist bei den Kindern" machte es nicht erforderlich, bei Berufungen von männlichen Professoren (andere gab es bis weit in die achtziger Jahre kaum) die begleitenden Frauen mit in den Blick zu nehmen. Wichtiger war damals eine attraktive Schulumgebung, um Wissenschaftlerfamilien für den Standort Erlangen-Nürnberg zu interessieren und dann auch zu gewinnen.

Das änderte sich erst, als die in den Achtundsechzigern in die wissenschaftliche Laufbahn gekommenen Nachwuchskräfte (immer noch ganz weit überwiegend männlich) in die berufungsfähige Phase ihrer Karriere kamen. Nun stieg die Zahl der Fälle, in denen die Ehefrauen ebenfalls berufstätig waren – sehr oft als Lehrerin, manchmal als Juristin, jedenfalls aber meist im öffentlichen Dienst. Das führte dazu, in den Berufungsverhandlungen, die zunächst beim Kanzler stattfanden und zu denen nur bei ganz ungewöhnlichen Konstellationen oder Schwierigkeiten auch der Rektor, später Präsident hinzugezogen wurde, die Frage zu stellen, ob es denn eine begleitende Ehefrau gebe (das war am Anfang noch das Übliche), ob diese etwa berufstätig und am Ende vielleicht sogar Lehrerin mit einer außerbayerischen Lehramtsqualifikation sei.[113] Das waren nämlich die schwierigsten Fälle, weil die Personalpolitik des für Lehrerinnen zuständigen Bayerischen Staatsministeriums für Unterricht und Kultus auf die Bedürfnisse der vom Bayerischen Staatsministerium für Wissenschaft und Kunst betreuten bayerischen Hochschulen lange Zeit wenig Rücksicht nahm – obwohl die Beamtinnen und Beamten beider Ministerien sich ja täglich auf den Fluren ihres gemeinsamen Hauses begegneten.

Auch wenn der Blick zurück dazu neigen mag, manches Verhalten zu verklären, war die Frage nach dem Beruf der Ehefrau zumindest aus der Perspektive des Verfassers anfänglich wohl vor allem dem eher utilitaristischen Streben nach einem erfolgreichen Abschluss des jeweiligen Berufungsverfahrens und weniger der eher altruistischen Fürsorge für die begleitenden

---

111 S. unten Kap. 3.6 Auszeichnungen für Gleichstellungserfolge an der FAU, S. 99–100.

112 Eine wissenschaftliche Aufarbeitung des Themas für Mediziner und Psychologen bietet die im Jahr 2006 erschienene, auf die Ergebnisse des DFG-Projekts „PROFIL" gestützte Berliner Dissertation von Dettmer, die auch auf das deutlich frühere Aufgreifen des Themas in Amerika hinweist, S. 77 ff.

113 Vgl. dazu die Empfehlung der HRK, 2006, 5.1.6. Neugestaltung der Berufungsverfahren, S. 33.

Familien zuzurechnen.[114] Das Bewusstsein, dass es sich hier um ein grundlegendes Problem handelt, wuchs erst mit der Zeit, sicher aber bevor der Begriff „Dual Career" über den „Großen Teich" schwappte.[115] Der wachsende Erfolg – bei der Erklärung der Rufannahme oder auch später bei persönlichem Kontakt war die Wirkung der besonderen Bemühungen um die Ehefrau/den Ehemann oder den Lebenspartner/die Lebenspartnerin oft klar zu erkennen[116] – führte zu steigender Aufmerksamkeit für das Thema; ganz besonders aber auch die oft sehr deutlich spürbare Dankbarkeit der Ehefrauen oder Lebenspartnerinnen für die Unterstützung beim Finden einer adäquaten Beschäftigung im bayerischen Schul- oder Justizdienst.

Die „ausführenden Organe" dieser Aktivitäten, die zwar auf einem ständig zu pflegenden Netzwerk von Kontakten „auf Chefebene" beruhten, aber natürlich im täglichen Geschäft durch eine Vielzahl von Briefen an staatliche oder privatwirtschaftliche Arbeitgeber, die Partnerinnen und Partner möglicherweise aufnehmen würden, administrativ umgesetzt werden mussten, waren zunächst die Mitarbeiterinnen des Kanzlerbüros, die auch die Berufungsverfahren betreuten. Als der Umfang dieser Arbeiten wegen der steigenden Zahl von Berufungsverfahren, aber auch wegen der zunehmenden Ansprüche an die Unterstützung für begleitende Partnerinnen und Partner zu groß wurde, um im Rahmen der Betreuung der Berufungsverfahren nebenbei bearbeitet zu werden, setzten Überlegungen ein, gemeinsam mit anderen Hochschulen der Region, die ja prinzipiell in der gleichen Situation waren, ein Netzwerk zu gründen mit dem Ziel, dafür eine Koordinierungsstelle für die Behandlung von Dual Career-Fällen einzurichten.

Nach intensiver Vorbereitung durch die FAU fand am 2. November 2011 im Senatssaal des Erlanger Schlosses das Gründungstreffen für das Dual Career Netzwerk Nordbayern (DCNN) statt. Die teilnehmenden Institutionen, fünf Universitäten,[117] sechs Hochschulen für angewandte Wissenschaften,[118] drei weitere Hochschulen[119] und fünf außeruniversitäre Forschungseinrichtungen[120] repräsentierten nahezu flächendeckend die damalige nordbayerische Wissenschaftslandschaft.

Einvernehmlich wurden die FAU, die Universität Bayreuth und die HAW Coburg beauftragt, eine detaillierte Konzeption für das DCNN auszuarbeiten. Nach deren Abstimmung mit den Mitgliedern sollte die FAU im Namen aller – inzwischen 21 (die Evangelische Fachhochschule Nürnberg und die Hochschule für Musik Würzburg hatten sich dem Netzwerk angeschlossen) – Mitglieder dem Bayerischen Staatsministerium für Wissenschaft, Forschung und Kunst einen Antrag auf Anschubfinanzierung der Koordinierungsstelle des DCNN vorlegen.

Die Hinweise im Antrag vom 19. Januar 2012 auf die Konkurrenzsituation im Wettbewerb um Spitzenwissenschaftlerinnen und Spitzenwissenschaftler im Vergleich zu anderen, vor allem angelsächsischen Ländern, und auf die in anderen Regionen bereits bestehenden Einrichtungen überzeugten das Staatsministerium ebenso wie Zielsetzung, Grundkonzeption und räumliche Reichweite der geplanten Vernetzungsaktivitäten. Auch auf die von Wissenschaftspaaren immer mehr gewünschte Verbindung von „Career" und „Care" (Sorge für Kinder und Eltern) wurde im Antrag ergänzend hingewiesen. Nicht unerwähnt blieb schließlich der Aspekt, dass ein Netzwerk dem damals gegenüber Dual Career-Bemühungen gerne erhobenen Vorwurf des Nepotismus,[121] der Einflussnahme auf Stellenbesetzungen in der eigenen Einrichtung, entgegenwirken würde, weil damit andere Einrichtungen als potentielle Arbeitgeber zur Verfügung standen.

---

114 Vgl. ebd. die Argumentation in Ziff. 3 und 4 der Zusammenfassung und S. 8 f.
115 Dazu Dettmer, S. 77; ferner Wissenschaftsrat, Berlin 2007, S. 35.
116 Vgl. Fröhlich, S. 16 f. und Herbold.
117 Otto-Friedrich-Universität Bamberg, Universität Bayreuth, Katholische Universität Eichstätt-Ingolstadt, Friedrich-Alexander-Universität Erlangen-Nürnberg, Universität Regensburg.
118 Hochschule für angewandte Wissenschaften Ansbach, Hochschule für angewandte Wissenschaften Aschaffenburg, Hochschule für angewandte Wissenschaften Coburg, Hochschule für angewandte Wissenschaften Ingolstadt, Georg-Simon-Ohm-Hochschule für angewandte Wissenschaften Nürnberg, Hochschule für angewandte Wissenschaften Regensburg.
119 Augustana-Hochschule Theologische Hochschule der Evangelisch-Lutherischen Kirche in Bayern, Neuendettelsau, Akademie der Bildenden Künste Nürnberg, Hochschule für Musik Nürnberg.
120 Fraunhofer-Institut für Integrierte Schaltungen IIS, Fraunhofer-Institut für Integrierte Systeme und Bauelementetechnologie IISB, Fraunhofer-Institut für Silicatforschung ISC, Max-Planck-Institut für die Physik des Lichts, Wissenschaftszentrum Ost- und Südosteuropa Regensburg.
121 Vgl. hierzu z. B. Herbold und Osel, „Kungelei".

All diese Argumente führten dazu, dass der Antrag zu einem der erfolgreichsten in der Geschichte der FAU wurde: mit Schreiben vom 13. März 2012 bewilligte das Staatsministerium eine Stelle der Entgeltgruppe E 13 TV-L als dreijährige Anschubfinanzierung für Koordinationsaufgaben des DCNN sowie einmalige Sondermittel von 50.000 € für die Errichtung der geplanten virtuellen Plattform des DCNN, in der Netzwerkmitglieder Stellenangebote, Stellenprofile der zu betreuenden Personen und Kontaktdaten von Ansprechpartnerinnen und Ansprechpartnern hinterlegen sollten.

Gestützt auf die Stellenzusage konnte im November 2012 Yvonne Eder als Koordinatorin für das DCNN eingestellt werden.[122] Ihre erste große Aufgabe bestand darin, die Auftaktveranstaltung vorzubereiten und zu organisieren, die am 25. April 2013 im Theatersaal von St. Paul in Nürnberg stattfand. Der Bayerische Staatsminister für Wissenschaft, Forschung und Kunst, Dr. Wolfgang Heubisch, hob in seinem Grußwort die beispielhaften Synergieeffekte des Zusammenwirkens von Universitäten, Hochschulen und außeruniversitären Forschungseinrichtungen in der Region hervor. Positiv kommentierte er auch das Modell der Netzwerkpartner aus dem Bereich der Wirtschaft.

Die Erkenntnis, dass die angefragten Firmen hinsichtlich ihrer Mitarbeiterinnen und Mitarbeiter vergleichbare Probleme und Interessen hatten, hatte zu der Überlegung geführt, auch die großen Firmen der Region und ihre zentrale Organisation, die Industrie- und Handelskammer Nürnberg für Mittelfranken (IHK), in die Überlegungen für ein zu gründendes Netzwerk einzubeziehen. In einem „Letter of Intent" sagten die Präsidenten der drei Industrie- und Handelskammern der Metropolregion Nürnberg, IHK Nürnberg für Mittelfranken, IHK Bayreuth und IHK Coburg, im Rahmen der „Allianz pro Fachkräfte" eine Kooperation mit dem DCNN und Unterstützung seiner Veranstaltungen zu. Anders als beim 2008 gegründeten Munich Dual Career Office bleibt die Mitgliedschaft im Netzwerk aber auf die Wissenschaftseinrichtungen beschränkt; die Unternehmen können jedoch Netzwerkpartner werden.

Gegen Ende der ersten Förderperiode legte das DCNN am 27. November 2014 einen „Bericht als Grundlage einer Diskussion über die Zukunft des DCNN" vor, in dem nach einem Rückblick auf die Aufbauphase die Vorteile des Netzwerks, seine Arbeitsweise, aber auch die Beschränkungen seiner Tätigkeit dargestellt werden. Mit einer Übersicht über die persönlichen Voraussetzungen der Kundinnen und Kunden werden Überlegungen verbunden, was ein Dual Career Service zu leisten im Stande ist und wo seine Grenzen liegen. Originalzitate von Kundinnen und Kunden runden die Übersicht ab.[123] Der Bericht mündete in einen Antrag auf Weiterförderung der DCNN-Koordinierungsstelle, wobei sich diesmal die Partner des Netzwerks zur Hälfte an der Finanzierung beteiligten.

Die Beratung und Betreuung ist zwischenzeitlich zu einem selbstverständlichen Bestandteil der für eine erfolgreiche Rekrutierungspolitik der Universität zwingend erforderlichen Willkommensdienstleistungen geworden. Dem anfänglich erhobenen Vorwurf, dass die Chancengleichheit aller Bewerberinnen / Bewerber auf zu besetzende Stellen durch das Dual Career-Verfahren beeinträchtigt würde, wurde dadurch begegnet, dass gerade auch in diesen Verfahren strikt auf Qualität geachtet wurde.

Heute hat sich das DCNN in der Metropolregion etabliert und wird von den Mitgliedseinrichtungen anteilmäßig finanziert. Es werden pro Jahr etwa 30 Fälle betreut, seit der Einrichtung waren es bisher 193 Fälle. Im Jahr 2018 konnte die Unterstützung von insgesamt 29 Personen in 10 Fällen erfolgreich abgeschlossen werden, 10 weitere Fälle sind weiterhin aktuell, 3 Fälle wurden abgebrochen und in 6 Fällen wurde der Ruf abgelehnt. Die meisten Fälle kommen aus der Universität Erlangen-Nürnberg, gefolgt von der Universität Regensburg und dem Max-Planck-Institut für die Physik des Lichts. Hauptzielgruppe sind nach wie vor die Partnerinnen / Partner neuberufener Professorinnen und Professoren; der Anteil an internationalen Fällen auf Nachwuchsebene ist aber ebenfalls hoch und steigt weiter.

THOMAS A. H. SCHÖCK

---

122 Uni-Kurier aktuell Nr. 89, Februar 2013, S. 14.
123 Dual Career Netzwerk Nordbayern. Bericht als Grundlage einer Diskussion über die Zukunft des DCNN, Stand November 2014.

3.6 Auszeichnungen für Gleichstellungserfolge an der FAU

Im Laufe der Entwicklung der Gleichstellungsarbeit wurden an der FAU entwickelte Maßnahmen und Strukturen mehrfach als modellhaft und herausragend ausgezeichnet. Zugleich hat die FAU auf verschiedenen Ebenen intern Preise vergeben für die Förderung der Gleichstellung und für herausragende wissenschaftliche Leistungen von Frauen.

1. Externe Auszeichnungen der FAU

2006: Die FAU wird als familienfreundliches Erlanger „Trendunternehmen" prämiert

Am 15. Dezember 2006 wurde die FAU im Rahmen des vom Erlanger Bündnis für Familien ausgelobten Wettbewerbs „Trendunternehmen" durch den Oberbürgermeister Dr. Siegfried Balleis für ihre familienfreundliche Personalpolitik ausgezeichnet.

Besonders hervorgehoben wurden Angebote zur Flexibilisierung der Arbeitszeit wie Tele- und Teilzeitarbeit, ein spezifisches Angebot an Krippenplätzen für Universitäts- und Klinikumsangehörige, die Notfallbetreuung sowie die kurzfristige Freistellung von Universitätsangehörigen zur Pflege von Angehörigen. Auch die Organisation einer Jugenduniversität und der neu gegründete Förderverein „Familie und Wissenschaft" fanden lobende Erwähnung. Der hier anvisierte und in der Folge entwickelte Ausbau der Kinderbetreuungsplätze und die Ausdehnung der Kinderferienbetreuung geschah in enger Kooperation mit dem Erlanger Bündnis für Familien.

2008: Die FAU wird ausgezeichnet für das bayernweit beste Konzept einer Hochschule bei der Verwirklichung des Gleichstellungsauftrages

In einem vom Bayerischen Staatsministerium für Wissenschaft, Forschung und Kunst (StMWFK) ausgelobten Wettbewerb setzt sich die FAU mit ihrem Konzept unter anderem gegen die TU München und die Universität Augsburg durch und überzeugt vor allem durch die bayernweit innovative Einführung von Zielvereinbarungen zur Frauenförderung. Der damalige Minister Dr. Thomas Goppel betont in seiner Rede zur Verleihung des Preises am 8. Dezember 2008:

„[Das Konzept] zeichnet sich dadurch aus, dass es die Möglichkeiten des Hochschulrechts – vor allem das Instrument der Zielvereinbarungen – nutzt, um die Gleichberechtigung von Frauen und Männern durchzusetzen. Mit allen Fakultäten werden individuelle Ziele zur Erhöhung des Frauenanteils vereinbart. So können die besonderen Gegebenheiten in den einzelnen Fächern und Einrichtungen berücksichtigt werden. Dadurch werden die Ziele auch erreichbar. Das ist der springende Punkt: Nur wenn Zielvereinbarungen realisierbar sind, kann man auch tatsächliche Erfolge erzielen. Die Zielvereinbarungen sehen zudem ein gezieltes Head-Hunting von Wissenschaftlerinnen vor. Dieses Element sollte meines Erachtens durchaus ausgebaut werden. Denn: Wenn mehr Frauen gezielt zu einer Bewerbung aufgefordert werden, kann man auch aus mehr geeigneten Bewerberinnen auswählen."

2013: Die FAU wird deutschlandweit „herausragendes Vorbild für Chancengleichheit"

Auch in der zweiten Runde des Professorinnen-Programms zeichnet die Gemeinsame Wissenschaftskonferenz die FAU am 18. Juli 2013 für ihr Gleichstellungskonzept besonders aus. Bereits in der ersten Runde dieses Programms im Jahr 2008 hatte die FAU erfolgreich teilgenommen. In der zweiten Runde konnte die FAU die geforderte erfolgreiche Umsetzung des Gleichstellungskonzepts belegen und wurde dafür als eine von zehn deutschen Universitäten als Modell ausgezeichnet. Auch hiermit war die Anschubförderung von drei Professorinnenstellen verbunden; die dadurch eingesparten Mittel flossen in die Weiterentwicklung der Gleichstellungsarbeit.

2014: Die FAU wird von der DFG als Best Practice Vorbild für sechs ihrer Gleichstellungsprojekte ausgezeichnet

Die Projekte wurden in den Online-Instrumentenkasten „Forschungsorientierte Gleichstellungsstandards" der DFG aufgenommen, der herausragende Projekte von Universitäten, Hochschulen und Forschungseinrichtungen sammelt und damit Impulse für die praktische Gleichstellungsarbeit in der deutschen Wissenschaftslandschaft geben soll.

Als besonders vorbildliche Projekte der FAU wurden aufgenommen:

- das Schnupperpraktikum Mädchen-und-Technik,
- der Renate-Wittern-Sterzel-Preis für Gleichstellung,
- das Stipendienprogramm der Philosophischen Fakultät und des Fachbereichs Theologie,
- die Gastprofessur für herausragende Wissenschaftlerinnen,
- die proaktive Berufungspolitik der FAU,
- das Monitoring-Projekt der FAU, mit dem Karriereverläufe von Wissenschaftlerinnen und Wissenschaftlern sowie der Studienverlauf im Geschlechtervergleich besser nachvollzogen werden sollen.

2018: Die FAU erhält das Prädikat „Gleichstellung Ausgezeichnet!" durch die Gemeinsame Wissenschaftskonferenz

Das Prädikat wird der FAU im November 2018 für ihr neues ausgeweitetes Gleichstellungskonzept verliehen. Damit hat die FAU die Möglichkeit, im Rahmen des Professorinnenprogramms III des Bundes und der Länder bis 2022 Anschubfinanzierungen für vier erstberufene Professorinnen zu beantragen. Bundesweit 111 Hochschulen hatten sich an der ersten Auswahlrunde des Professorinnenprogramms III beteiligt. Die FAU gehört zu 86 Hochschulen, deren gleichstellungspolitische Strukturen und Maßnahmen überzeugt haben, und erhält darüber hinaus als eine von nur zehn deutschen Universitäten das Prädikat „Gleichstellung Ausgezeichnet!". Im Zusageschreiben vom 22. Januar 2019 heißt es:

„Das Gleichstellungskonzept ist ein herausragendes Beispiel für die Personalentwicklung und -gewinnung auf dem Weg zur Professur an Universitäten und besitzt das Potential, die in der Hochschule verankerten Gleichstellungsbemühungen zur nachhaltigen Verbesserung der Repräsentanz von Frauen auf allen wissenschaftlichen Qualifikationsebenen zu gewährleisten. (…) Das Gleichstellungskonzept ist mit der Profil- und Leitbildentwicklung der Universität verzahnt, insbesondere mit den Strategien der Forschungs- und Nachwuchsförderung, der Internationalisierung und der Personalentwicklung. Gleichstellung ist damit sowohl zentral als auch dezentral strukturell verankert, und es gibt eine überzeugende Verzahnung."

2. FAU-interne Preisverleihungen

Renate-Wittern-Sterzel-Preis (Gleichstellungspreis), seit 2005

Die Auszeichnung trägt den Namen der Initiatorin des Preises. Damit würdigt die Universität das Wirken von Frau Prof. Dr. phil. Dr. med. habil. Renate Wittern-Sterzel, der ehemaligen Leiterin des Instituts für Geschichte und Ethik der Medizin, die sich seit nun 30 Jahren engagiert und sehr erfolgreich in ihren verschiedensten Ämtern und Funktionen – darunter als erste Frauenbeauftragte und erste Prorektorin der Universität – für die Gleichstellung von Frauen und Männern an der Universität eingesetzt hat. Der Preis ist mit 10.000 Euro dotiert. Genaueres zum Preis und zu den bisherigen Preisträgern und Preisträgerinnen ist nachzulesen unter dem Kapitel „Der Renate-Wittern-Sterzel-Preis: Eine besondere Auszeichnung an der FAU".

Fakultätsfrauenpreis der Rechts- und Wirtschaftswissenschaftlichen Fakultät

Der Fakultätsfrauenpreis wird jährlich vergeben. Insgesamt werden pro Jahr zwei Preisträgerinnen ausgezeichnet – paritätisch auf die beiden Fachbereiche Rechtswissenschaft und Wirtschaftswissenschaften aufgeteilt. Prämiert werden die besten Promotions- und Habilitationsvorhaben von Doktorandinnen und Habilitandinnen der Fakultät. Der Fakultätsfrauenpreis wird in Gestalt von Sachmitteln in Höhe von 5.000 Euro pro Preisträgerin vergeben.

Bisherige Preisträgerinnen waren

Jahr	Preisträgerinnen
2018	Franziska Kurz (Fachbereich Rechtswissenschaft) und Isabella Eigner (Fachbereich Wirtschaftswissenschaften)
2017	Sophia Piotrowski (Fachbereich Rechtswissenschaft) und Mirjam Ambrosius (Fachbereich Wirtschaftswissenschaften)
2016	Johanna Grzywotz (Fachbereich Rechtswissenschaft), Johanna Eckert und Dr. Britta Kohlbrecher (beide Fachbereich Wirtschaftswissenschaften)
2015	Tina Linti (Fachbereich Rechtswissenschaft) und Janine Viol (Fachbereich Wirtschaftswissenschaften)
2014	Tanja Potschies (Fachbereich Rechtswissenschaft) und Daniela Nehls (Fachbereich Wirtschaftswissenschaften)
2013	Stefanie Seibold (Fachbereich Rechtswissenschaft) und Carolin Holzmann (Fachbereich Wirtschaftswissenschaften)

Fakultätsfrauenpreis der Naturwissenschaftlichen Fakultät

Die Naturwissenschaftliche Fakultät prämiert in jedem Jahr eine herausragende Nachwuchswissenschaftlerin für ein besonders förderwürdiges Habilitationsvorhaben oder ein gleichwertiges Forschungsprojekt, indem sie befristet Personalmittel (1/2 bzw. 1/4 TVL E13) zur Unterstützung der Finanzierung des (Habilitations-)Projekts vergibt. Eine Förderung findet nur in den Fächern beziehungsweise Qualifikationsstufen statt, in denen Frauen zahlenmäßig unterrepräsentiert sind.

Bisherige Preisträgerinnen waren

Jahr	Preisträgerinnen
2018	Dr. Kathrin Hurle (Department Geographie und Geowissenschaften)
2017	Dr. Emilia Jarochowska (Department Geographie und Geowissenschaften)
2016	Dr. Nadja Ray (Department Mathematik) und Miriam Martinsons, M.Sc. (Department Physik)
2015	Keine Preisvergabe
2014	Andrea Zang (Department Physik) und Dr. Nuschka Tschammer (Department Chemie und Pharmazie)
2013	Miriam Zobel, M.Sc. (Department Physik) und Cathrin Meinardus (Department Geographie und Geowissenschaften)
2012	PD Dr. Alexandra Schambony (Department Biologie), Sarah Freund (Department Geographie und Geowissenschaften), Dr. Olga Serdyuk (Department Chemie und Pharmazie), Inga Niedermaier (Department Chemie und Pharmazie), Susanne Bökers (Department Biologie), Jutta Schnabel (Department Physik) und Christina Haussner (Department Chemie und Pharmazie)
2011	Katrin Domsch (Department Biologie), Kristin Schröder (Department Biologie), Tanja Sauer (Department Chemie und Pharmazie), Marie-Madeleine Walz (Department Chemie und Pharmazie), Manja Hethke (Department Geographie und Geowissenschaften), Dr. Mélina Germes (Department Geographie und Geowissenschaften), Julia Brucker (Department Physik), Maite Dupuis (Department Physik), Susanne Spannl (Department Geographie und Geowissenschaften) und Susanne Wolfenstetter (Department Biologie)
2010	Dr. Madhumati Sevvana (Department Biologie), Nadja Gerlitz (Department Biologie), Martina Käss (Department Chemie und Pharmazie), Julia Kühhorn (Department Chemie und Pharmazie), Astrid Hölzing (Department Physik), Nicole Voss (Department Physik), Constanze Jahn (Department Physik), Anna Klemm (Department Physik), Dr. Aurélia Davranche (Department Geographie und Geowissenschaften) und Melanie Meyer (Department Geographie und Geowissenschaften)

Promotionspreis zur Förderung des wissenschaftlichen Nachwuchses der Technischen Fakultät

Mit dem Promotionspreis zur Förderung des Wissenschaftlichen Nachwuchses wird jedes Jahr eine junge Wissenschaftlerin auf der Basis ihrer Dissertation und der damit verbundenen wissenschaftlichen Leistung ausgezeichnet.

Alle Preisträgerinnen

Jahr	Preisträgerinnen
2017	Dr.-Ing. Christine Agethen
2016	Dr.-Ing. Franziska Vogel-Brinkmann
2015	Dr.-Ing. Derya Baran
2014	Dr.-Ing. Alexandra Inayat
2013	Dr.-Ing. Doris Hedwig Segets
2012	Dr.-Ing. Teresa Werner
2011	Dr.-Ing. Julia Stuppy
2010	Dr.-Ing. Anna Mallarski
2009	Dr.-Ing. Cornelia Rauh
2008	Dr.-Ing. Bettina Frohnapfel
2007	Dipl.-Ing. Eva Öchsner

Sabina Enzelberger

3.7 Der Renate-Wittern-Sterzel-Preis: Eine besondere Auszeichnung an der FAU

Auf Anregung der Universitätsfrauenbeauftragten wird durch den Gleichstellungspreis seit dem Jahr 2005 jährlich ein Preisgeld von 10.000 Euro ausgelobt, das ein besonders überzeugendes Engagement für die Gleichstellung an der FAU würdigt. Im Jahr 2009 wurde der Preis dann umbenannt in Renate-Wittern-Sterzel-Preis, wodurch das besondere gleichstellungspolitische Engagement der ersten Universitätsfrauenbeauftragten und späteren Prorektorin der FAU Prof. Dr. Renate Wittern-Sterzel herausgehoben wird.

Preiswürdig sind nicht nur innovative Projekte zur Förderung der Gleichheit von Frauen und Männern, sondern auch Einrichtungen und Vorgesetzte, die sich vorbildlich für die Familienfreundlichkeit an der Universität einsetzen, herausragende quantitative Gleichstellungserfolge und auch besondere wissenschaftliche Leistungen in der Genderforschung. Seit 2012 wurde die Preisvergabe auch auf besondere Aktivitäten im Bereich Diversity ausgeweitet.

Bisherige Preistragende waren:

Jahr	Preistragende	Ausgezeichnete Aktivität
2005	Technische Fakultät	Gewürdigt wurde der besondere Einsatz für die Gleichstellung von Frauen und Männern mit besonderen Maßnahmen und Projekten – zum Beispiel mit dem Mädchen-und-Technik-Praktikum, dem Mentoring-Programm ARIADNE*tech* und dem Girls' Day. Alle diese Maßnahmen waren zunächst Pilotprojekte, hatten Vorbildcharakter, existieren bis heute und sind außerordentlich erfolgreich.
2006	Prof. Dr. Matthias Jestaedt (Lehrstuhl für Öffentliches Recht und Frauenbeauftragter der Juristischen Fakultät)	Prof. Dr. Matthias Jestaedt setzte sich an der Juristischen Fakultät insbesondere für eine bessere Informationspolitik über Gleichstellungsmaßnahmen durch die Erstellung von Broschüren und für eine genauere und kontinuierlichere statistische Erfassung der Frauenanteile ein. Er verhandelte maßgeblich die Zielvereinbarungen zur Frauenförderung mit der Universitätsleitung im Jahr 2005 und entwickelte ein erfolgreiches Mentoringprogramm in Form des Peermentoring in größeren Gruppen in seiner Fakultät.
2007	Prof. Dr. Renate Wittern-Sterzel (Institut für Geschichte und Ethik der Medizin)	Prof. Dr. Renate Wittern-Sterzel setzte sich über fast zwei Jahrzehnte intensiv und mit viel Engagement in ihren verschiedensten Ämtern und Funktionen für die Gleichstellung von Frauen und Männern an der Universität ein. Sie war von 1989 bis 1991 die erste Universitätsfrauenbeauftragte der FAU und von 2002 bis 2006 die erste weibliche Prorektorin der Universität. Sie war insbesondere maßgeblich beteiligt an der Konzeption und Einführung des Gleichstellungspreises und der Emmy-Noether-Vorlesung, leitete lange Zeit die AG Chancengleichheit und setzte sich für eine familiengerechte Universität und für die Benutzung einer gendergerechten Sprache ein. Ab 2009 wurde der Gleichstellungspreis zur Würdigung ihres umfassenden Engagements in Renate-Wittern-Sterzel-Preis umbenannt.
2008	Dr. Sabina Enzelberger (Leiterin des Büros der Frauenbeauftragten)	Dr. Sabina Enzelberger wurde für ihren unermüdlichen Einsatz für die Gleichstellung von Frauen an der Universität Erlangen-Nürnberg als Leiterin des Büros der Frauenbeauftragten seit 1998 geehrt. Sie war insbesondere maßgeblich beteiligt an der Gründung der AG Chancengleichheit, am Abschluss der ersten Zielvereinbarungen zur Frauenförderung, an der Etablierung der Mentoringprogramme in allen Fakultäten und am Aufbau einer Familienservicestelle. Ihr ist auch die Auszeichnung der FAU durch die Bayerischen Staatsregierung für das beste Konzept einer Hochschule bei der Verwirklichung des Gleichstellungsauftrags zu verdanken. Die Preisvergabe erfolgte vor allem aufgrund der vollständigen Umsetzung der Zielvereinbarungen zur Erhöhung des Frauenanteils an allen Fakultäten.

2009	Prof. Dr. Michael Uder (Diagnostische Radiologie) / Fachbereich Wirtschaftswissenschaften der Rechts- und Wirtschaftswissenschaftlichen Fakultät	Prof. Dr. Michael Uder entwickelte mehrere innovative – für die gesamte Universität und das Universitätsklinikum Beispiel gebende – sehr flexible, wirksame und überzeugende Arbeitszeitmodelle, die eindrucksvoll und zukunftsweisend zur Verbesserung der Vereinbarkeit von Familie im Beruf beitragen. Die familienfreundlichen Maßnahmen in der Abteilung von Herrn Prof. Uder ermöglichen auch einer vergleichsweise hohen Zahl von Frauen, sich hier zu habilitieren. Der Fachbereich Wirtschaftswissenschaften wurde ausgezeichnet für seine besonders erfolgreiche und vorbildliche Berufungspolitik, die einen ausgesprochen bedeutsamen Beitrag zur Beseitigung der Unterrepräsentanz von Professorinnen und damit zur Verwirklichung sowie Sicherung der gleichberechtigten Stellung von Frauen an unserer Universität leistete.
2010	Prof. Dr. Andrea Abele-Brehm (Sozialpsychologie unter besonderer Berücksichtigung der sozialpsychologischen Frauenforschung) / Dr. Stefanie Jaursch (Psychologie)	Prof. Dr. Andrea Abele-Brehm erhielt den Preis für ihr fortwährendes Engagement für die Belange der Gleichstellungspolitik an der FAU. Von 1991 – 1995 war sie Universitätsfrauenbeauftragte. Darüber hinaus engagierte sie sich stets für Weiterentwicklung und Umsetzung von Gleichstellungsmaßnahmen. Seit den frühen 1990er Jahren hat Frau Prof. Abele-Brehm überdies regelmäßig Lehrveranstaltungen zu Genderaspekten angeboten und eine beträchtliche Zahl von Frauen mit einschlägigen Themen promoviert. Dr. Stefanie Jaursch wurde ausgezeichnet für ihre Forschungen zu den Einflüssen der frühen und aktuellen mütterlichen Berufstätigkeit auf die soziale Entwicklung von Kindern. Dabei kam sie zu dem Ergebnis, dass weder die Berufstätigkeit der Mütter noch die Fremdbetreuung der Kinder einen negativen Einfluss auf den Nachwuchs haben. Die Erkenntnisse der Studie tragen somit dazu bei, das Thema der Vereinbarkeit von Familie und Beruf noch differenzierter zu beleuchten und ihre Ergebnisse gewinnbringend für die Balance von Beruf und Familie an der FAU zu nutzen.
2011	Keine Preisvergabe	
2012	Prof. Dr. Halit Öztürk (Pädagogik unter besonderer Berücksichtigung interkultureller und internationaler Pädagogik)	Prof. Dr. Halit Öztürk wurde für sein Lehrforschungsprojekt „Diversity-Service" ausgezeichnet. In diesem Projekt identifizierten und analysierten Studierende mit Kooperationspartnern im Universitätsumfeld gemeinsame Fragestellungen zur kulturellen Diversität. Zielsetzung war, gemeinsam Lösungen für die Wahrnehmung von Vielfalt als Potenzial an der FAU zu entwickeln und ihr Umfeld zu stärken.
2013	Thomas A.H. Schöck (Kanzler der FAU)	Thomas A.H. Schöck wurde für seinen jahrzehntelangen ebenso engagierten wie erfolgreichen Einsatz für die Familienförderung und Gleichstellung in Wissenschaft und Verwaltung geehrt. Während seiner Amtszeit hat er wichtige Gleichstellungsmaßnahmen an der FAU mit initiiert und federführend an deren Umsetzung und Optimierung mitgewirkt: Meilensteine waren die Gründung des Vereins „Familie und Wissenschaft", die Einrichtung des Familienservice, das „audit familiengerechte hochschule" sowie die Einführung einer proaktiven Berufungspolitik.
2014	Dr. Meltem Kulacatan und Dr. Riem Spielhaus (Erlanger Zentrum für Islam und Recht in Europa, EZIRE)	Dr. Meltem Kulacatan und Dr. Riem Spielhaus erhielten den Preis für ihr Engagement zur Förderung von Vielfalt in der Wissenschafts- und Organisationskultur der FAU. Sie organisierten am 25./26. März 2014 die Fachtagung „Innen-und Außenansicht: Frauen in der Islamischen Theologie im Spannungsfeld von Religion, Macht und Wissenschaft". Damit griffen sie ein Thema von großer gesellschaftspolitischer und wissenschaftlicher Relevanz auf, dessen grundlegende Aufarbeitung im europäischen, vor allem aber auch im deutschen Raum noch ein Desiderat darstellt. Angestrebt wird der Aufbau eines beständigen international und bundesweit orientierten Forschungs-, Kommunikations- und Publikationsnetzwerkes von Akademikerinnen „Gender, Islam und Diversity".
2015	Prof. Dr. Peter Bubmann (Praktische Theologie, Religions- und Gemeindepädagogik) / Geschäftsstelle des Zentrums für Lehrerinnen- und Lehrerbildung der FAU	Beide Preistragenden wurden für ihr außerordentliches Engagement zur Förderung von Vielfalt in der Wissenschafts- und Organisationskultur der FAU gewürdigt. Prof. Bubmann hat sich im Rahmen seiner Professur erfolgreich und vorbildlich für die Förderung der Gleichstellung eingesetzt. Das Zentrum für Lehrerinnen- und Lehrerbildung hat sich durch sein herausragendes Engagement um die Förderung von Gender- und Diversitykompetenz verdient gemacht.

2016	Prof. Dr. Ingrid Artus, Judith Holland, Stefan Kerber-Clasen (Institut für Soziologie) / Prof. Dr. Johannes Kornhuber (Psychiatrie und Psychotherapie)	Prof. Dr. Artus, Judith Holland und Stefan Kerber-Clasen vom Institut für Soziologie wurden für ihr außerordentliches Engagement zur Förderung von Genderforschung im Bereich Arbeitsmarkt- und Gewerkschaftsforschung, insbesondere zum Thema ‚Gewerkschaften und Gender' ausgezeichnet. Prof. Dr. Kornhuber wurde ausgezeichnet als Leiter der Psychiatrischen und Psychotherapeutischen Klinik für seinen vorbildlichen Einsatz für die Erhöhung des Frauenanteils auf den verschiedenen wissenschaftlichen Karrierestufen an der FAU und dem Universitätsklinikum, insbesondere hinsichtlich des Frauenanteils an Professuren.
2017	Prof. Dr. Michael Stürzl (Molekulare und Experimentelle Chirurgie)	Prof. Dr. Stürzl erhielt den Preis für seine Einrichtung eines Laboratoriums für Schwangere am Translational Research Center Erlangen (TRC). Durch die kontrollierte Einfuhr von ausschließlich nicht gefährdenden Arbeitsstoffen bietet dieses Labor schwangeren Mitarbeiterinnen die Möglichkeit, Teilbereiche ihrer Arbeiten unter den gesetzlich vorgegebenen Rahmenbedingungen und ohne eigenes Risiko weiterzuführen. Das Labor im TRC steht allen Mitgliedern der Medizinischen Fakultät offen und leistet einen vorbildlichen Beitrag zur Gleichstellung von Frauen und zur Vereinbarkeit von wissenschaftlicher Karriere und Familiengründung an der FAU.
2018	Prof. Dr. Annette Keilhauer (Romanistik, Sprecherin des IZGDD) / Prof. Dr. Alexander Brem, Christine Wimschneider, Peter M. Bican (Technologiemanagement)	Gewürdigt wurde das im Januar 2017 gegründete Interdisziplinäre Zentrum Gender – Differenz – Diversität (IZGDD), dessen Gründungssprecherin Prof. Dr. Annette Keilhauer ist. Es leistet einen wichtigen Beitrag zur Sichtbarmachung und interdisziplinären Vernetzung von Forschung und Lehre im Bereich Gender und Diversität und treibt aktuell mit regelmäßigen Veranstaltungen und Projekten die Sichtbarkeit und Vertiefung dieses Forschungskomplexes über die Fakultäten hinweg voran. Prof. Dr. Alexander Brem, Christine Wimschneider und Peter M. Bican vom Lehrstuhl für Technologiemanagement der FAU wurden ausgezeichnet für ihr dreiteiliges, von Studierendenteams durchgeführtes Projekt „Technology Management in Practice – Gender Differences in Innovation", das darstellt, wie Fragestellungen aus den Themenbereichen Wirtschaft, Marketing und Geschlechterunterschiede miteinander interagieren und innovative Synergien bilden. Das Projekt leistet einen wichtigen Beitrag zur praxisorientierten Integration von Genderaspekten in die Bereiche Wirtschaft und Technik und erhöht die Sensibilisierung für geschlechtsspezifische Fragestellungen im MINT-Bereich.

Annette Keilhauer

4. Frauenforschung/ Geschlechterforschung/ Gender Studies

Der Begriff „Frauenforschung" stand am Anfang der Initiativen für frauenspezifische Forschung, die in Deutschland mit den siebziger Jahren begannen. Er bezog sich zunächst vorrangig auf die reale Lebenssituation der Frau, aber auch auf ihre Leistungen und war insofern gewissermaßen ein Kampfbegriff, der die Frau aus dem Dunkel der Geschichte ans Licht bringen sollte. In den achtziger Jahren verschob sich der Fokus allmählich auf die soziale Konstruktion des „Geschlechts"; der Begriff wurde insbesondere in der Soziologie zu einer grundlegenden Analysekategorie und führte dazu, dass die Bezeichnung „Frauenforschung" durch „Geschlechterforschung" oder „Gender Studies" ersetzt wurde. Die Denominationen der entsprechenden Professuren, die seit der Mitte der achtziger Jahre an den deutschen Hochschulen eingerichtet wurden, wurden im Verlauf der Jahre in diesem Sinne geändert, bestehen aber zum Teil auch noch nebeneinander.[124]

Mit dem Begriff „gender studies" knüpfte die deutsche Frauenforschung an die angloamerikanische Entwicklung an. Der Begriff „gender" wurde im Englischen bis in die fünfziger Jahre des letzten Jahrhunderts ausschließlich für das grammatikalische Geschlecht verwendet. Der amerikanische Psychologe John Money führte ihn 1955 mit den Begriffen „gender role" und „gender identity" in die sozialwissenschaftliche Forschung ein und begründete damit die heute übliche Unterscheidung zwischen „sex" als „biologischem Geschlecht" und „gender" als „sozialem Geschlecht" bzw. als kultureller Ausformung von Geschlecht. „Gender" umfasst eine Innenperspektive im Sinne dessen, wie sich eine Person als Frau oder Mann oder drittes Geschlecht definiert, und eine Außenperspektive, die die kulturellen und gesellschaftlichen Erwartungen an Mädchen und Jungen, Frauen und Männer, also die deskriptiven und normativen Geschlechtsrollenerwartungen beschreibt. Diese beiden Perspektiven stehen in Wechselwirkung zueinander. „Gender" ist darüber hinaus eine soziale Kategorie, das heißt ein Mechanismus der sozialen Informationsverarbeitung: Sieht man eine Person, so sieht man in den meisten Fällen unmittelbar, ob diese weiblich oder männlich ist, ob jung oder alt und welcher Ethnizität sie angehört. Mit dieser Kategorisierung als zum Beispiel weiblich, jung und weiß, gehen bestimmte implizite und explizite Erwartungen einher, die sich im Laufe der Zeit gebildet und Auswirkungen auf die Bewertung einer konkreten Person, deren Handeln und sozialer Positionierung haben. Gender Studies analysieren also das Geschlechterverhältnis als grundlegende Bedingung menschlicher Gesellschaften sowie die Geschlechterrollen in ihrer historischen und soziokulturellen Ausprägung.

Die Anfänge der Frauenforschung in Deutschland sind nicht von der neuen Frauenbewegung zu trennen, die um 1970 zwar zunächst außerhalb der Universitäten entstand, der sich aber sehr rasch auch Studentinnen und Wissenschaftlerinnen anschlossen. Etwa seit der Mitte der siebziger Jahre begannen diese, ihre eigene Geschichte aufzuarbeiten, und forderten mit zunehmender Intensität, dass sowohl die Forschung über Frauen als auch die Forschung von Frauen in der Wissenschaft Berücksichtigung finden und dass sie an den Universitäten institutionalisiert werden müssten.[125] So entstanden zu dieser Zeit von Studentinnen organisierte Projekte in Arbeitsgruppen, aber auch schon reguläre, im Vorlesungsverzeichnis angekündigte Frauenseminare, die vorwiegend von Assistentinnen angeboten wurden. Ihr inhaltlicher Fokus lag damals zunächst auf Fragen der Lebens- und Arbeitswelt der Frauen, ihrer Rolle in der Familie und im Beruf.[126]

Als wichtiger Meilenstein der Frauenforschung in dieser frühen Zeit gilt die erste Sommeruniversität, die vom 6. bis 10. Juli 1976 in Berlin stattfand und 600 Frauen aus der ganzen Bundesrepublik anzog. Initiiert von einer Gruppe Assistentinnen der Freien und Technischen Universität Berlin wurde das Treffen zum Beginn einer Reihe, die bis 1983 mit stets mehreren hundert Frauen fortgesetzt wurde und in der in Vorträgen, Kursen und Arbeitstreffen vorrangig die geschlechtsspezifische Benachteiligung von Frauen in der Wissenschaft thematisiert wurde.[127] Darüber hinaus ging es aber auch ganz grundsätzlich um die Rolle von Frauen in Geschichte, Politik und Kultur und die Ziele der neuen Frauenbewegung, für die sie auch ein wichtiges Forum des Austauschs wurde. Eine der zentralen Forderungen der ersten Sommeruniversität lautete:

---

124 Zu den Veränderungen der Begrifflichkeiten vgl. Bock, S. 52-62 und S. 210-220.

125 Die damit verbundene Erweiterung der Forschungsperspektiven hat der Wissenschaftshistoriker Thomas S. Kuhn 1985 auf einem Kongress in Berkeley als einen der wichtigsten Paradigmenwechsel in der Wissenschaftsgeschichte bezeichnet, zit. nach Bock, S. 42.

126 Vgl. z. B. Gerhardt in Gerhardt / Schütze, S. 45-80.

127 Über die ersten drei Sommeruniversitäten vgl. Lösche, S. 86-91.

„Wir wollen mehr als nur Objekt und Subjekt der Wissenschaft werden: wir wollen sie und die Gesellschaft verändern. Radikal."[128]

Wie stark die Bewegung und ihre Wirkung waren, zeigt die Tatsache, dass in den folgenden Jahren eine ganze Anzahl Initiativen und Institutionen für Frauenforschung gegründet wurden, so etwa das Frauenforschungs-, bildungs- und informationszentrum (FFBIZ) in Berlin 1978, die Arbeitsstelle „Sozial-, kultur- und erziehungswissenschaftliche Frauenforschung" am ehemaligen FB 2 der Technischen Universität Berlin 1980, der Arbeitskreis Wissenschaftlerinnen NRW 1980, die Zentraleinrichtung zur Förderung von Frauen- und Geschlechterforschung an der Freien Universität Berlin 1981, das „Institut Frau und Gesellschaft" in Hannover (IFG) 1981, die „Interdisziplinäre Forschungsgruppe Frauenforschung" (IFF) an der Universität Bielefeld 1982 und das „Feministische Interdisziplinäre Forschungsinstitut" in Frankfurt (FIF) 1983, um nur einige der frühesten zu nennen.[129] Der Deutsche Akademikerinnenbund widmete 1981 der Frauenforschung eine eigene Tagung.

Bereits Mitte der siebziger Jahre hatte die DFG das Schwerpunktprogramm „Integration der Frauen in die Berufswelt" aufgelegt, in dessen Rahmen eine Vielzahl von Projekten gefördert wurde. Anfang der neunziger Jahre gab es dann zwei einschlägige Graduiertenkollegs der DFG; so wurde von 1992 bis 2002 an der LMU München das Thema „Geschlechterdifferenz und Literatur" bearbeitet und von 1993 bis 1999 arbeitete in Nordrhein-Westfalen an vier Universitäten das sozialwissenschaftliche Kolleg „Geschlechterverhältnis und sozialer Wandel. Handlungsspielräume und Definitionsmacht von Frauen".

Die ersten Professuren für Frauenforschung bzw. Genderprofessuren mit Teil- oder Volldenomination wurden dann im Verlauf der achtziger Jahre eingerichtet. Als erste deutschsprachige Hochschule begründete die Fachhochschule Fulda 1983 eine Professur mit der Denomination „Sozialarbeit, Schwerpunkt Soziologie, Gemeinwesenarbeit, Frauenarbeit", die im Fachbereich „Soziale Arbeit" angesiedelt war; die Denomination wurde später in „Geschlechterfragen und soziale Arbeit" geändert.[130]

An der Freien Universität Berlin wurden 1984 und 1985 jeweils eine befristete Zweidrittel-Teilzeitprofessur in der Literatur- und in der Politikwissenschaft besetzt, wobei erstere die Denomination „Neuere Deutsche Literatur unter besonderer Berücksichtigung der Frau im literarischen Prozess" hatte, letztere unter dem Namen „Politische Wissenschaft unter besonderer Berücksichtigung von Frauenforschung" lief. Die beiden Professuren hatten eine längere Vorgeschichte; denn schon ein Jahrzehnt vorher waren an der Freien Universität Berlin erste Beschlüsse zur Einrichtung von Frauenforschungsprofessuren gefasst worden, die jedoch erfolglos geblieben waren. 1980 gab es dann einen Vorstoß des Otto-Suhr-Instituts und des Psychologischen Instituts; letzterer brachte es sogar bis zu einer Berufungsliste, die dann jedoch vom zuständigen Senator abgelehnt wurde. Schließlich wurde 1982 von zwei Politologen ein Modell entwickelt, nach dem jeweils zwei Professoren oder Professorinnen je ein Drittel ihrer Stelle abgaben, so dass eine Zweidrittelbesoldung für die Frauenforschungsprofessuren ermöglicht wurde.[131]

Die erste unbefristete Professur für Frauenforschung im Rang eines Ordinariats wurde in Frankfurt am Main im Jahre 1987 im Fach Soziologie eingerichtet und erhielt die Denomination „Frauenarbeit in Produktion und Reproduktion, Frauenbewegung".[132] Sie wurde mit Ute Gerhard besetzt, die den Lehrstuhl insgesamt siebzehn Jahre innehatte und 1997 das interdisziplinär und international ausgerichtete „Zentrum für Frauenstudien und die Erforschung der Geschlechterverhältnisse" in Frankfurt gründete, das noch heute unter dem Namen „Cornelia Goethe Centrum für Frauenstudien und die Erforschung der Geschlechterverhältnisse" besteht und eine breite Palette einschlägiger Aktivitäten entfaltet.

Bis 1989 wurden noch weitere Professuren für Frauenforschung mit Voll- bzw. überwiegend Teildenominationen in unterschiedlichen Disziplinen der Philosophischen Fakultäten

---

128 So Gisela Bock im Eröffnungsvortrag, zit. nach Bock, S. 44; vgl. auch Gruppe Berliner Dozentinnen, S. 16.
129 Zur Fülle und Vielfalt der Aktivitäten in Sachen Frauenforschung in den Jahren um 1980 vgl. auch Metz-Göckel, Bock und Braszeit, S. 222-228.
130 Vgl. Bock, S. 46f.
131 Ebd., S. 48f.
132 Ebd., S. 47f., 141-143 u. 212.

eingerichtet,[133] und nach dem Beginn der offiziellen Förderung der Frauen durch das Institut der Frauenbeauftragten erhöhte sich auch – mit extrem unterschiedlicher Verteilung auf die einzelnen Länder und Universitäten – die Zahl der entsprechenden Professuren, so dass in der Berliner „Datensammlung zu den Professuren mit einer Voll- oder Teildenomination Frauen- und Geschlechterforschung / GenderStudies an deutschsprachigen Hochschulen" für das Jahr 2014 insgesamt 140 Professuren verzeichnet waren.[134] Ulla Bock und Inga Nüthen haben diese Statistik kritisch hinterfragt und festgestellt, dass etwa ein Drittel der aufgeführten Stellen befristet und dass die überwiegende Zahl der Professuren unterhalb der C4 / W3-Gruppe angesiedelt waren. Unter den neun männlichen Wissenschaftlern, die eine Genderprofessur bekleideten, hatten demgegenüber fünf, also mehr als die Hälfte, eine C4 / W3-Stelle inne.[135] Nicht zuletzt aufgrund der Zahlenverhältnisse, die die Autorinnen am Beispiel von Berlin, einer der beiden Hochburgen der Frauen- und Geschlechterforschung, noch näher untersucht haben, kommen sie zu dem Schluss, dass trotz scheinbarer Fortschritte die Geschlechterforschung in Deutschland im Jahr 2014 noch lange nicht in der Mitte der Universitäten angekommen war, dass Frauen, die sich dieser Thematik widmeten, vielmehr nach wie vor in der Gefahr waren, marginalisiert zu werden und dass demzufolge „hinsichtlich der professoralen Vertretung der Frauen- und Geschlechterforschung an den Hochschulen noch viele Hürden zu nehmen" sein würden.[136]

Frauenforschung an der FAU

An der FAU gab es bereits seit Mitte der siebziger Jahre erste Veranstaltungen in der Soziologie und Politologie zu Problemen, die sich mit der Rolle der Frau in der Gesellschaft, mit dem Emanzipationsbegriff und der Soziologie der Familie befassten. Darüber hinaus wurde von den beiden Soziologinnen Dr. Heide Inhetveen und Dr. Margret Blasche das erste DFG-Projekt zur Frauenforschung im Rahmen des 1974 von der DFG aufgelegten Schwerpunktprogramms „Integration der Frau in die Berufswelt" initiiert.[137] Seit dem Wintersemester 1982 / 83 wurden dann regelmäßig jedes Semester bis zu fünf frauenspezifische Lehrveranstaltungen angeboten, an denen die Soziologie, die Anglistik und die Amerikanistik den größten Anteil hatten.[138]

Seit Mitte der achtziger Jahre forderten die Studentinnen der FAU, die sich in ihren Arbeitskreissitzungen und auf Vollversammlungen für die Einsetzung von Frauenbeauftragten stark gemacht hatten, verstärkt auch die Förderung von Frauenforschung an der Universität und eine breite Berücksichtigung genderspezifischer Themen in den verschiedenen Disziplinen. Um das Thema an der FAU und vor allem bei ihren Kommilitoninnen bekannter zu machen, organisierten sie seit 1985 regelmäßig eine Frauenringvorlesung und gründeten ein „Forum für frauenspezifische Abschlußarbeiten", in dem Studentinnen ihre Arbeiten vorstellen konnten und das ebenfalls zugleich einen Beitrag zur Verbreitung von Wissen über Frauenforschung an der FAU leisten sollte.[139]

Als dann die Arbeit der Frauenbeauftragten an der FAU im Herbst 1989 begann, gab es an den bayerischen Universitäten noch keine Professur für Frauenforschung und auch keine einschlägige wissenschaftliche Einrichtung. 1991 sprach sich das Bayerische Kultusministerium zwar „für ein Konzept der breiten Verankerung der Frauenforschung in verschiedenen wissenschaftlichen Disziplinen" aus, lehnte aber die Einrichtung eines eigenen Lehrstuhls an einer Universität, wie sie die SPD gefordert hatte, ab.[140] Die Frauenbeauftragten versuchten deshalb, das Thema auf verschiedenen Wegen ins Bewusstsein der Universitätsangehörigen zu bringen.

So wurde zunächst im Februar 1990 aus dem Kreis der Frauenbeauftragten an der FAU die „Kommission für Interdisziplinäre Frauenforschung" unter dem Vorsitz von Prof. Dr.

---

133 Ebd., S. 44-46 und 293f. Eine Übersicht über die Förderung und Institutionalisierung der Frauenforschung in den einzelnen Bundesländern für das Jahr 1989 gibt das Heft 19 der BLK auf den Seiten 99-107.
134 Vgl. www.zefg.fu-berlin.de/Datenbanken/Genderprofessuren/Index.html. Die meisten Genderprofessuren wurden in Berlin und Nordrhein-Westfalen geschaffen. Bock, S. 46.
135 Bock und Nüthen, S. 155.
136 Ebd., S. 156.
137 Vgl. die Publikation der Ergebnisse von Inhetveen und Blasche, 1983.
138 Vgl. FAU-Unikurier 83 / 84 (März 1991), S. 69.
139 Vgl. Flugblattsammlung FAU UB, Programm 1988 (G2 / 1. Nr. 23); ebd., Programm 1989 / 90 (G2 / 1. Nr. 24).
140 Vgl. Süddeutsche Zeitung 25.4.1991, S. 22.

Andrea Abele-Brehm ins Leben gerufen. Die Kommission traf sich fortan drei- bis viermal pro Semester und verfolgte vorrangig zwei Ziele: Zum einen ging es um die theoretische Durchdringung dessen, was Frauenforschung sei, zum andern wurde die Kommission organisatorisch durch die Vorbereitung von einschlägigen Veranstaltungen und durch Unterstützung von Projekten tätig.[141] Zu letzterem gehörte sowohl die Frauenringvorlesung, die ab dem Wintersemester 1990/91 im Wechsel mit den Studentinnen durchgeführt wurde, als auch besonders die Organisation von Kolloquien zu grundlegenden Themen der Frauenforschung. Die erste größere Veranstaltung, mit der die Kommission an die Öffentlichkeit trat, war eine Tagung zum Thema „Ist Wissenschaft geschlechtsneutral – wie männlich ist die Wissenschaft?" Sie fand am 15. Februar 1991 unter der Schirmherrschaft des Rektors Prof. Dr. Gotthard Jasper statt. Das zweite Symposium widmete sich am 10./11. Juli 1992 dem Thema „Frauen und Macht". Die dritte Tagung am 10./11. Juni 1994 ging der Frage nach „Die Frau als Andere. Und andere Frauen?" Im vierten und letzten Symposium dieser Reihe ging es um „Reproduktion in der Postmoderne. Gesellschaft – Ethik – Umwelt – Wirtschaft"; es fand erst nach einem längeren Zwischenraum am 4./5. Dezember 1998 statt.

Mit Verweis auf die anderen Bundesländer, in denen, wie geschildert, Frauenstudien Anfang der neunziger Jahre bereits in unterschiedlicher Weise institutionalisiert waren, forderte der Fachbereichsrat der Philosophischen Fakultät II in seinem Frauengleichstellungsplan von 1991 eine angemessene Berücksichtigung von Fragestellungen der Frauenforschung und empfahl den Instituten u. a., sich um Mittel für Frauenforschung in einschlägigen Förderprogrammen zu bemühen, entsprechende Themen in allen Zulassungs- und Promotionsarbeiten zu fördern und die Thematik bei der Auswahl von Gastprofessuren zu berücksichtigen. Gefordert war nicht nur Forschung von Frauen über Frauen, sondern es sollten auch männliche Kollegen über frauenspezifische Themen arbeiten.

Zum Wintersemester 1992/93 wurde von der Universitätsfrauenbeauftragten ein Interdisziplinäres Kolloquium zur Frauenforschung für alle Fakultäten eingeführt, in dem interessierte Studierende die Möglichkeit hatten, über ihre laufenden Projekte aus dem Themenfeld Frauenforschung in Seminar- und Zulassungsarbeiten oder Promotionsvorhaben zu referieren und sie zur Diskussion zu stellen. Dieses Kolloquium, das jeweils von mehreren Dozentinnen geleitet wurde, war insofern von großer Bedeutung, als es zwar für Studierende, die sich für frauenorientierte Themen interessierten, durchaus genügend Betreuerinnen oder Betreuer gab, diese aber vielfach noch nicht hinreichend mit der Thematik vertraut waren, um wirksame Hilfestellungen zu bieten. Diese Lücke konnte das Kolloquium schließen und mit seinen Anregungen zugleich die Thematik Frauenforschung in der Universität breiter verankern.

Zum Sommersemester 1994 wurde von der damaligen Universitätsfrauenbeauftragten das erste Heft der „Wilhelmine", benannt nach Wilhelmine von Preußen, der Ehefrau des Universitätsgründers Markgraf Friedrich von Brandenburg-Bayreuth, herausgegeben. Es wurde bis 2004 fortgesetzt. In diesem offiziellen Fraueninformationsheft der FAU wurden alle wichtigen Initiativen, Aktivitäten und Ereignisse von und für Frauen vorgestellt, es gab zudem ausführliche Informationen über Förder- und Beratungsmöglichkeiten, über spezielle Kurse für Studentinnen und Wissenschaftlerinnen und vor allem, in einem gesonderten Block, eine kommentierte Übersicht über alle Lehrveranstaltungen mit Bezügen zum Thema „Frau". Das Themenspektrum der angebotenen Vorlesungen und Seminare war überaus reich, pro Semester wurden jeweils um die 10 Veranstaltungen aus mehreren Fakultäten angeboten.

Im Jahr 1994 beschloss die Universitätsleitung der FAU, eine C3-Professur in einen Lehrstuhl umzuwidmen, der die Frauenforschung in der Denomination tragen sollte. So entstand der Lehrstuhl für „Sozialpsychologie unter besonderer Berücksichtigung der sozialpsychologischen Frauenforschung" am Institut für Psychologie. Er wurde zum 1. Juni 1995 mit Prof. Dr. Andrea Abele-Brehm besetzt, die bereits vorher etliche einschlägige Arbeiten publiziert hatte. Was Frauenforschung zum damaligen Zeitpunkt bedeutete und beinhaltete, hat sie in einem längeren Artikel über den Weg der Frauen an die Universitäten, der zum 250. Geburtstag der FAU erschien, zu definieren versucht: „Die Frauenforschung", so schrieb sie 1993, „beschäftigt sich interdisziplinär und fachspezifisch mit Themen des Geschlechterverhältnisses, wie z. B. historische Analysen der Beziehungen zwischen Frauen und Männern in verschiedenen Kulturen, Geschlechtsrollenstereotype und ihre

141 Vgl. Wilhelmine I, S. 14.

soziale Bedingtheit, Führungsstile von Frauen und Männern, Bedeutung des Vaters in der kindlichen Entwicklung, Sprach- und Erzählformen von Frauen und Männern etc. Über solche Einzelfragen hinaus untersucht sie die geschlechtsspezifische Perspektivität von Forschungsfragen und -ergebnissen; und sie trägt zur Erweiterung bzw. Modifikation der Wissenschaftsgeschichtsschreibung um die – vorhandenen, häufig jedoch nicht beachteten bzw. autorenmäßig anders zugeordneten – wissenschaftlichen Leistungen von Frauen bei."[142] Der genannte Lehrstuhl war der erste in Bayern, und er blieb auch bisher der einzige an der FAU. Seine Denomination wurde bei der Neubesetzung im Jahre 2017 in „Sozialpsychologie mit Schwerpunkt Gender und Diversity" geändert.

Die anderen bayerischen Universitäten zogen erst seit der Jahrhundertwende nach, wobei sowohl die Verortung als auch die Positionen unterschiedlich waren und sind. So besetzte die LMU München 2002 eine Professur für „Soziologie und Gender Studies" am Institut für Soziologie gegen das Votum der Frauenbeauftragten, die sich für eine Bewerberin ausgesprochen hatten, mit einem männlichen Vertreter, nämlich mit Prof. Dr. Stefan Hirschauer.[143] Nach dessen Weggang blieb die Stelle einige Jahre vakant und wurde 2008 als W3-Professur für Soziologie / Gender Studies Prof. Dr. Paula-Irene Villa Braslavsky übertragen. In Regensburg wurde 2003 eine Professur für Gender Studies geschaffen, die Prof. Dr. Corinna Onnen-Isemann bis 2005 innehatte. Von 2009 bis 2013 war zudem Prof. Dr. Iris Held als Professorin für Public Health und Gender Studies am Institut für Epidemiologie und Präventivmedizin an der Regensburger Fakultät für Medizin tätig. Die TUM berief 2004 Prof. Dr. Susanne Ihsen auf die neu geschaffene Professur für Gender Studies in den Ingenieurwissenschaften. Prof. Ihsen, die 2018 plötzlich und unerwartet verstarb, war die erste Professorin dieser Art im Bereich Ingenieurwissenschaften in Deutschland. Bayreuth und Würzburg sind einen anderen Weg gegangen. Die Universitäten haben keine einschlägigen Professuren eingerichtet, sondern haben größere Foren für interdisziplinäre Zusammenarbeit geschaffen, in denen Wissenschaftlerinnen und Wissenschaftler sowie Studierende aus allen Fakultäten interdisziplinär arbeiten können. So wurde in Bayreuth im Juni 2016 das „Netzwerk Gender, Queer, Intersectionality und Diversity Studies" gegründet, in Augsburg das „Transdisziplinäre Forum Gender und Diversität" und in Würzburg 2016/17 das „Genderforum". In Bamberg, Augsburg und Passau werden die Aktivitäten in Bezug auf Gender Studies von den Frauenbeauftragten koordiniert und organisiert.

Im März 1995 beschloss der Senat der FAU im Rahmen der Gleichstellungsempfehlungen die nachdrückliche Förderung der Frauenforschung. Die Universität sicherte darin zu, dass sie die Frauenforschung in ihrem Hochschulentwicklungsplan als einen ihrer wichtigen Schwerpunkte in Forschung und Lehre akzentuieren werde. Die Fakultäten wurden deshalb aufgefordert, Theorien und Ergebnisse aus dem Bereich der Frauenforschung bzw. Gender Studies als integralen Bestandteil der Studien- und Prüfungsinhalte aufzunehmen.

Für die Frauenbeauftragten blieb und bleibt die Forderung des Ausbaus der Genderforschung ein wichtiger Teil ihrer Arbeit und wurde sowohl in den Zielvereinbarungen zur Frauenförderung als auch in den Gleichstellungskonzepten regelmäßig wieder formuliert, zuletzt in den Zielvereinbarungen 2018-2022 und im neuen Gleichstellungskonzept 2018-2022. Denn eine wissenschaftlich solide Genderforschung kann die Entwicklung der Gleichstellung unterstützen und vorantreiben.

Im Rückblick erfuhr die Frauen- und Geschlechterforschung an der FAU seit Mitte der 1990er Jahre schon rein mengenmäßig einen starken Aufschwung. Hierzu trug nicht zuletzt die Tatsache bei, dass viele einschlägige Projekte, wenn sie interessante Ergebnisse für das Verständnis der Genderproblematik versprachen, seit 2009 durch Mittel des Stipendienprogramms „Frauen in Forschung und Lehre" des zuständigen bayerischen Staatsministeriums finanziell gefördert werden konnten. Überblickt man die große Zahl von Anträgen und abgeschlossenen Publikationen aus dem Zeitraum von 2000 bis heute, so imponiert zum einen die Vielfalt der Themen, zum andern die Breite der Fächer, in denen der Aspekt „gender" inzwischen wissenschaftlich bearbeitet wurde. Während die Frauenforschung in der Frühzeit zunächst fast ausschließlich in den Sozial- und Kulturwissenschaften angesiedelt war, hat die Erkenntnis, dass das „soziale Geschlecht" auch im Rahmen medizinischer, wirtschaftswissenschaftlicher, technischer oder juristischer Fragestellungen relevant ist, während der letzten Jahre auch in diesen Fakultäten wichtige Erkenntnisse und Ergebnisse generiert.

---

142 Abele-Brehm, S. 43.
143 Vgl. Wilke, S. 61.

Diese verschiedenen Projekte, die zu Qualifikationsarbeiten, Publikationen und vereinzelt auch zu größeren Initiativen führten, blieben allerdings jeweils meist in ihrem eigenen Fach verankert und waren kaum interdisziplinär ausgerichtet. Ein Neuansatz zur Sichtbarmachung und auch Bündelung und Vernetzung von Genderforschung an der FAU wurde ab 2013 gemacht. Zunächst organisierte das Büro für Gender und Diversity 2013 und 2014 Forschungstage, an denen aktuell laufende Projekte aus ganz unterschiedlichen Disziplinen in Kurzvorträgen vorgestellt wurden und die dadurch die Möglichkeit boten, auch zwischen den Disziplinen Kontakte zu knüpfen. Diese ersten Initiativen zeigten, dass eine kritische Masse an Forschenden vorhanden war, um eine im tieferen Sinne interdisziplinäre Arbeit anzustoßen, wie sie an großen Genderforschungseinrichtungen anderswo schon lange realisiert wurde. Ab 2015 trafen sich dann Interessierte zu mehreren Workshops, in denen ein Antrag entwickelt wurde, an der FAU ein Interdisziplinäres Zentrum für Genderforschung zu gründen.

Das im Januar 2017 von der Universitätsleitung genehmigte Interdisziplinäre Zentrum Gender – Differenz – Diversität (IZGDD) nahm eine programmatische Ausweitung des Untersuchungsfeldes auf andere Differenzkriterien wie Alter, ethnische Herkunft, geschlechtliche Orientierung, soziale Herkunft etc. vor. Die Forschenden machen sich damit zur Aufgabe, neben der genuinen Genderforschung, die sich auch weiterhin auf Genderfragestellungen konzentriert, einen intersektionalen Blick auf die Verschränkung mit anderen Differenzkriterien zu entwickeln, der die Erkenntnisse der Genderforschung produktiv nutzen kann. Im IZGDD sind aktuell über 40 Wissenschaftler*innen aus 20 Disziplinen organisiert und nehmen jetzt auch interdisziplinäre Gemeinschaftsprojekte in Angriff, etwa in der Diskussion der verschiedenen Antidiskriminierungsdimensionen des Allgemeinen Gleichbehandlungsgesetzes und in der Beschäftigung mit dem aktuell virulenten Thema der sexuellen Orientierung oder mit Körperpolitiken allgemein.

Seit der Gründung wurden bereits drei Ringvorlesungen zu Genderforschung, sexueller Orientierung und sozialer Ungleichheit durchgeführt, die nicht nur die Forschenden selbst zum interdisziplinären Dialog anregten, sondern auch zahlreiche interessierte Studierende und schließlich Erlanger Publikum anlockten. Das Zentrum will nicht nur die Vernetzung der einzelnen an Gender- und Diversitätsforschung interessierten Wissenschaftler*innen initiieren, sondern mithilfe einer Publikationsreihe und regelmäßig stattfindenden Methodenworkshops auch substantiellere interdisziplinäre Forschungsformate entwickeln. Erfreulich an dieser Entwicklung ist insbesondere die hohe Beteiligung von jungen Wissenschaftler*innen. Sie zeigt, dass einerseits genderorientierte Fragestellungen in den einzelnen Disziplinen heute stärker akzeptiert sind als noch vor zehn oder zwanzig Jahren, andererseits aber neue Generationen von Forschenden das Forschungsfeld weiter ausdifferenzieren und vertiefen werden.

Auch wenn der Aufbruch durch die Gründung des IZGDD ein positives Zeichen ist, so muss doch einschränkend konstatiert werden, dass die FAU im deutschlandweiten Vergleich ein eher kleines und schlecht ausgestattetes Genderforschungszentrum besitzt, denn nach wie vor fehlt die Entwicklung eines Studienganges, Studienfaches oder auch nur Zertifikates im Bereich der Gender Studies. Ebenso wenig verfügt das Zentrum über Mittel, um umfangreichere Forschungen anzustoßen. Schließlich bleibt auch die seit vielen Jahren als Wunsch formulierte Einrichtung einer interdisziplinär angesiedelten genuinen Genderforschungsprofessur, die die Vernetzung zwischen den Disziplinen vorantreiben und gegebenenfalls auch einen neuen Studiengang konzipieren könnte, ein Desiderat.

Andrea Abele-Brehm, Annette Keilhauer,
Renate Wittern-Sterzel

# 5. Ausblick: Professionalisierung und / oder Abschaffung?

(v.l.) Prof. Dr. Kerstin Amann, Prof. Dr. Annette Keilhauer, Prof. Dr. Sannakaisa Virtanen. Foto: FAU / Georg Pöhlein

Die historische Aufarbeitung des Amtes der Frauenbeauftragten an der FAU lässt uns dankbar werden gegenüber den mehreren Hundert Wissenschaftler*innen, die sich seit der Einsetzung des Amtes an der FAU ehrenamtlich engagiert und viele positive Entwicklungen angestoßen haben. Wie mühsam dieser Weg über weite Strecken war, zeigen nicht nur die schwierigen Anfänge, sondern auch bis in die Gegenwart immer wiederkehrende Debatten etwa zur Legitimität der besonderen Förderung von Frauen, zur Kompensation von Mutterschutz- und Erziehungszeiten oder zu gendergerechter Sprache – Maßnahmen, die für die Einen selbstverständliche Komponenten einer aktiven Gleichstellungspolitik sind, für Andere aber auch 2019 noch Anstoß zu gelegentlich ironischen oder sogar aggressiven Stellungnahmen geben.

Die Stabilisierung einer Infrastruktur und die Etablierung einer Kultur der kritischen Selbstreflexion der Institution Hochschule durch die Funktion der Frauenbeauftragten haben Früchte getragen. Die Implementierung des Gender Mainstreaming hat das Thema der Chancengleichheit in allen Bereichen der Universität verankert, was sich zuletzt im Frühjahr 2018 in der Aufnahme der Universitätsfrauenbeauftragten als beratendes Mitglied in die Universitätsleitung gezeigt hat. Bestimmte Themen der Frühzeit sind heute nicht mehr aktuell, wie etwa die zu Beginn fehlende Adressierung des Themas der Kinderbetreuung oder ein inzwischen etabliertes flexibles Prüfungsmanagement für schwangere Frauen und junge Mütter. Eine kritische Masse von Frauen in Entscheidungsgremien ist erreicht – und dennoch sind wir weit davon entfernt, die Funktion der Frauenbeauftragten abschaffen zu können.

Was hat sich verändert?

Frauen werden in Entscheidungsgremien nicht mehr als Exotinnen bestaunt, sondern selbstverständlich gehört, in Berufungskommissionen ebenso wie in anderen Gremien und zentralen Kommissionen. Zwei Vizepräsidentinnen gehören aktuell der Universitätsleitung an, den Senatsvorsitz hat eine Professorin inne, die ständige Vertreterin des Kanzlers ist eine Frau, die Personalabteilung der Zentralen Universitätsverwaltung wird von einer Frau geleitet und die FAU hat inzwischen eine ganze Reihe von Dekaninnen erlebt – dies alles belegt die Führungsfähigkeit von Frauen in der Wissenschaft auch an der FAU und macht neuen Generationen von Frauen Mut, diesen Weg weiterzuverfolgen.

Eine ganze Reihe von herausragenden und international sichtbaren Wissenschaftlerinnen hat die Universität als Mitglieder und Alumnae inzwischen hinzugewonnen, die alle Vorbilder sein können für junge Nachwuchswissenschaftlerinnen durch ihre errungenen Forschungspreise wie Leibniz-Preise, Humboldt- oder Heisenbergprofessuren, durch Forschungserfolge als Einzelforscherinnen und in großen Verbundprojekten und durch herausragende Funktionen in Wissenschaftsorganisationen wie der DFG, den Akademien und dem Wissenschaftsrat.

Der Anteil von Frauen an den Promotionen erreichte universitätsweit 2018 fast die 45-Prozentmarke, auch wenn einige Fächer immer noch im Rückstand sind. Die besonderen Förderinstrumente können sich deshalb in vielen Fächern auf die Postdoc-Phase und die Habilitation konzentrieren, wo die Schere zwischen den Geschlechtern nach wie vor deutlich auseinandergeht.

Die Entwicklung einer wissenschaftlichen Karriere in der Zeit der Familiengründung ist erheblich leichter geworden durch diversifizierte Betreuungsangebote und eine offensive Familienpolitik, zu der die Universität sich dauerhaft verpflichtet und die sowohl Müttern als auch Vätern zugutekommt.

Die Geschlechterforschung ist in vielen Wissenschaftsbereichen zu einem unverzichtbaren Teil der disziplinären Ausfächerung geworden. Für die Gleichstellungsarbeit hat sie wichtige Erkenntnisse und Impulse gebracht, für die Wissenschaftskultur bedeutet sie Bereicherung und Öffnung.

Die Selbstverständlichkeit, mit der große Forschungsinstitutionen wie die DFG und der Wissenschaftsrat sich des Themas Gleichstellung seit über 20 Jahren aktiv annehmen, hat in den Köpfen aller Akteur*innen viel verändert, selbst wenn es manchen vielleicht zunächst nur um eine pragmatische Anpassung an die Vorgaben der Forschungsförderung ging und geht.

Wo liegen noch die Defizite?

Der beschämende letzte Platz der FAU im deutschlandweiten CEWS-Ranking für Gleichstellung an Universitäten im Jahr 2017[144] hat gezeigt, dass die Gleichstellungsbemühungen, die in den letzten 30 Jahren an unserer Universität entwickelt wurden, bis heute nur sehr begrenzte Ergebnisse gezeigt haben, insbesondere auf der Ebene der Professuren und der wissenschaftlich Beschäftigten insgesamt. Ein Frauenanteil von 19,3 Prozent unter den Professuren im Jahr 2018 ist wahrlich kein Ruhmesblatt für eine große Volluniversität, wenn der deutschlandweite Durchschnitt inzwischen auf die 30-Prozent-Marke zusteuert. Aktuelle Entwicklungen, wie etwa eine Berufungsquote von 34 Prozent Frauen im Jahr 2018 und die Ausschreibung von über 20 W1-Professuren in den Jahren 2018 bis 2020 im Rahmen des 1000-Professurenprogramms lassen hier auf eine baldige Steigerung des Frauenanteils hoffen. Angesichts der nur langsamen personellen Erneuerung auf der Ebene der Professuren wird es allerdings sowohl an der FAU als auch bayernweit noch eine ganze Weile dauern, bis der Rückstand gegenüber der deutschlandweiten Entwicklung eingeholt sein wird.

Mit dazu beigetragen hat die in Bayern immer noch starke Tradition der Ordinarienuniversität, durch die Lehrstuhlinhaber*innen beispielsweise häufig immer noch über die Besetzung von befristeten und unbefristeten Stellen im wissenschaftlichen Mittelbau allein entscheiden. Auch das in einigen Bereichen immer noch deutliche Hierarchiegefälle zwischen W2- und W3-Professuren erschwert es Frauen, Führungsrollen zu übernehmen. Allerdings hat sich der unterschiedliche Frauenanteil zwischen den Besoldungsstufen in den letzten Jahren stark verringert, und in Teilen der Universität wird aktuell über eine stärkere Einschränkung, wenn nicht gar Abschaffung, der Ordinarientradition diskutiert.

Sexuelle Belästigung war, ist und bleibt ein Thema, das uns beschäftigt. Es geht heute nicht mehr um unbeleuchtete Fußwege und nachts ungesicherte Gebäude auf dem Campusgelände, aber immer noch werden einzelne Frauen aufgrund ihres Geschlechts von Lehrenden und Vorgesetzten bedrängt oder unter Druck gesetzt. Und noch immer wird solches Verhalten zu selten offensiv thematisiert und verurteilt. Hier sollten alle Mitglieder der Universität noch deutlicher Farbe

144 Vgl. Löther.

bekennen und jede Art von sexualisierter Gewalt ohne Wenn und Aber auf das Schärfste verurteilen, öffentlich ächten und sichtbar sanktionieren.

Die anfänglich oft direkten Anfeindungen, denen Frauenbeauftragte in der Ausübung ihrer Funktion ausgesetzt waren, sind weitgehend verschwunden. Aber immer noch bleibt ein Widerstand spürbar gegenüber dem Amt, der sich jetzt eher in ironischen Bemerkungen oder Desinteresse zeigt. Die Tatsache, dass die Frauenbeauftragten die Universität und ihre Mitglieder lediglich dabei unterstützen, dem allen auferlegten gesetzlichen Gleichstellungsauftrag nachzukommen, ist in vielen Köpfen immer noch nicht angekommen. Die ehrenamtliche Tätigkeit der aktuell über 50 auf allen Ebenen, vom Department über die Fakultät bis zur Universitätsleitung, agierenden Frauenbeauftragten der FAU wird in manchen Bereichen immer noch zu wenig wahrgenommen und wertgeschätzt. Ohne dieses massive Engagement wäre der gesetzliche Auftrag der Frauenbeauftragten an der FAU kaum zu erfüllen; allen Frauenbeauftragten, die sich bisher an der FAU auf den verschiedenen Ebenen engagiert haben, sei deshalb an dieser Stelle ganz herzlich gedankt!

Immer noch haben viele Fächer eine sehr große Berührungsangst gegenüber genderorientierten Fragestellungen in der Forschung, die im europäischen Rahmen inzwischen unter dem Schlagwort der *Gendered Innovations* breit akzeptiert sind und gefördert werden.[145] Es gilt, nicht nur am Rande der vor allem gesellschaftswissenschaftlichen Disziplinen Schutzräume für Genderforschung einzurichten, die als Feigenblatt figurieren, sondern aus der Mitte der theoretischen und methodischen Grundlagen aller Disziplinen heraus geschlechtliche Differenz mitzudenken und daraus innovative Fragestellungen und Forschungsergebnisse abzuleiten. Eigene disziplinäre Fragestellungen nach einer versteckten Geschlechtsagenda abklopfen, diese aufbrechen und damit die eigenen Forschungsergebnisse kreativ erweitern: Das sollte ein selbstverständlicher Forschungsansatz auch in technischen und naturwissenschaftlichen Fächern werden.

Und schließlich entsteht durch die heute klare Verankerung des Amtes und der Fördermaßnahmen eine neue (alte) Art von Widerstand, der aus einer subjektiven Wahrnehmung heraus und ohne Beachtung der tatsächlichen Situation eine vermeintliche Benachteiligung von Männern beklagt. Kaum eine Rundmail des Büros für Gender und Diversity zu Veranstaltungen und Ausschreibungen wird verschickt, auf die nicht zumindest ein oder zwei kritische oder polemische Antworten von Mitgliedern der Universität zu verzeichnen wären. Klagen werden immer wieder laut über Frauenförderung als vermeintlich ungerechte Bevorzugung, obwohl der Nachteilsausgleich und der proaktive Gleichstellungsauftrag seit Jahrzehnten im Grundgesetz verankert sind. Und schon gibt es Gerüchte über angeblich neue Strategien vereinzelter Berufungskommissionen, wo Frauen vorsichtshalber ganz aus der Berufungsliste ausgeschlossen werden aus Angst vor einer vermeintlich undifferenziert proaktiven Berufungspolitik des Präsidiums. Auch diesen Tendenzen müssen Frauenbeauftragte heute engagiert entgegentreten und mit Informiertheit und Sachlichkeit weiterhin unermüdlich auf den Stand der Entwicklung und die aktuell immer noch vorhandenen Desiderate hinweisen. Die Denomination „Frauenbeauftragte" – und nicht „Gleichstellungsbeauftragte", wie sie in anderen Bundesländern schon lange üblich ist – bleibt weiterhin im bayerischen Hochschulgesetz verankert. Und dennoch engagieren sich die Frauenbeauftragten schon seit einigen Jahren auch bei einer umgekehrten Einseitigkeit in einigen Bereichen. Dies ist etwa der Fall in der Lehrerinnen- und Lehrerbildung, wo aktiv für eine höhere Männerquote unter den Studierenden gearbeitet wird, etwa im Rahmen von analog zu den Girls' Days organisierten Boys' Days für Lehrerbildung.

Alte Fragen und neue Herausforderungen: A wild wish…

"A wild wish has just flown from my heart to my head, and I will not stifle it though it may excite a horse laugh. I do earnestly wish to see the distinction of sex confounded in society (…)."

Der Utopie, die die englische Frauenrechtlerin Mary Wollstonecraft in ihrem berühmten Manifest *The vindication of the rights of women* von 1792 entwirft, sind wir in den letzten 220 Jahren sehr viel nähergekommen, auch wenn weiterhin Defizite bleiben. Zugleich stellen sich heute auch neue allgemeine Fragen und Herausforderungen an unsere

---

[145] Zum Grundkonzept der „Gendered Innovations", das Londa Schiebinger maßgeblich entwickelt hat, vgl. Schiebinger et al. (2011-2018). Schon am 18.-19. April 2007 fand in Berlin die Konferenz „Gender in der Forschung – Innovation durch Chancengleichheit" im Rahmen der deutschen EU-Ratspräsidentschaft statt; im Kontext der EU-Forschungsförderung vgl. das Papier der Europäischen Kommission European Commission (2013).

Universität, zu denen die Erfahrung aus 30 Jahren Gleichstellungsarbeit einen wichtigen Beitrag leisten kann, wenn sie den Blick weitet über die reine Frauenförderung hinaus auf das Thema der allgemeinen Chancengleichheit aller Mitglieder der Universität. Eine geschlechtergerechte Hochschul- und Wissenschaftskultur wird die Qualität und die Kultur wissenschaftlicher Forschung insgesamt verbessern, so auch der Tenor auf der Konferenz Gender 2020, bei der sich im Jahr 2017 Führungspersonen aller deutschen Wissenschaftsorganisationen zu einer aktiven Gleichstellungspolitik bekannten.[146] Die aktuelle Tendenz zu einer immer weitergehenden Ökonomisierung und Verdichtung der deutschen Wissenschaftslandschaft darf dieses Ziel nicht in den Hintergrund drängen, wollen wir den demokratischen Auftrag einer allgemeinen Chancengleichheit in der Wissenschaftskultur dauerhaft verankern.

Wir brauchen eine gendergerechte Personalentwicklung, die die Gesamtuniversität als Institution im Blick hat, die sich nicht nur um Recruiting, sondern auch um Fortbildung und Weiterentwicklung all ihrer Mitglieder kümmert. Zu einer solchen Personalentwicklungsstrategie sollte auch die Förderung einer gendersensiblen Wahrnehmung des Arbeitsumfeldes gehören, die versteckte Biases erkennt und neutralisiert.

Wir brauchen eine Universität, die sexuelle Belästigung aller Geschlechter auf allen Ebenen der sozialen Interaktion aktiv ächtet und klare Verfahrensregeln festlegt, wie darauf zu reagieren ist.

Wir brauchen eine Universität, in der die Balance zwischen Arbeit und Leben, zwischen privaten Care-Aufgaben und dienstlichem Engagement als Aufgabe aller verstanden wird. Dazu gehört auch die Hinterfragung eines traditionell männlich geprägten Bildes des Wissenschaftlers, das einen maximalen geistigen und zeitlichen Einsatz für die Forschung über Kreativität und Originalität stellt. Ein solcher Paradigmenwechsel nützt Männern genauso wie Frauen und fördert eine familiengerechte Universität.

Vor allem aber brauchen wir jenseits der Implementierung von fördernden Strukturen und Sanktionen ein grundsätzliches Umdenken, mithin einen echten Kulturwandel. Unsere Universität sollte die Unterschiedlichkeit aller ihrer Mitglieder als besonderen Reichtum wertschätzen und fördern. Folgerichtig basiert das am 7. März 2018 beschlossene und bis 2022 gültige neue Gleichstellungskonzept der FAU auf drei Säulen: Neben den Strategien des Gender Mainstreaming und der Gewährleistung der Vereinbarkeit von Studium, Beruf und Familie findet auch das Diversity Management jetzt seinen Platz.[147] Einen weiteren Schritt in diese Richtung hat die FAU als erste bayerische Universität gemacht mit dem am 20. Februar 2019 erfolgreich abgeschlossenen Diversity-Audit und dem Erhalt des Zertifikats „Vielfalt gestalten".

Chancengleichheit sollte für die ganze Bandbreite von unterschiedlichen Studierenden, Lehrenden, Forschenden und auch dem forschungsunterstützenden Personal der Universität gegeben sein, und dies unabhängig von ihren Unterschieden in Hinsicht auf Geschlecht, aber auch soziale und ethnische Herkunft, körperliche Beeinträchtigung oder Alter. Gesellschaftliche Vielfalt sollte sich abbilden in der gelebten Vielfalt unserer universitären Kultur, die wir aktiv pflegen und schützen. Erst ein grundsätzlicher Kulturwandel kann auch die Geschlechtergerechtigkeit dauerhaft in unserem Wissenschaftssystem verankern, und uns dem Ziel, das Amt der Frauenbeauftragten eines Tages überflüssig zu machen, näherbringen.

Annette Keilhauer

---

146 Vgl. die Dokumentation des Treffens durch die Bundeskonferenz der Frauen- und Gleichstellungsbeauftragten Gender 2020.
147 Gleichstellungskonzept 2018-2022, S. 7.

Bibliographie

Abele-Brehm, Andrea: Der mühsame Weg der Frauen an den Hochschulen. In: FAU-Unikurier, Nr. 89, November 1993. Sonderheft zum Jubiläum der Friedrich-Alexander-Universität Erlangen-Nürnberg. Erlangen 1993, S. 37–44.

Alexandrescu, Bettina: Die Frau an der FAU – Die Frau in Studium und Wissenschaft nach 1945. Mag.-Arbeit. Erlangen 2005.

Andronikow, Fürst Wladimir: Baronesse Margarethe von Wrangell – Das Leben einer Frau, 1876–1932. Aus Tagebüchern, Briefen und Erinnerungen dargestellt. München 1938.

Anger, Hans: Probleme der deutschen Universität. Bericht über eine Erhebung unter Professoren und Dozenten. Tübingen 1960.

Arbeitskreis Wissenschaftlerinnen von NRW (Hrsg.): Memorandum I: memorandum und dokumentation zur situation von wissenschaftlerinnen an den hochschulen von nrw und vorschläge zu ihrer verbesserung. Dortmund 1981.

Babies and Bosses: Reconciling Work and Family Life. A Synthesis of Findings for OECD Countries. OECD 2007.

Bock, Ulla, Braszeit, Ann und Schmerl, Christiane: Frauen an den Universitäten. Zur Situation von Studentinnen und Hochschullehrerinnen in der männlichen Wissenschaftshierarchie. Frankfurt/New York 1983.

Bock, Ulla: Pionierarbeit. Die ersten Professorinnen für Frauen- und Geschlechterforschung an deutschsprachigen Hochschulen 1984–2014. Frankfurt am Main/New York 2015. Politik der Geschlechterverhältnisse, Bd. 55.

Boedeker, Elisabeth und Meyer-Plath, Maria: 50 Jahre Habilitation von Frauen in Deutschland. Eine Dokumentation über den Zeitraum von 1920 – 1970. Göttingen 1974.

Bräuer, Tom und Faludi, Christian (Bearb.): Die Universität Jena in der Weimarer Republik 1918–1933. Stuttgart 2013.

Brommer, Ingrid und Karner, Christine: Das Tagebuch einer Autobiographie. Elise Richters ‚öffentliches' und ‚privates' Schreiben während der NS-Diktatur (1938–1941). In: Gerhalter/Hämmerle, S. 55–70.

BLK – Bund-Länder-Kommission für Bildungsplanung und Forschungsförderung: Materialien zur Bildungsplanung und zur Forschungsförderung. Heft 19: Förderung von Frauen im Bereich der Wissenschaft. Bonn 1989.

BLK – Bund-Länder-Kommission für Bildungsplanung und Forschungsförderung: Materialien zur Bildungsplanung und zur Forschungsförderung. Heft 68. Bonn 1998.

Dettmer, Susanne: Berufliche und private Lebensgestaltung in Paarbeziehungen – Zum Spannungsfeld von individuellen und gemeinsamen Zielen. Diss. phil. Berlin 2006.

DFG – Deutsche Forschungsgemeinschaft: Jahresbericht 2006.

DFG – Deutsche Forschungsgemeinschaft: Forschungsorientierte Gleichstellungsstandards. 08.08.2008.

Die Erlanger Universität I (1947), Heft 19, S. 287.

Doormann, Lottemi (Hrsg.): Keiner schiebt uns weg. Zwischenbilanz der Frauenbewegung in der Bundesrepublik. Weinheim/Basel 1979.

European Commission: Gendered Innovations. How Gender Analysis Contributes to Research. Luxembourg: Publications Office of the European Union 2013.

FAU Universitätsbericht 2003–2008. Erlangen 2008.

FAU Universitätsbericht 2009–2011. Erlangen 2011.

FAU-Unikurier. Erlangen 1985–1993.

Feyl, Renate: Der lautlose Aufbruch. Frauen in der Wissenschaft. Darmstadt 1983, S. 151–161.

Flugblattsammlungen FAU UB [G 2/1 Nr. 22, 23, 24, 25, 27].

Fröhlich, Monica: Karriereberatung als Standortfaktor – Warum es ohne Dual Career Service nicht mehr geht. In: uni.kat - Sonderausgabe anlässlich des Jubiläums 10 Jahre Familiengerechte Hochschule, Wintersemester 2015/16, S. 17–19.

Gender in der Forschung – Innovation durch Chancengleichheit. Konferenz im Rahmen der deutschen EU Ratspräsidentschaft. 18.-19. April 2007. Konferenzdokumentation. [https://www.gesis.org/fileadmin/cews/www/download/cews-publik11.pdf]

Gender 2020. Auf dem Weg zu einer geschlechtergerechten Hochschul- und Wissenschaftskultur [http://www.gender2020.de/].

Gerhalter, Li und Hämmerle, Christa (Hrsg.): Krieg – Politik – Schreiben: Tagebücher von Frauen (1918–1950). Köln 2015.

Gerhardt, Uta und Schütze, Yvonne (Hrsg.): Frauensituation. Veränderungen in den letzten zwanzig Jahren. Frankfurt am Main 1988.

Gerhardt, Uta: Frauenrolle und Rollenanalyse. In: Gerhardt/Schütze, S. 45–80.

Gruppe Berliner Dozentinnen (Hrsg.): Frauen und Wissenschaft. Beiträge zur Berliner Sommeruniversität für Frauen. Juli 1976. Berlin 1977.

Häntzschel, Hiltrud: Kritische Bemerkungen zur Erforschung der Wissenschaftsemigration unter geschlechterdifferenzierendem Blickwinkel. In: Exilforschung. Ein Internationales Jahrbuch. Band 14 (1996): Rückblick und Perspektiven. München 1996, S. 150–163.

Häntzschel, Hiltrud und Bußmann, Hadumod (Hrsg.): Bedrohlich gescheit. Ein Jahrhundert Frauen und Wissenschaft in Bayern. München 1997.

Häntzschel, Hiltrud: Zur Geschichte der Habilitation von Frauen in Deutschland. In: Häntzschel/Bußmann, S. 84–104.

Häntzschel, Hiltrud: Frauen jüdischer Herkunft an bayerischen Universitäten. Zum Zusammenhang von Religion, Geschlecht und ‚Rasse'. In: Häntzschel/Bußmann, S. 105–136.

Hahn, Barbara (Hrsg.): Frauen in den Kulturwissenschaften. Von Lou-Andreas Salomé bis Hannah Arendt. München 1994.

Hampe, Asta: Frauen im akademischen Lehramt. In: Zur Situation der weiblichen Hochschullehrer. Vorträge auf der Tagung des Deutschen Akademikerinnenbundes vom 7.-11. Oktober 1962 in Bad Godesberg. Göttingen 1963, S. 25–46.

Herbold, Astrid: Ihr kriegt uns nur als Paar. In: Die ZEIT Nr. 14 vom 30. März 2017. [https://www.zeit.de/2017/14/dual-career-hochschulen-stellen-ehepartner-personalgewinn]

Hintze, Almut und Tichy, Eva (Hrsg.): Anusantatyai – Festschrift für Johanna Narten zum 70. Geburtstag. Dettelbach 2000. Münchener Studien zur Sprachwissenschaft, Beiheft 19.

Hoffrath, Christiane: Bücherspuren. Das Schicksal von Elise und Helene Richter und ihrer Bibliothek im „Dritten Reich". Köln 2009.

Hoßfeld, Uwe, Kaiser, Tobias und Mestrup, Heinz (Hrsg.): Hochschule im Sozialismus. Studien zur Geschichte der Friedrich-Schiller-Universität Jena (1945–1990). Köln 2007.

HRK – Hochschulrektorenkonferenz: Zur familienfreundlichen Gestaltung der Hochschule. Empfehlung des 200. Plenums am 8. Juli 2003. [https://www.hrk.de/positionen/beschluss/detail/zur-familienfreundlichen-gestaltung-der-hochschule/]

HRK – Hochschulrektorenkonferenz: Frauen fördern. Empfehlung zur Verwirklichung von Chancengleichheit im Hochschulbereich. Empfehlung des 209. Plenums der HRK vom 14. November 2006.

Inhetveen, Heide und Blasche, Margret: Frauen in der kleinbäuerlichen Landwirtschaft. „Wenn's Weiber gibt, kann's weitergehn…". Opladen 1983.

Jasper, Gotthard (Hrsg.): Professoren an der FAU, Redaktion: Heiner Stix. Stand: 1. August 1995. Erlangen 1996.

Kirchhoff, Arthur: Die Akademische Frau. Gutachten hervorragender Universitätsprofessoren, Frauenlehrer und Schriftsteller über die Befähigung der Frau zum wissenschaftlichen Studium und Berufe. Berlin 1897.

Kleinau, Elke und Opitz, Claudia (Hrsg.): Geschichte der Mädchen- und Frauenbildung. Bd. 2: Vom Vormärz bis zur Gegenwart. Frankfurt am Main/New York 1996.

Koepcke, Cordula: Frauenbewegung zwischen den Jahren 1800 und 2000. Heroldsberg b. Nürnberg 1979.

Kootz, Johanna und Kriszio, Marianne: Frauenförderungs- und Gleichstellungsprogramme in der Bundesrepublik Deutschland. In: Kleinau/Opitz, S. 465–486.

Kowalczuk, Ilko-Sascha: Historiographie in der Diktatur. Zum Wandel der Geschichtswissenschaft an der Friedrich-Schiller-Universität Jena. In: Hoßfeld/Kaiser/Mestrup, S. 1642–1685.

Krischer, Barbara: Evaluierung und Controlling des HSP III/HWP an den Bayerischen Hochschulen. Ein Projekt der LaKof Bayern. Abschlussbericht und Anhang. Juni 2004. Hrsg. im Auftrag der Landeskonferenz der Frauenbeauftragten an Bayerischen Universitäten.

Lehmann, Gertrud: 90 Jahre Frauenstudium in Erlangen. In: Stadtmuseum Erlangen (Hrsg.): Die Friedrich-Alexander-Universität Erlangen-Nürnberg 1743–1993. Geschichte einer deutschen Hochschule. Ausstellung im Stadtmuseum Erlangen, 24.10.1993–27.2.1994. Nürnberg 1993, S. 487–497.

Leven, Karl-Heinz, Rauh, Philipp, Thum, Andreas und Ude-Koeller, Susanne (Hrsg.): Die Medizinische Fakultät der Friedrich-Alexander-Universität Erlangen-Nürnberg. Kontexte – Köpfe – Kontroversen (1743–2018). Wien/Köln/Weimar 2018.

LMU 1988–2008: 20 Jahre Frauenbeauftragte. München 2008.

Lösche, Astrid: Sommeruniversitäten. In: Doormann, S. 86–91.

Löther, Andrea: Hochschulranking nach Gleichstellungsaspekten 2017 (cews.publik,21). Köln 2017. GESIS-Leibniz-Institut für Sozialwissenschaften Kompetenzzentrum Frauen in Wissenschaft und Forschung (CEWS). [https://nbn-resolving.org/urn:nbn:de:0168-ssoar-52104-5]

Lorenz, Charlotte: Entwicklung und Lage der weiblichen Lehrkräfte an den wissenschaftlichen Hochschulen Deutschlands. Berlin 1953. Hrsg. vom Deutschen Akademikerinnenbund.

Marggraf, Stefanie: Eine Ausnahmeuniversität? Habilitationen und Karrierewege von Wissenschaftlerinnen an der Friedrich-Wilhelms-Universität vor 1945. In: Bulletin Texte 23 (2001), S. 32–47. Hrsg. vom Zentrum für transdisziplinäre Geschlechterstudien.

Metz-Göckel, Sigrid, Bock, Ulla und Braszeit, Anne: Die neue Frauenbildungsbewegung. In: Bock/Braszeit/Schmerl, S. 207–228.

Metz-Göckel, Sigrid: Die „Deutsche Bildungskatastrophe" und Frauen als Bildungsreserve. In: Kleinau/Opitz, S. 373–385.

Meyer, Birgit: Als wäre es auch unser Ort – zur Situation von Frauen an der Hochschule. In: Schlüter/Kuhn, S. 91–111.

Mitteilungsblatt der Universität Bielefeld: Amtliche Bekanntmachungen, Jg. 20 (1991) Nr. 6, S. 155–157.

Nitsch, Wolfgang, Gerhardt, Uta, Offe, Claus und Preuß, Ulrich K.: Hochschule in der Demokratie. Kritische Beiträge zur Erbschaft und Reform der deutschen Universität. Berlin/Neuwied 1965.

Onnen-Isemann, Corinna und Oßwald, Ursula: Aufstiegsbarrieren für Frauen im Universitätsbereich. Bonn 1991. Hrsg. vom Bundesminister für Bildung und Wissenschaft.

Osel, Johann: Doppelt forscht besser. In: Süddeutsche Zeitung vom 8. Dezember 2017, „Kungelei"? [https://www.sueddeutsche.de/bayern/universitaeten-doppelt-forscht-besser-1.3783813]

Peisert, Hansgert: Soziale Lage und Bildungschancen in Deutschland. München 1967.

Picht, Georg: Die deutsche Bildungskatastrophe. Olten/Freiburg i. B. 1964.

Schiebinger, L., Klinge, I., Sánchez de Madariaga, I., Paik, H. Y., Schraudner, M., and Stefanick, M. (Eds.) (2011–2018). Gendered Innovations in Science, Health & Medicine, Engineering and Environment. [http://ec.europa.eu/research/gendered-innovations/]

Schindler, Peter: Die Stellung der Dozentin an wissenschaftlichen Hochschulen. Ergebnisse einer Umfrage. In: Die deutsche Universitätszeitung 17 (1962) H. 11, S. 11–21.

Schlüter, Anne und Kuhn, Annette (Hrsg.): Lila Schwarzbuch. Zur Diskriminierung von Frauen in der Wissenschaft. Düsseldorf 1986.

Schlüter, Anne: „Wenn zwei das Gleiche tun, ist das noch lange nicht dasselbe" – Diskriminierungen von Frauen in der Wissenschaft. In: Anne Schlüter und Annette Kuhn (Hrsg.): Lila Schwarzbuch. Zur Diskriminierung von Frauen in der Wissenschaft. Düsseldorf 1986, S. 10–33.

Schlüter, Anne: Die ersten Nachkriegsprofessorinnen und die Situation von Wissenschaftlerinnen bis in die siebziger Jahre. In: Kleinau/Opitz, S. 449–464.

Schmude, Jürgen: Frauen an deutschen Hochschulen. Eine Untersuchung über weibliche Habilitierte und Professorinnen. In: Beiträge zur Hochschulforschung 1 (1988), S. 67–93.

Schulte, Birgit: Evaluation und Controlling des HWP-Fachprogramms „Förderung der Chancengleichheit für Frauen in Forschung und Lehre" an Bayerischen Universitäten: Ergebnisse der Befragung der aus dem Fachprogramm geförderten Frauen. Juli 2007. Hrsg. im Auftrag der Landeskonferenz der Frauenbeauftragten an Bayerischen Universitäten.

Schultz, Dagmar: Das Geschlecht läuft immer mit …: Die Arbeitswelt von Professorinnen und Professoren. Pfaffenweiler 1991.

Stahr, Ingeborg: Der Arbeitskreis Wissenschaftlerinnen in NRW – drei Phasen seiner Entwicklung. In: Anne Schlüter (Hrsg.): Was eine Frau umtreibt: Frauenbewegung – Frauenforschung – Frauenpolitik. Pfaffenweiler 1990, S. 27–39.

Stanzel, Franz K.: Erinnerungen an die Anglistin Helene Richter anlässlich der Wiederkehr ihres 150. Geburtstages 2011. In: Anglia 129 (2011), S. 321–332.

Tollmien, Cordula: „Sind wir doch der Meinung, daß ein weiblicher Kopf nur ganz ausnahmsweise in der Mathematik schöpferisch sein kann." – Emmy Noether 1882–1935 –. Zugleich ein Beitrag zur Habilitation von Frauen an der Universität Göttingen. In: Göttinger Jahrbuch 38 (1990), S. 153–219.

Uni-Kurier aktuell: Informationsdienst der Friedrich-Alexander-Universität Erlangen-Nürnberg. Erlangen 1994–2013.

Universitätsbibliothek Erlangen (Hrsg.): Die Professoren und Dozenten der Friedrich-Alexander Universität Erlangen 1743–1960. Teil 3: Philosophische und Naturwissenschaftliche Fakultät, bearb. von Clemens Wachter, Astrid Ley und Josef Mayr. Erlangen 2009.

Wetterer, Angelika: „Man marschiert als Frau auf Neuland" – Über den schwierigen Weg der Frauen in die Wissenschaft. In: Uta Gerhardt und Yvonne Schütze (Hrsg.): Frauensituation. Veränderungen in den letzten zwanzig Jahren. Frankfurt am Main 1988, S. 273–291.

Wilhelmine: Fraueninformationsheft. Erlangen 1994–2003.

Wilke, Christiane: Forschen, Lehren, Aufbegehren. 100 Jahre akademische Bildung von Frauen in Bayern. Begleitband zur Ausstellung, hrsg. von der Landeskonferenz der Frauen- und Gleichstellungsbeauftragten der bayerischen Hochschulen. München 2003.

Wissenschaftsrat: Empfehlungen zur Chancengleichheit von Frauen in Wissenschaft und Forschung. Mainz 1998.

Wissenschaftsrat: Empfehlungen zur Chancengleichheit von Wissenschaftlerinnen und Wissenschaftlern. Berlin 2007.

Wittern, Renate (Hrsg.): Die Professoren und Dozenten der Friedrich-Alexander-Universität Erlangen, 1743–1960. Teil 1: Theologische und Juristische Fakultät, bearb. von Eva Wedel-Schaper, Christoph Hafner und Astrid Ley. Erlangen 1993.

Wittern, Renate (Hrsg.): Die Professoren und Dozenten der Friedrich-Alexander-Universität Erlangen, 1743–1960. Teil 2: Medizinische Fakultät, bearb. von Astrid Ley. Erlangen 1999.

Wobbe, Therese: Mathilde Vaerting. In: Hahn, B., S. 123–135.

Wobbe, Theresa: Aufbrüche, Umbrüche, Einschnitte. Die Hürde der Habilitation und die Hochschullehrerinnenlaufbahn. In: Kleinau/Opitz, S. 342–353.

WRK – Westdeutsche Rektorenkonferenz: Zur Förderung von Frauen in den Hochschulen. Entschließung des 161. Plenums, 25. Juni 1990.

Zimmermann, Hannah: Helene Weinland, die erste Habilitandin der Medizinischen Fakultät. In: Leven/Rauh/ Thum/Ude-Koeller, S. 54f.

ZUV – Zentrale Universitätsverwaltung der FAU, Akt 232 und 700.

Herausgeberinnen und Herausgeber

Dr. Phil. Sabina Enzelberger war von 1980 bis 2019 als wissenschaftliche Mitarbeiterin am Institut für Soziologie der FAU tätig. Von 1998 bis 2016 leitete sie das Büro der Frauenbeauftragten, das 2012 in Büro für Gender und Diversity umbenannt wurde.

Manfred Enzelberger hat als Studiendirektor am Berufsbildungswerk Nürnberg Elektrotechnik und Sozialkunde unterrichtet. Für den vorliegenden Band hat er die gesamte Bilddokumentation übernommen.

Prof. Dr. Phil. Annette Keilhauer ist als Akademische Oberrätin am Institut für Romanistik an der FAU tätig. Ab 2011 war sie stellvertretende Universitätsfrauenbeauftragte und ist seit September 2017 amtierende Universitätsfrauenbeauftragte der FAU.

Assessor Diplom-Volkswirt Thomas A. H. Schöck war von 1988 bis 2014 Kanzler der FAU.

Prof. Dr. Phil. Renate Wittern-Sterzel war von 1985 bis 2009 Leiterin des Instituts für Geschichte und Ethik der Medizin an der FAU. Von 1989 bis 1991 war sie Universitätsfrauenbeauftragte, von 2002 bis 2006 Prorektorin der FAU.

Weitere Autorinnen

Prof. Dr. Phil. Andrea Abele-Brehm hatte von 1995 bis 2016 den Lehrstuhl für Sozialpsychologie unter besonderer Berücksichtigung der sozialpsychologischen Frauenforschung an der FAU inne und war von 1991 bis 1995 Universitätsfrauenbeauftragte.

Dr. Phil. Magda Luthay war wissenschaftliche Mitarbeiterin am Lehrstuhl für Orientalische Philologie und Islamwissenschaft, bevor sie im Büro für Gender und Diversity der FAU die Projektkoordination und das Controlling der Zielvereinbarungen übernahm.

Dr. Phil. Micaela Zirngibl war nach dem Studium der Germanistik sowie Politikwissenschaft als Referentin beim Bundesamt für Migration und Flüchtlinge tätig. Derzeit ist sie im Büro für Gender und Diversity der FAU Koordinatorin des Mentoring-Programms ARIADNEmed. Vor Kurzem hat sie das Betriebswirtschaftsstudium an der TH Nürnberg (BA) abgeschlossen.

Anhang

Der Anhang ist bei FAU University Press hinterlegt. Um ihn einzusehen, scannen Sie bitte den QR-Code oder verwenden Sie den folgenden Link:
https://doi.org/10.25593/978-3-96147-212-3